Vida Nueva

El Maestro
adultos

Tomo 11

septiembre 2011
a febrero 2012

Los estudios bíblicos de Vida Nueva
han sido desarrollados según
los bosquejos de la Comisión de
Currículum Pentecostal Carismático

Gospel Publishing House
1445 N. Boonville Ave.
Springfield, Missouri 65802

Vida Nueva

*Currículo para una
vida llena del Espíritu*

El Maestro
adultos

Tomo 11

septiembre 2011
a febrero 2012

Departamento de
Redacción de
Vida Nueva

El Texto Bíblico ha sido tomado
de la versión Reina-Valera ©
1960 Sociedades Bíblicas en
América Latina; © renovado
1988 Sociedades Bíblicas
Unidas. Utilizado con permiso.

Texto bíblico tomado de la
Santa Biblia Nueva Versión
Internacional, © 1999 por
Biblica, Inc™.

EL MAESTRO es una
publicación semestral del
Concilio General de las
Asambleas de Dios (Gospel
Publishing House), Inc.

Artículo rústica 67-2171
ISBN 978-0-88243-276-2
Artículo tela 67-2179
ISBN 978-0-88243-277-9

El Maestro *adultos*

Objetivo de Vida Nueva

Que los alumnos reciban a Cristo como Salvador y
Señor, y que lleguen a ser semejantes a Él
en consagración, conducta, y servicio,
mediante la enseñanza y
el buen ejemplo del maestro.

Metas de la enseñanza

1. SALVACIÓN. Llevar a cada alumno a la
   experiencia del nuevo nacimiento.

2. CONOCIMIENTO BÍBLICO. Enseñar de
   tal modo que cada alumno conozca, crea, y
   obedezca la palabra de Dios.

3. VIDA LLENA DEL ESPÍRITU. Animar
   a cada alumno a llevar una vida llena del
   Espíritu Santo.

4. CRECIMIENTO CRISTIANO. Contribuir
   a la madurez y al crecimiento cristiano de
   cada alumno.

5. COMPROMISO PERSONAL. Guiar a cada
   alumno al compromiso continuo de vivir
   conforme a la voluntad de Dios.

6. MINISTERIO CRISTIANO. Ayudar a cada
   alumno a que encuentre y ocupe su lugar en
   el ministerio de la iglesia.

7. VIDA CRISTIANA. Velar porque cada
   alumno aplique los principios cristianos en
   todos los aspectos de su vida.

Para pedir este libro en inglés, llame en los E.U.A. al 1.800.641.4310, o visite www.GospelPublishing.com
Para unidades 1 y 2: Adult Teacher Guide (Fall) 67CP1171. Para unidades 3 y 4: Adult Teacher Guide (Winter) 67CP1271.
El currículo en inglés se publica cada tres meses (septiembre–noviembre, diciembre–febrero, marzo–mayo, junio–agosto).

Índice

tomo 11

El Maestro adultos

El Maestro es un material de estudio basado en la Biblia, escrito por personas llenas del Espíritu Santo que desean comunicar claramente las enseñanzas de las Escrituras. En un período de siete años se cubre toda la Biblia, de Génesis a Apocalipsis. Además, se tratan las principales doctrinas de la Iglesia y también temas que ayudan a los alumnos a madurar espiritualmente.

Muchas personas malinterpretan la función del Espíritu Santo en la enseñanza y el uso de un plan de estudios en la preparación de la clase. Se preguntan: "¿Cómo puedo seguir la guía del Espíritu Santo y a la vez usar un currículo?"

La función del Espíritu Santo en la enseñanza

Dios ha dado maestros a la Iglesia para que instruyan a los creyentes y los preparen para la vida y el servicio. La función del Espíritu Santo es dar vida a la enseñanza e iluminar el corazón tanto del maestro como de los alumnos. Sin la iluminación del Espíritu Santo la enseñanza es mero conocimiento (vea 1 Corintios 2:10-16, especialmente el v. 14). Un maestro no puede dar lo que no ha recibido. Y los alumnos no pueden aprender algo que no han estudiado (2 Timoteo 2:15).

El uso del currículo en la escuela dominical

El uso de la guía del maestro no menoscaba lo que el Espíritu Santo quiere hacer en una clase de escuela dominical. Más bien, con el uso del currículo *Vida Nueva* usted aprovecha el conocimiento de los escritores llenos del Espíritu que han dedicado tiempo y esfuerzo a estudiar los pasajes bíblicos y a escribir el comentario de estudio. ¡Y puede cubrir toda la Biblia en siete años!

Un buen currículo se caracteriza por lo siguiente:

1. Asegura que no se omita ni se enfatice demasiado una importante información.
2. Elimina la falsa enseñanza y los errores doctrinales.
3. Provee una variedad de recursos. ¡No olvide que la Biblia es el libro de texto del maestro! El currículo ofrece al maestro instrucción bíblica e ideas para la enseñanza.
4. Ayuda al maestro a hacer las debidas preguntas.

En un reciente estudio se descubrió que los maestros hacen un promedio de cuarenta y cinco preguntas por semana. De éstas, un tercio son retóricas y van dirigidas al alumno o son de tipo "administrativo" (en visitas, en distribución de materiales, o al contestar preguntas acerca de problemas en la clase). Según el estudio, el material de estudio provee al maestro un tercio de las preguntas de discusión que se hacen en clase, de las que casi todas se leen tal como están en el currículo. El otro tercio de las preguntas hechas semanalmente las hace el maestro. Los maestros que NO se valen de las preguntas de discusión del currículo, tenían cinco veces más probabilidad de hacer preguntas muy sencillas (de repaso o de análisis de comprensión, pero no de aplicación). El estudio verificó que estas sencillas preguntas resultan en menos diálogo que las que son más profundas. Los que utilizan un currículo tienen más probabilidad de hacer preguntas profundas (que requieren que el alumno piense en el tema y aplique a su vida el material de la lección).

Cómo preparar la clase

Al preparar la lección de la escuela dominical, use la regla "3 a 1", es decir, por lo menos tres minutos de estudio por cada minuto de clase. Para una clase de cuarenta y cinco minutos, el maestro debe invertir por lo menos dos horas en la preparación de la lección.

Las ideas que se ofrecen a continuación dan al maestro un marco de referencia para establecer el tiempo necesario en la preparación de una clase de cuarenta y cinco minutos:

1. Dé un repaso somero a la lección (10 minutos).

Familiarícese con el contenido y la dirección de la lección.

2. Ore por guía (20 minutos).

Este es el momento de orar por los miembros de la clase. El Espíritu Santo dirigirá al maestro hacia las necesidades de ellos.

3. Estudie el Comentario bíblico (30 minutos).

- Relacione las Escrituras con la interpretación que se da en el Comentario.

- Evite la tentación de memorizar y recitar el texto del Comentario bíblico.

- Anote los puntos que se dan en el Comentario que puedan satisfacer las necesidades de los alumnos.

- Considere usar algunas de las actividades que se sugieren bajo "Idea".

- Examine las preguntas y comprenda cómo cada una se contesta en la sección del Comentario bíblico.

- Enfoque la atención en elementos que parecen "saltar de la página".

4. Escriba el objetivo de la lección (15 minutos).

Acomode el objetivo a las necesidades de sus alumnos. El objetivo debe comenzar con las palabras "El alumno podrá…" y después lo seguirá un verbo, como creer, explicar, aceptar, responder, confiar, escribir. Cada parte del estudio y cada actividad debe tener como fin el cumplimiento del objetivo.

5. Prepare las secciones Discipulado en acción y Ministerio en acción (10 minutos).

Use estas secciones para cerrar la clase en oración o para un tiempo de dedicación personal (tendrá que adaptarlas a sus alumnos).

6. Prepare la introducción al estudio (10 minutos).

- Comience la clase con una anécdota o una actividad que capte la atención de los alumnos.
- Evite comenzar con alguna definición.
- Use casos de estudio o alguna noticia de último minuto para una introducción interesante.

7. Organice el Comentario bíblico (15 minutos).

- Válgase del bosquejo que se da en la primera página de la lección.

- Medite en el texto bíblico y el material de la lección para sacar pensamientos propios.
- Decida entre dos o tres conceptos que enfatizará, y subraye en el libro otros temas.

8. Haga una lista de las preguntas de discusión (10 minutos).

Ponga atención a las preguntas y escoja de dos a cinco que estimulen el diálogo.

9. Ore por la unción del Espíritu (10 minutos).

Pida la unción del Espíritu Santo para presentar el material, y para que los alumnos reciban la enseñanza.

10. Reúna los materiales necesarios (5 minutos).

Reúna y organice todos los materiales que necesitará para dar la clase.

Justicia y misericordia
(los profetas menores)

La justicia y la misericordia son dos temas que enlazan el ministerio de los profetas menores. Estos doce profetas hablaron en nombre de Dios a partir del período en que Asiria era la principal potencia en la región, hasta después del regreso de los judíos del exilio en Babilonia. El tema común en los mensajes es el carácter justo y misericordioso de Dios. La voluntad del Señor de que su pueblo viviera conforme al pacto que habían establecido. El llamado de Dios a su pueblo a rendirle verdadera adoración y a no apartarse de sus caminos al relacionarse con otros pueblos.

En ocho estudios, esta unidad destaca los temas clave que refirieron los profetas menores. Estudiaremos el mensaje de Oseas, que presenta a un Dios misericordioso con quienes lo conocen y le siguen (lección 1). Sin embargo, quienes lo rechazan enfrentan un trágico fin. El estudio de Joel nos muestra la bendición del arrepentimiento y la restauración (lección 2). En los escritos de Amós y Sofonías Dios hace un llamado a la justicia (lección 3); un llamado a responder con misericordia ante las injusticias que sufren los oprimidos. El llamado a la misericordia es el asunto que gobierna los libros de Abdías y de Miqueas (lección 4). Dios espera de su pueblo que sea misericordioso, como Él es misericordioso. La profecía de Miqueas destaca también la responsabilidad de los líderes de vivir de manera íntegra y piadosa (lección 5).

El libro de Jonás nos revela la compasión de Dios, que alcanza a creyentes y no creyentes (lección 6). El libro de Jonás nos exhorta a imitar la misericordia de Dios. Con el fin de que no entendamos mal la misericordia de Dios, los libros de Nahúm y Habacuc nos recuerdan que cuando no hacemos caso de la misericordia divina, sólo resta su juicio (lección 7). Puesto que Dios es soberano, su justicia prevalecerá sobre el mal. Los escritos de Zacarías nos indican que Dios gobierna en este mundo, y que un día establecerá su reino de justicia sobre todas las naciones (lección 8).

¿Qué debemos aprender de estos estudios? Miqueas 6:8 lo expresa con claridad: "Oh hombre, él te ha declarado lo que es bueno, y qué pide Jehová de ti: solamente hacer justicia, y amar misericordia, y humillarte ante tu Dios".

Fundamento bíblico
Oseas 4:1–19; 6:1–11

Enfoque
Hacer un contraste entre quienes conocen a Dios y quienes lo rechazan, y querer conocerlo.

Bosquejo
I. Las consecuencias de rechazar a Dios
  A. El juicio a la infidelidad
  B. Dios rechaza a su pueblo
II. La tragedia del pecado
  A. El pecado no satisface
  B. El pecado endurece el corazón
III. El regreso al conocimiento de Dios
  A. Reconocer a Dios
  B. Mantenerse fiel

Preparación
❏ Escoja las preguntas, las actividades, y los artículos del *Folleto de ayudas y recursos* que lo ayuden a alcanzar sus objetivos en la lección.
❏ Llene la hoja "Planificación de la clase".
❏ Copie los estudios de casos "¿Tendré perdón de Dios?" y "El corazón endurecido"; también las hojas de trabajo "El anhelo de Dios" y "Para un estudio más amplio 1"

Un llamado a conocer a Dios

Verdad central
Dios es misericordioso con quienes le conocen y le aman.

Versículo clave: Oseas 6:3
Y conoceremos, y proseguiremos en conocer a Jehová; como el alba está dispuesta su salida, y vendrá a nosotros como la lluvia, como la lluvia tardía y temprana a la tierra.

Introducción

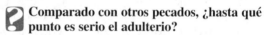 **Comparado con otros pecados, ¿hasta qué punto es serio el adulterio?**

El adulterio se ha considerado uno de los peores pecados por tratarse del quebrantamiento de los votos sagrados entre un hombre y una mujer. La sociedad ha restado importancia a la infidelidad, y define el problema como una "aventura". En cambio Dios prohíbe de manera específica el adulterio en los Diez Mandamientos.

El profeta Oseas vivió el efecto devastador del adulterio y le sirvió de trasfondo para describir la infidelidad espiritual de Israel para con Dios.

Objetivos del aprendizaje
Al terminar esta lección, sus alumnos podrán:
1. reflexionar sobre la posibilidad de que ellos mismos hayan rechazado el conocimiento de los caminos de Dios.
2. reconocer sus pecados y buscar el perdón de Dios.

1. Oíd palabra de Jehová, hijos de Israel, porque Jehová contiende con los moradores de la tierra; porque no hay verdad, ni misericordia, ni conocimiento de Dios en la tierra.

2. Perjurar, mentir, matar, hurtar y adulterar prevalecen, y homicidio tras homicidio se suceden.

3. Por lo cual se enlutará la tierra, y se extenuará todo morador de ella, con las bestias del campo y las aves del cielo; y aun los peces del mar morirán.

6. Mi pueblo fue destruido, porque le faltó conocimiento. Por cuanto desechaste el conocimiento, yo te echaré del sacerdocio; y porque olvidaste la ley de tu Dios, también yo me olvidaré de tus hijos.

7. Conforme a su grandeza, así pecaron contra mí; también yo cambiaré su honra en afrenta.

8. Del pecado de mi pueblo comen, y en su maldad levantan su alma.

9. Y será el pueblo como el sacerdote; le castigaré por su conducta, y le pagaré conforme a sus obras.

10. Comerán, pero no se saciarán; fornicarán, mas no se multiplicarán, porque dejaron de servir a Jehová.

17. Efraín es dado a ídolos; déjalo.

6:1. Venid y volvamos a Jehová; porque él arrebató, y nos curará; hirió, y nos vendará.

2. Nos dará vida después de dos días; en el tercer día nos resucitará, y viviremos delante de él.

3. Y conoceremos, y proseguiremos en conocer a Jehová; como el alba está dispuesta su salida, y vendrá a nosotros como la lluvia, como la lluvia tardía y temprana a la tierra.

4. ¿Qué haré a ti, Efraín? ¿Qué haré a ti, oh Judá? La piedad vuestra es como nube de la mañana, y como el rocío de la madrugada, que se desvanece.

6. Porque misericordia quiero, y no sacrificio, y conocimiento de Dios más que holocaustos.

Comentario bíblico

I. Las consecuencias de rechazar a Dios

A. El juicio a la infidelidad
Oseas 4:1–3

Cuando las tribus de Israel salieron de Egipto, Dios les dio los Diez Mandamientos (Éxodo 20:1–17). En el primer mandamiento Dios expresa su voluntad de que el pueblo lo adorara exclusivamente a Él; no tendrían ningún otro dios delante de Jehová (Éxodo 20:3). Este sería el fundamento de los israelitas al conquistar la tierra de Canaán. Aunque cada tribu en cierto sentido se gobernó a sí misma, eventualmente todas se convirtieron en un reino bajo la regencia de Saúl. Dios bendijo al pueblo durante los liderazgos de David y Salomón. Sin embargo, al morir Salomón, el reino se dividió en dos reinos: Judá en el sur e Israel en el norte.

Durante la época del profeta Oseas (siglo VIII a.C.), Israel experimentó un avivamiento en todos los aspectos, menos el de la adoración. El rey Jeroboam III aumentó su poder militar y restauró la economía de Israel. Sin embargo, le preocupaba muy poco tener una relación con Dios. Puesto que el líder no honraba al Señor, tampoco el pueblo lo hacía. Quebrantaron el primer mandamiento y adoraron ídolos.

Dios comparó la idolatría en Israel con el adulterio. Para enfrentar al pueblo, usó como mensajero a Oseas, un profeta que había vivido en carne propia la infidelidad de su esposa (Oseas 4:1). Éste predicó contra los pecados de jurar en vano, mentir, robar, matar, y adulterar que se cometían en Israel (v. 2). Oseas reservó sus palabras de condenación más fuertes para el pecado de menospreciar y rechazar el conocimiento de Dios (vv. 1,6). Al rechazar el conocimiento de Dios, el pueblo rechazaba también sus caminos. Aunque sabían lo que Dios demandaba de ellos, se negaban a seguirlo.

¿Cómo la gente de hoy muestra el rechazo del conocimiento de Dios?

La gente de hoy rechaza a Dios al no hacer caso de su Palabra y vivir para autocomplacerse, sin considerar la voluntad del Señor. Lo triste es que muchos conocen la verdad de Dios y de sus justos caminos, pero prefieren vivir conforme a su propio placer. Piensan que Dios nunca les pedirá cuentas.

Oseas anuncia a los israelitas que están sufriendo el juicio de Dios a causa de su infidelidad (Oseas 4:3). Describe lo que parece ser una severa sequía que causaría la muerte de los animales salvajes. La sequía sólo era una de las maneras en que Dios castigaría la infidelidad de su pueblo a Él y a su pacto (véase Deuteronomio 28:20–24).

B. Dios rechaza a su pueblo
Oseas 4:4–6

Por medio de Oseas, el Señor ordena a los israelitas que "hombre no contienda ni reprenda a hombre" (Oseas 4:4). Acusar a los demás sólo serviría para empeorar la situación. Culpar a otros, incluso a los sacerdotes que no habían cumplido con su deber de enseñar las leyes de Dios al pueblo, no los libraría de su culpabilidad de haber rechazado a Dios.

En el versículo 5, Dios se dirige a los líderes espirituales de su pueblo, los sacerdotes y los profetas. Ellos eran los que debían dar ejemplo al pueblo, y sin embargo, se habían lanzado por caminos de pecado. Por eso, Dios causaría la destrucción de su "madre" (v. 5), lo cual parece ser una alusión a Israel como nación. Los sacerdotes no habían cumplido su resposabilidad de enseñar al pueblo las leyes de Dios. Esta falta de conocimiento espiritual estaba destruyendo al pueblo (v. 6).

En el versículo 6, Oseas explica al pueblo por qué caería sobre ellos este severo juicio. Lamentablemente, los pecados voluntarios no sólo los afectarán a ellos; Dio también olvidará a sus hijos (v. 6).

¿Cómo explica usted el concepto de un Dios de misericordia que rechaza a alguien?

> **IDEA 1.** Distribuya el estudio de caso "¿Tendré perdón de Dios?" Comente las respuestas de los alumnos.

Rara vez Dios castiga a alguien sin antes haber mostrado misericordia y haber dado oportunidad de arrepentimiento. Él no rechaza a a las personas, mientras éstas no lo haya rechazado a Él por completo. Dios está dispuesto a perdonar a quienes se arrepienten y acuden a Él.

II. La tragedia del pecado
A. El pecado no satisface
Oseas 4:7–10

Oseas continúa su discurso acerca de los sacerdotes, que no enseñan los justos caminos de Dios. Cuanto más poder e influencia tenían los sacerdotes, tanto más pecaban contra Dios (Oseas 4:7). En vez de ser dignamente reconocidos como representantes de Dios ante el pueblo, serían avergonzados.

Cuando Dios estableció el sistema de adoración y de sacrificios que comunicó a Moisés, estableció normas que permitían que los sacerdotes comieran cierta parte de las ofrendas por el pecado (Levítico 6:26; 10:17). En tiempos de Oseas, los sacerdotes abusaban de este sistema. La mayoría ya no se preocupaban de sus deberes espirituales con el pueblo. Al contrario; ellos querían que el pueblo pecara, para que así hubiera más ofrendas por el pecado (Oseas 4:8). Los sacerdotes eran peores que el pueblo, puesto que lo incitaban a pecar. Se abusaba de la misericordia de Dios, y el pecado aumentaba como consecuencia de la acción de los sacerdotes. Por eso, Dios prometió que tanto ellos, como el pueblo, serían castigados por sus pecados (v. 9).

¿De qué maneras justifican los cristianos sus pecados personales?

Muchos cristianos creen que una simple oración sin arrepentimiento, basta para cubrir los pecados. Atribuyen su pecado a la manera en que fueron criados o a la personalidad. Se mantienen aferrados a él, porque es cómodo y aceptado en la sociedad; todas las personas que conocen hacen lo mismo. Dios ordena a los creyentes, y en especial a los líderes de la iglesia, que reprendamos con amor a los creyentes que pequen (véase Gálatas 6:1,2; 2 Timoteo 4:2).

Tal vez una de las verdades más tristes acerca del pecado que la gente decide pasa por alto, en tiempos de Oseas y en nuestro tiempo, es lo siguiente: el pecado no satisface. El Señor proclamó a través de Oseas:

"Comerán, pero no se saciarán; fornicarán, mas no se multiplicarán" (Oseas 4:10).

¿De qué maneras ha comprobado usted la certeza de que el pecado no satisface?

Los adictos a diversas conductas son excelentes ejemplos de la manera en que el pecado parece exigir cada vez más, al mismo tiempo que satisface cada vez menos. El hombre fue creado para encontrar satisfacción y significado en la vida únicamente cuando vive una buena relación con Dios. El pecado excluye a Dios, de manera que es imposible que satisfaga las necesidades del alma humana (v. 10).

B. El pecado endurece el corazón
Oseas 4:11,12,16,17

Cuando Dios sacó a Israel de Egipto, lo llevó a la Tierra Prometida y dijo que estaría con ellos mientras le amaran y le sirvieran. Durante un tiempo, los israelitas recordaron a Dios y se mantuvieron fieles a Él. Después, comenzaron a fabricar ídolos y a adorar otros dioses. Oseas describe como "fornicación" (Oseas 4:11) este abandono de Dios acompañado por la infidelidad hacia Él. Esta infidelidad espiritual, junto con la búsqueda de los placeres, simbolizadas por el "vino y mosto" (v. 11), apartaron de Dios el corazón del pueblo. El pueblo no era capaz de entender a Dios ni sus caminos. Nada hacía más evidente esto, que el hecho de que los israelitas buscaran en ídolos (v. 12) lo que sólo podían recibir de Dios.

Lamentablemente, para el pueblo de Israel se convirtió en rutina abandonar a Dios para ir en pos de los ídolos. En el pasado, como castigo,

Dios los había entregado en manos de los filisteos o de alguna otra nación enemiga. El pueblo se arrepentía y pedía a Dios que lo liberara. Antes del tiempo de los reyes, Dios había establecido jueces que restauraban al pueblo. Después, envió profetas como Oseas y Elías, para que llamaran al pueblo al arrepentimiento.

A veces, los profetas encontraban un pueblo dispuesto al arrepentimiento, a apartarse de sus pecados y volver a los caminos de Dios. Sin embargo, pronto olvidaban su arrepentimiento y volvían a sus pecados. Más tarde, Oseas diría que el pueblo estaba decidido a rebelarse contra Dios (11:7). Las palabras originales "arrepentirse" y "rebelarse" están relacionadas. Cada vez que se arrepentían y después se rebelaban, menos dificultad tenían para justificar su pecado. El pecado eventualmente endurece el corazón respecto a la voluntad de Dios, y las personas se empecinan en su rebeldía y cada vez es más difícil que se arrepientan (4:16).

¿Qué efecto puede tener en las personas un corazón endurecido?

> **IDEA 2.** Distribuya el estudio de caso "El corazón endurecido". Comente con los alumnos las respuestas que ellos sugieran.

El corazón endurecido lleva a la persona a no hacer caso del llamado divino a la salvación. A los que ya son salvos, los lleva a no crecer en santidad. El rechazo continuo a la obra de Dios en su vida paulatinamente anula la capacidad para reconocer el pecado tal cual es —un veneno mortal para el alma.

Si la persona se mantiene en este rumbo, su reconocimiento de Dios, si es que lo hay, se convierte sólo en un cumplimiento desprovisto de contenido. La persona comienza a buscar otras fuentes de respuesta a los problemas de la vida.

Esto describe lo que sucedió al pueblo de Israel. Oseas, como vocero de Dios, quiso que reconocieran que la adoración a los ídolos era similar al adulterio y la prostitución. Dios advirtió que los dejaría solos para que sufrieran por sus pecados (v. 17).

Aunque esto pudiera parecer muy fuerte al lector de hoy, debemos reconocer que a través del ministerio de los profetas, Dios con toda paciencia llamó a su pueblo al arrepentimiento. Más tarde, el apóstol Pedro nos recuerda que Dios "es paciente para con nosotros, no queriendo que ninguno perezca, sino que todos procedan al arrepentimiento" (2 Pedro 3:9).

III. El regreso al conocimiento de Dios
A. Reconocer a Dios
Oseas 6:1–3

Las palabras de Oseas 6:1 parecen proceder de alguien que había escuchado el mensaje del profeta Oseas y anhelaba buscar a Dios. Estos israelitas, en su arrepentimiento, reconocían el castigo de Dios a su idolatría y clamaban a Él para pedir misericordia y sanidad. La idolatría los había dejado espiritualmente sin vida. Sólo Dios les podía restaurar la vida espiritual. Las palabras "viviremos delante de él" describen la renovación espiritual derivada del arrepentimiento (v. 2).

Los que volvieron a Dios, reconocieron su bondad y su misericordia.

Estaban seguros de que cuando ellos le reconocieran como Dios, y volvieran a sus caminos, Él los restauraría (v. 3). Sabían que su misericordia es tan segura como el hecho de que cada mañana brillará el sol.

La mención de la "lluvia tardía y temprana" (v. 3) expresa de nuevo su seguridad respecto a la misericordia de Dios. Él enviaba con toda puntualidad las lluvias en el otoño y en la primavera, para que las cosechas crecieran y dieran su fruto. Estaban tan seguros de que la misericordia de Dios estaría siempre con ellos, como de que la lluvia tardía y la temprana regarían los campos.

¿Por qué hoy podemos tener la seguridad de que Dios responderá positivamente a quienes se vuelvan a Él en busca de misericordia?

IDEA 3. Dirija a sus alumnos en algunos comentarios respecto a la pregunta anterior. Incluya en ella textos de las Escrituras, como Romanos 10:12,13 y 1 Juan 1:9.

B. Mantenerse fiel
Oseas 6:4–6

Aunque el pueblo hablaba de regresar a Él, Dios sabía que su lealtad era como el rocío de la mañana, que pronto se evapora cuando se levanta el sol (Oseas 6:4). Sus corazones se habían apartado de Él con demasiada frecuencia, aun en medio de las bendiciones suyas que estaban experimentando.

Dios no se sentía satisfecho con la idea de dejar que su pueblo se alejara de Él. Para darles otra oportunidad de regresar, envió profetas que los alertaran del peligro, porque Él los amaba (v. 5). Aun en los momentos en que Dios les enviaba mensajes acerca de los juicios que caerían sobre ellos, seguía siendo misericordioso. Si el pueblo se arrepentía de sus malos caminos y se volvía a Dios, Él lo perdonaría.

Dios quería que su pueblo fuera fiel, para darle lo que Él había reservado para ellos. Quería que fueran misericordiosos. Quería que le sirvieran con un corazón puro. Quería que lo amaran. Estas acciones eran mejores que la más excelente ofrenda por el pecado (v. 6).

¿En qué sentido son la misericordia y el reconocimiento de Dios los puntos esenciales de lo que significa vivir para Él?

La palabra hebrea que se traduce como "misericordia" puede referirse a una buena conducta para con los demás. En otras palabras, manifestar misericordia y reconocer a Dios son expresiones de nuestro amor al prójimo y a Dios. Son la esencia de lo que hace falta para vivir de una manera que complazca a Dios (véase Mateo 22:37–40).

IDEA 4. Distribuya la hoja de trabajo "El anhelo de Dios". Comente las respuestas de los alumnos.

Cuanto pecado cometamos, puede ser perdonado, y Dios está dispuesto a perdonarlo. Aun así, es mucho mejor mantenerse fiel a Dios, en vez de tener que arrepentirse más tarde. Vivamos para Dios con fidelidad.

Discipulado en acción

El alejamiento de Dios suele comenzar de manera casi imperceptible, y en cosas pequeñas que parecen no tener importancia. Sin embargo, con el tiempo, los pecados pequeños se hacen cada vez más grandes, y el corazón se endurece. No hay ningún cristiano que haga planes de deslizarse o apartarse de Dios, pero lo cierto es que sucede.

Dios quiere que le conozcamos. Necesitamos examinar nuestro propio corazón para determinar hasta qué punto le queremos conocer. ¿Anhelamos que la relación más íntima de nuestra vida sea la que tenemos con Él? Si no es así, ¿qué hace falta que así sea?

Reconozca que el pecado interfiere en nuestra entrega a Dios. Cuando Dios nos discipline para que nos mantengamos fieles, respondamos acercándonos más a Él.

Ministerio en acción

Pida a sus alumnos que se unan a otra persona, de manera que puedan orar el uno por el otro. El enfoque de esas oraciones debe ser que Dios mantenga en su corazón una ternura especial hacia Él. Dígales que pidan valor para enfrentar el pecado en su vida, renovación espiritual, y crecimiento en el conocimiento del Señor.

Si aún no lo ha hecho, dedique esta semana un tiempo a leer uno de los artículos para el maestro que aparecen en las últimas páginas de este libro. Pida a Dios que lo ayude a ser un maestro cada vez mejor.

Lectura devocional

Lunes
Conozca la liberación de Dios.
Éxodo 6:2–8

Martes
Conozca al único Dios verdadero.
Deuteronomio 4:35–39

Miércoles
Conozca al Dios poderoso.
Josué 4:19–24

Jueves
Conozca al Hijo de Dios.
Juan 17:1–3

Viernes
Conozca la Promesa de Dios.
Romanos 8:28–39

Sábado
Conozca al Espíritu de Dios.
1 Corintios 2:9–14

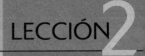

Un llamado al arrepentimiento

Verdad central

Dios restaura a quienes regresan a Él arrepentidos.

Versículo clave: Joel 2:13

Rasgad vuestro corazón, y no vuestros vestidos, y convertíos a Jehová vuestro Dios; porque misericordioso es y clemente, tardo para la ira y grande en misericordia, y que se duele del castigo.

Introducción

Todos hemos pecado. Hasta es posible que algunos de nosotros hayamos pecado hoy mismo. Cuando pecamos, es necesario que nos arrepintamos.

 ¿Qué significa "arrepentirse"?

Arrepentimiento es cambiar de manera de pensar, lo cual supone un cambio de conducta. Arrepentirse es apartarse del pecado para volverse a Dios.

Debemos reconocer que Dios restaura a los que vuelven a Él arrepentidos. Hoy veremos lo que sucedió cuando una nación en pecado volvió a su Dios, y observaremos cómo esos mismos principios siguen siendo ciertos respecto a nuestra vida actual.

Objetivos del aprendizaje

Al terminar esta lección, sus alumnos podrán:

1. examinarse para ver si en su vida hay pecado del que deban arrepentirse.
2. describir las evidencias de un arrepentimiento genuino.
3. regocijarse en la restauración que se produce cuando hay arrepentimiento.

Fundamento bíblico

Joel 1:13–20; 2:12–27

Enfoque

Reconocer los beneficios que produce el arrepentimiento y volver a Dios para que nos restaure.

Bosquejo

I. El juicio de Dios sobre los que no se arrepienten
  A. No es demasiado tarde
  B. Las graves consecuencias de una vida de pecado

II. Las evidencias de un verdadero arrepentimiento
  A. El llamado de Dios al arrepentimiento
  B. Nuestras acciones manifiestan nuestro arrepentimiento

III. El arrepentimiento trae consigo la restauración
  A. Dios responde al que se arrepiente
  B. Las abundantes bendiciones de Dios

Preparación

❏ Escoja las preguntas, las actividades, y los artículos del *Folleto de ayudas y recursos* que lo ayuden a alcanzar sus objetivos en la lección.

❏ Llene la hoja "Planificación de la clase".

❏ Copie la hoja de información "El libro de Joel" y las hojas de trabajo "Mejor que nunca", "Los resultados del arrepentimiento" y "Para un estudio más amplio 2".

Joel 1:14. Proclamad ayuno, convocad a asamblea; congregad a los ancianos y a todos los moradores de la tierra en la casa de Jehová vuestro Dios, y clamad a Jehová.

15. ¡Ay del día! porque cercano está el día de Jehová, y vendrá como destrucción por el Todopoderoso.

16. ¿No fue arrebatado el alimento de delante de nuestros ojos, la alegría y el placer de la casa de nuestro Dios?

17. El grano se pudrió debajo de los terrones, los graneros fueron asolados, los alfolíes destruidos; porque se secó el trigo.

2:12. Por eso pues, ahora, dice Jehová, convertíos a mí con todo vuestro corazón, con ayuno y lloro y lamento.

13. Rasgad vuestro corazón, y no vuestros vestidos, y convertíos a Jehová vuestro Dios; porque misericordioso es y clemente, tardo para la ira y grande en misericordia, y que se duele del castigo.

14. ¿Quién sabe si volverá y se arrepentirá y dejará bendición tras de él, esto es, ofrenda y libación para Jehová vuestro Dios?

21. Tierra, no temas; alégrate y gózate; porque Jehová hará grandes cosas.

22. Animales del campo, no temáis; porque los pastos del desierto reverdecerán, porque los árboles llevarán su fruto, la higuera y la vid darán sus frutos.

23. Vosotros también, hijos de Sion, alegraos y gozaos en Jehová vuestro Dios; porque os ha dado la primera lluvia a su tiempo, y hará descender sobre vosotros lluvia temprana y tardía como al principio.

24. Las eras se llenarán de trigo, y los lagares rebosarán de vino y aceite.

25. Y os restituiré los años que comió la oruga, el saltón, el revoltón y la langosta, mi gran ejército que envié contra vosotros.

26. Comeréis hasta saciaros, y alabaréis el nombre de Jehová vuestro Dios, el cual hizo maravillas con vosotros; y nunca jamás será mi pueblo avergonzado.

27. Y conoceréis que en medio de Israel estoy yo, y que yo soy Jehová vuestro Dios, y no hay otro; y mi pueblo nunca jamás será avergonzado.

Comentario bíblico

I. El juicio de Dios sobre los que no se arrepienten
A. No es demasiado tarde
Joel 1:13–15

IDEA 1. Distribuya la hoja de información "El libro de Joel". Puede ser útil para situar este estudio en un contexto.

El profeta Joel registró en su libro los mensajes que Dios le había entregado para el reino de Judá. Aunque se sabe poco acerca de este profeta, Dios lo usó para llamar al pueblo de Judá al arrepentimiento.

El pueblo de Dios estaba envuelto en muchos pecados, pero el peor de todos era la idolatría. Se había entregado a la adoración de imágenes hechas por hombres, en vez de adorar al Dios que creó todas las cosas. El Señor, quien espera la lealtad de su pueblo, no permitiría que este tipo de acciones quedara impune.

Dios había sido muy paciente con su pueblo. Quería que regresara a Él como consecuencia de la disciplina que había recibido por sus pecados. Joel consideraba que la sequía y las cuatro plagas de langostas que habían devorado los campos del pueblo de Judá eran parte de esa disciplina.

Al mismo tiempo que en el mensaje se anunciaban las advertencias y los juicios, Dios les ofrecía oportunidad de que se arrepintieran y pidieran perdón. Si el pueblo buscaba a Dios y le pedía perdón, Él retiraría su juicio. Si los habitantes de Judá, el reino del sur, reconcían que habían sido desleales al Señor y se proponían volver a Él, Dios los libraría de los juicios que el profeta había anunciado.

El hecho de confesar nuestros pecados a Dios y disponernos a vivir de manera piadosa, es lo que llamamos "arrepentimiento". El arrepentimiento consiste en estas dos acciones: apartarse del pecado y volverse a Dios. Además incluye la genuina y sincera decisión de no volver a pecar.

Joel hace un llamado a los sacerdotes para que con su ejemplo muestren al pueblo lo que deben hacer (Joel 1:13). Ellos debían clamar y hacer luto por los pecados del pueblo. También debían llamar a todos a un ayuno y a una asamblea solemne (v. 14). La desesperada situación en que se hallaba la nación exigía una intensa búsqueda de Dios. Ninguna otra cosa podría detener la oleada de sus juicios.

Por terribles que fueran la sequía y el hambre, Dios le recuerda al pueblo que aún falta lo peor. El terrible Día de Jehová estaba cerca (v. 15). Con todo, aún no era tarde para arrepentirse. Quienes obedecieran al Señor, serían bendecidos, y quienes los rechazaran, serían juzgados ese Día.

¿Qué responsabilidad tenemos los cristianos por la condición pecaminosa de la zona en que vivimos?

Cuando vemos la condición de pecado en que vive nuestra sociedad, debemos sentir la responsabilidad de buscar al Señor; clamar por un cambio y el perdón de quienes nos rodean (véase 2 Crónicas 7:14). Aunque los desastres naturales y las dificultades que surjan a nuestro alrededor no sean parte del juicio divino, sí son momentos en que debemos buscar la ayuda en Dios. Hoy muchas personas deben abandonar su pecado y volverse a Dios. Tal vez con nuestra intercesión el Espíritu despertará en ellos esa necesidad de arrepentimiento.

B. Las graves consecuencias de una vida de pecado
Joel 1:16–20

Joel recuerda al pueblo lo que ya ha experimentado como dura consecuencia de sus caminos de pecado (Joel 1:16–18). Han sufrido varios años de sequía. Después, Dios envió cuatro plagas de langosta al reino de Judá. En el mundo antiguo, los agricultores temían a las langostas más que a ningún otro desastre natural. Cuando las langostas llegaban —siempre sin advertencia—, devoraban los campos y no dejaban rastro de su paso.

Ya estaban sufriendo por causa de una hambruna, hasta el ganado se moría de hambre, y no tenían esperanza de una cosecha tardía, pero estaban seguros de que lo peor había pasado. Sin embargo, a menos que se arrepintieran, lo peor realmente estaba por venir. A menos que el pueblo cambiara, los juicios seguirían cayendo sobre ellos.

El mismo profeta clamó a Dios a causa de aquella grave situación (v. 19). Él veía que hasta los animales salvajes clamaban a Dios para pedir alivio (v. 20). Estaba claramente consciente de que sólo el retorno a Dios podría cambiar la difícil situación que habían fomentado los caminos de pecado del pueblo.

Si hoy Dios castigara a nuestro país por causa del pecado, ¿qué situaciones veríamos?

Dios juzga a los hombres por su pecado. Esta disciplina tiene como propósito captar la atención de la persona y llamarla al arrepentimiento. El castigo de Dios emerge del amor y tiene como fin la corrección; no se trata sólo de herir a la gente y dejarla sin esperanza alguna.

II. Las evidencias de un verdadero arrepentimiento
A. El llamado de Dios al arrepentimiento
Joel 2:12–14

Dios hace un llamado a Israel para que vuelva a Él (Joel 2:12). Después describe lo que debe hacer para obedecer al llamado (vv. 12,13). Estas acciones definen lo que es el arrepentimiento.

El arrepentimiento no es una conformidad externa con lo que nuestra sociedad acepta o espera de nosotros. Realmente es un cambio interior, del corazón (v. 12).

Tampoco se limita a disculparnos de algo que en realidad no nos parece que sea tan malo. Joel afirma que el pecador debe rasgar su corazón (v. 13). En aquellos tiempos la costumbre era que la persona rasgara sus vestidos como señal de duelo. El arrepentimiento es más que una simple expresión externa de dolor por encontrarse en una posición indebida respecto a Dios; la persona debe quebrantarse de corazón. Se trata de que veamos nuestros pecados a través de los ojos de Dios. Entonces conoceremos verdaderamente cómo es el pecado —vil y despreciable—, puesto que fue necesaria la muerte de Cristo en el Calvario para poderlo expiar.

Joel indica al que se arrepiente, que se vuelva a Dios (v. 13). Esto exige que se aparte de sus malas acciones. Es cambiar de manera de vivir. Sin embargo, no podemos cambiar de manera de vivir por nuestras propias fuerzas. Sólo el poder de Dios puede hacer que nos convirtamos en hijos suyos (véase Juan 1:12).

¿Cree usted que la gente considera a Dios mayormente dispuesto a juzgar, o dispuesto a mostrar misericordia? Explique su respuesta.

Con frecuencia, la gente no comprende la naturaleza de Dios. Hay quienes lo ven como un juez implacable que tiene pocos deseos, o tal vez ninguno, de mostrar misericordia. Otros lo ven como un abuelo bondadoso que pasa por alto con facilidad sus descarríos y no les pide cuentas por lo que hacen.

El pueblo ha sido advertido de que Dios lo juzgará si no se arrepiente (Joel 1:13–20). Pero Dios no quiere hacer caer su juicio sobre ellos, como indica Joel con las palabras "y que se duele del castigo" (2:13). El es bondadoso y misericordioso por naturaleza. Dios es paciente y nos ama con profundo amor.

Joel afirma que si el pueblo de Dios se arrepiente, es posible que Él le extienda su misericordia (v. 14). Puesto que Él había enviado las plagas de langostas, también Él podría impedir que éstas destruyeran por completo toda la vegetación. Si se arrepentían, era posible que Dios los bendijera de manera que tuvieran lo suficiente para nuevamente presentarle sacrificios.

Dios es verdaderamente bondadoso y misericordioso. Muchos cristianos podrían hablar de cómo Dios; no sólo los perdonó de sus pecados, sino que también restauró lo que el pecado les había quitado: relaciones familiares, salud, provisión, y mucho más.

B. Nuestras acciones manifiestan nuestro arrepentimiento
Joel 2:15–17

Joel dice al pueblo que exprese su arrepentimiento como nación (Joel 2:15,16). Lo llama a un arrepentimiento colectivo en una asamblea solemne. Todos deben acudir, desde el más anciano al más jóven. Nadie tiene excusa para ausentarse; ni siquiera los recién casados. Los sacerdotes deben tomar su posición de liderazgo (v. 17). Deben llorar por la pecaminosa condición de los israelitas que los ha conducido al juicio de Dios, y clamar a Él para que salve a su pueblo.

¿Qué razones se dan en Joel 2:17 para que Dios salve a su pueblo?

Ambas razones se centran en el honor de Dios: en primer lugar, que la herencia de Dios no caiga en reproche; en segundo lugar, que no se reproche el nombre de Dios entre los paganos. Estas dos razones indican que el arrepentimiento es mucho más que simplemente evitar las consecuencias del pecado; es el reconocimiento de que el pecado ofende a Dios.

¿Qué podrían hacer hoy las personas para expresar arrepentimiento?

IDEA 3. Dirija a sus alumnos en un análisis de esta pregunta. Entre las respuestas posibles se encuentran éstas: pedir perdón a alguien a quien hayan ofendido, hacer restitución y renovar su compromiso de adorar y seguir a Dios, dejar estilos de vida que no honran a Dios.

III. El arrepentimiento trae consigo la restauración
A. Dios responde al que se arrepiente
Joel 2:18–20

A pesar de lo que una persona haya hecho, Dios sigue ofreciendo su perdón y su salvación. Todo lo que el hombre debe hacer, es responder al llamado de Dios al arrepentimiento. Cuando la persona se arrepiente, Dios responde con su bendición.

Dios hace lo mismo con una nación o un reino. Cuando el reino de Judá se arrepintió, Dios le mostró su compasión. Les envió el alimento que necesitaban (Joel 2:18,19). Les prometió que las demás naciones ya no tendrían razón alguna de burlarse de ellos (v. 19).

Las bendiciones de Dios siempre son lo mejor para nosotros, y nos dan lo que necesitamos para nuestro bien eterno. Una cosa era enviarles alimentos más tarde, pero si las langostas no desaparecían, esos alimentos no ayudarían al pueblo ni a los animales. Por eso Dios prometió librar a Judá de las plagas de langostas que habían destruido sus cosechas, enviándolas al mar Mediterráneo por un lado, y al mar Muerto por el otro (v. 20). El hecho de librar a sus tierras de langostas ayudaría a la nación en ese momento, y también en el futuro.

Además de la destrucción de los campos, aquellas langostas representaban la manera en que el pecado del pueblo les había robado las bendiciones de Dios. Una vez que se arrepintieran, el pueblo estaría libre de sus pecados, así como sus tierras estarían libres de las langostas. Los despojos de las langostas despedirían un olor desagradable por toda la tierra (v. 20). Saber que las langostas estaban muertas haría que su hedor se convirtiera en símbolo de la gran obra que Dios había hecho, al quitar de encima de ellos su juicio, y al mismo tiempo responder con bendición y restauración.

¿Qué cambiaría si el pueblo de Dios viviera para Él de todo corazón?

IDEA 4. Distribuya la hoja de trabajo "Mejor que nunca". Comente las respuestas de sus alumnos.

B. Las abundantes bendiciones de Dios
Joel 2:21–27

Dios prometió restaurar lo que había sido arrebatado al pueblo. Sus bendiciones pasarían del pueblo a la tierra y a los animales. Todo lo que había sido tocado por su juicio, sería restaurado (Joel 2:21–24). Además, prometió devolverles lo que habían destruido las langostas que Él había enviado (vv. 25,26).

Las langostas finalmente fueron lo que hicieron que el pueblo recapacitara. La desesperación los haría volver a Dios. Entonces, Dios respondería a su arrepentimiento con sus bendiciones espirituales y materiales.

Hacía mucho tiempo que el pueblo de Dios no había sentido felicidad y regocijo. Una de las consecuencias secundarias del pecado es la falta de gozo. Pero el dulce sonido del regocijo volvería, cuando su pueblo se arrepintiera (v. 23), porque una vez más disfrutaría de las abundantes bendiciones que Dios derrama sobre aquellos que viven de una manera justa.

Sin embargo, aunque esas bendiciones materiales serían maravillosas, la mayor de las señales de la restauración sería espiritual. Cuando el pueblo disfrutara de abundancia una vez más, alabaría al Dios que se la había provisto. Reconocería que Él había hecho "maravillas" en su medio. "No hay otro" que deba ser adorado (v. 27). Mientras el pueblo le obedeciera, nunca sería avergonzado.

¿Qué esperaría usted personalmente y para su prójimo, si Dios restaurara sus bendiciones, tal como hizo con Judá?

IDEA 5. Distribuya la hoja de trabajo "Los resultados del arrepentimiento". Úsela para repasar este pasaje y aplicarlo a la actualidad.

Dios bendice a quien responde a su reprensión con arrepentimiento. Él promete perdón y que además suplirá a su pueblo en todas sus necesidades.

Quienes viven en pecado, están lejos de la bendición de Dios. Las cosas no tienen por qué ser así. El arrepentimiento puede restaurar la comunión. El perdón y la ayuda de Dios están a la mano para quien quiera vivir para Él. La voluntad de Dios es que seamos restaurados.

Discipulado en acción

A través de la obra de Jesús en la cruz, Dios nos proporcionó una manera de anular el poder del pecado sobre nosotros, y de volvernos a la comunión con Él. Esto es lo que experimentamos cuando nos arrepentimos y ponemos nuestra fe en Jesucristo.

El pecado sólo trae destrucción y muerte. Destruyes nuestra relación con quienes nos rodean; destruye nuestra relación con Dios; y finalmente destruye nuestra vida y causa nuestra muerte espiritual. El primer paso del cristiano obediente es vencer el pecado. Es necesario que nos liberemos del pecado lo antes posible; no dejemos que destruya nuestra vida. La única manera de hacerlo es que nos arrepintamos, y que volvamos a Dios para que nos perdone y nos transforme.

Ministerio en acción

El hombre necesita oír la buena noticia de que Dios perdona y transforma vidas. Pida al Espíritu Santo que lo guíe y lo haga sensible a aquellas personas que están abiertas al Evangelio. Prepárese para compartir con ellas la verdad de que Dios las ama y está dispuesto a perdonarlas si se arrepienten de sus pecados. Aprenda de memoria el versículo clave de hoy mientras prepara la clase. Permita que la bondad, la misericordia, la paciencia, y la generosidad de Dios saturen en su corazón.

Con el fin de prepararse para la Idea 1 para el maestro de la próxima lección, pida un voluntario que haga un breve informe sobre las maneras en que los cristianos están enfrentando las injusticias sociales, tanto de manera personal como colectiva.

Lectura devocional

Lunes
El arrepentimiento transforma a una nación.
Jeremías 18:5–10

Martes
El arrepentimiento personal.
Ezequiel 18:30–32

Miércoles
Dios responde con misericordia.
Jonás 3:1–10

Jueves
Jesús llama al arrepentimiento.
Lucas 13:1–5

Viernes
El mensaje de arrepentimiento de Pedro.
Hechos 2:36–39

Sábado
El mensaje de arrepentimiento de Pablo.
Hechos 17:22–31

3 LECCIÓN

Justicia y misericordia – los profetas menores

Fundamento bíblico
Amós 6:1–8; 8:4–12;
Sofonías 3:9–20

Enfoque
Reconocer los pecados personales y colectivos de injusticia y arrepentirnos de ellos.

Bosquejo
I. Dios detesta la arrogancia
   A. La confianza en sí mismo lleva a la arrogancia
   B. Dios juzga a los orgullosos
II. Dios detesta la injusticia
   A. Prácticas opresoras en los negocios
   B. Dios juzga a los opresores
III. La renovación espiritual tiene por resultado la justicia
   A. Dios promete restaurarnos
   B. Regocíjese en la bendición de Dios

Preparación
❏ Escoja las preguntas, actividades y artículos del *Folleto de ayudas y recursos* que lo ayuden a alcanzar sus objetivos en la lección.
❏ Llene la hoja "Planificación de la clase".
❏ Copie el estudio de casos "Conscientes" y las hojas de trabajo "La falta de honradez", "Regocíjese en las bendiciones de Dios" y "Para un estudio más amplio 3".

Un llamado a la justicia

Verdad central
Los cristianos debemos responder con misericordia a las injusticias que sufren los oprimidos.

Versículo clave: Amós 5:24
Pero corra el juicio como las aguas, y la justicia como impetuoso arroyo.

Introducción
 ¿Cómo enfrentan los cristianos las injusticias sociales del mundo actual?

> **IDEA 1.** Pida a un alumno que presente un breve informe acerca de las maneras en que los cristianos enfrentan las injusticias sociales, de manera personal y colectiva.

Dios espera de su pueblo obre con justicia. Muchas iglesias se centran en la labor de ganar almas, y no ayudan a las personas. Otras, se dedican a atender problemas sociales. Ninguno de los dos extremos es el correcto. Dios quiere que cómo Él, su pueblo también se ocupe de la justicia y la misericordia.

Objetivos del aprendizaje
Al terminar esta lección, sus alumnos podrán:
1. examinar su vida y pedir perdón por actitudes de arrogancia.
2. identificar algo que puedan hacer para ayudar a personas que reciben un trato injusto.
3. ser agentes de la misericordia de Dios para otras personas.

Amós 6:1. ¡Ay de los reposados en Sión, y de los confiados en el monte de Samaria, los notables y principales entre las naciones, a los cuales acude la casa de Israel!

3. Oh vosotros que dilatáis el día malo, y acercáis la silla de iniquidad.

4. Duermen en camas de marfil, y reposan sobre sus lechos; y comen los corderos del rebaño, y los novillos de en medio del engordadero;

7. Por tanto, ahora irán a la cabeza de los que van a cautividad, y se acercará el duelo de los que se entregan a los placeres.

8. Jehová el Señor juró por sí mismo, Jehová Dios de los ejércitos ha dicho: Abomino la grandeza de Jacob, y aborrezco sus palacios; y entregaré al enemigo la ciudad y cuanto hay en ella.

8:4. Oíd esto, los que explotáis a los menesterosos, y arruináis a los pobres de la tierra,

5. diciendo: ¿Cuándo pasará el mes, y venderemos el trigo; y la semana, y abriremos los graneros del pan, y achicaremos la medida, y subiremos el precio, y falsearemos con engaño la balanza.

6. para comprar los pobres por dinero, y los necesitados por un par de zapatos, y venderemos los desechos del trigo?

7. Jehová juró por la gloria de Jacob: No me olvidaré jamás de todas sus obras.

8. ¿No se estremecerá la tierra sobre esto? ¿No llorará todo habitante de ella? Subirá toda, como un río, y crecerá y mermará como el río de Egipto.

Sofonías 3:14. Canta, oh hija de Sión; da voces de júbilo, oh Israel; gózate y regocíjate de todo corazón, hija de Jerusalén.

15. Jehová ha apartado tus juicios, ha echado fuera tus enemigos; Jehová es Rey de Israel en medio de ti; nunca más verás el mal.

16. En aquel tiempo se dirá a Jerusalén: No temas; Sión, no se debiliten tus manos.

17. Jehová está en medio de ti, poderoso, él salvará; se gozará sobre ti con alegría, callará de amor, se regocijará sobre ti con cánticos.

Comentario bíblico

I. Dios detesta la arrogancia
A. La confianza en sí mismo lleva a la arrogancia
Amós 6:1–6

El profeta Amós llama al pueblo de Israel a ser fiel a Dios, como Él ha sido con ellos. Dios había cumplido fielmente los términos del pacto, pero los líderes y el pueblo de Israel habían persistido en su desobediencia, creyendo que Dios nada les reprocharía. La mayoría de los israelitas sólo tenían una manifestación externa de fe, pero no ponían el corazón en su adoración a Dios.

En los tiempos del profeta Amós, los israelitas se habían acomodado de tal manera, que habían olvidado que Dios los había bendecido. También

habían desarrollado una actitud de arrogancia y autosuficiencia. Creían que eran mejor que los demás. En vez de confiar en Dios, como antes habían hecho, pusieron la fe en sus propias fuerzas, sus ciudades amuralladas, y la protección natural que les proporcionaban los montes (Amós 6:1).

Amós predicó durante el reinado de Jeroboam II, un rey que tuvo un gran poder militar. El profeta le recuerda al pueblo las tres ciudades fortificadas de Calne, Hamat y Gat de los filisteos. Es probable que fuera Jeroboam II quien conquistara Calne y Hamat (2 Reyes 14:28). El rey Uzías de Judá había derribado los muros de Gat (2 Crónicas 26:6). Amós señala que las fortificaciones hechas por el ejército de una nación significan muy poco (Amós 6:2). Considerando que Dios puede levantar y derribar reyes y naciones, era necio que el pueblo de Israel confiara en que sería su fuerza militar la que lo mantendría seguro.

El pueblo no confiaba solamente en su fortaleza física. Siglos antes, Dios había bendecido a Abraham y a todos sus descendientes. El pueblo en tiempos de Amós creía que esa bendición era señal de que nunca serían derrotados. Aunque los vencieran en una batalla, siempre serían ellos quienes ganarían la guerra. Hasta cuando el profeta les advirtió respecto al juicio de Dios, el pueblo se negó a creer que se acercaba el día en que Dios les pediría cuentas, y por eso no tuvo temor de adoptar prácticas violentas para lograr sus metas (v. 3).

Amós tenía algo más que decir acerca de sus maneras displicentes y arrogantes. Los israelitas se habían corrompido. No les importaba de dónde vinieran los lujos, siempre que los tuvieran (vv. 4–6). Los ricos comían, bebían, y se divertían, y eran indiferentes al sufrimiento de los pobres que los rodeaban. Si en algún momento sus ojos se abrían para ver que su propio egoísmo eran la causa de ese sufrimiento, no dejaban que eso los perturbara.

> **IDEA 2.** Distribuya la hoja de trabajo "Conscientes". Comente las respuestas de los alumnos.

¿Por qué la actitud de indiferencia es tan peligrosa para la salud espiritual de la persona?

Las bendiciones materiales pueden llevar a la indiferencia, que es una combinación de satisfacción personal y una falta de preocupación por los demás. Cuando alguien se vuelve indiferente, ya no se preocupa de complacer a Dios con su manera de vivir. Con frecuencia, la indiferencia lleva a la arrogancia, y esto tiene por consecuencia el injusto trato al prójimo.

B. Dios juzga a los orgullosos
Amós 6:7,8

Dios decidió en su justicia castigar a Israel de una manera adecuada a su falta: una invasión. Los pobres no apreciarían una gran diferencia entre sus gobernantes anteriores y los nuevos opresores. En cambio, los ricos ya no vestirían finas ropas, ni comerían exquisitos manjares (Amós 6:7). El pasaje indica que tendrían que usar harapos y suplicar que les dieran alimento en una ciudad extranjera.

Puesto que Dios no jura por nadie mayor que Él, juró por sí mismo (v. 8). Decididamente, estas cosas sucederían. Podían dar por seguro el juicio de Dios. Los pocos que permanecían fieles, todo lo que podían hacer era escuchar y suplicar a los demás israelitas que se arrepintieran.

Estas circunstancias se produjeron porque los líderes de Israel olvidaron su procedencia, y a quién debían agradecer sus bendiciones. Se habían vuelto orgullosos. Confiaron en ellos mismos, y en lo que podían hacer. Si observamos la relación que hay entre el orgullo y la confianza en uno mismo, nos es fácil entender por qué Dios "aborrece" el orgullo (v. 8).

¿Por qué Dios aborrece el orgullo?

Dios aborrece el orgullo, porque se interpone entre Él y los suyos. Impide que las personas reconozcan su error y pidan perdón al mismo Señor y a las personas a quienes han hecho daño o han ofendido. El orgullo impide que crezcamos en nuestra relación con Dios y con nuestro prójimo.

Aunque la Biblia describe una imagen muy poco agradable del orgullo, la gente continúa aferrándose a él. Es raro que se lo considere bajo una luz positiva. La Biblia nos dice que el orgullo trae consigo deshonra (Proverbios 11:2), contiendas (13:10), quebrantamiento (16:18), y abatimiento (29:23).

Además de causar la separación de Dios, el orgullo impide que los seres humanos se reconcilien entre sí. Es el mayor obstáculo para que las personas reconozcan sus errores. Quitar la paz personal, la paz con el prójimo, y la paz con Dios. Si queremos tener paz, debemos despojarnos de nuestro orgullo.

¿De qué maneras se puede observar el orgullo en la vida de las personas?

> **IDEA 3.** Dirija a los alumnos en un comentario sobre la pregunta anterior. Señale dentro del comentario ciertos textos bíblicos, como Romanos 12:16 y 1 Pedro 5:5.

El orgullo es muchas veces lo que promueve los atropellos a las personas; no se considera el valor de la vida de los demás. Tampoco se tiene en mente el bienestar de otros, sólo el bienestar y la conveniencia personal. El mayor peligro de esta actitud, es que Dios trate a quien vive de esta manera como él o ella ha tratado a los demás. Nunca debemos dudar que Dios nos juzgará por nuestro orgullo, tal como hizo con los israelitas en tiempos de Amós.

II. Dios detesta la injusticia
A. Prácticas opresoras en los negocios
Amós 8:4–7

Si bien es cierto que durante el reinado de Jeroboam II, Israel como nación prosperó en el aspecto militar y económico, la injusticia también social aumentó. Así como habló mucho acerca de la idolatría y la inmoralidad, también Amós habló de asuntos como la codicia, la injusticia, y la opresión de los pobres.

Amós describe a los ricos, diciendo que son los que "explotan a los menesterosos" (Amós 8:40.

¿Cuáles eran algunas injusticias de los ricos para con los pobres que Amós denunció?

El profeta habla a los mercaderes, que por amor al dinero no guardaban el sábado y otros días de celebraciones solemnes, porque esos días no reportaban ganancia (v. 5). La codicia fomentaba la falta de honradez. Usaban canastos pequeños para engañar en las medidas, pesos falsos para engañar a sus clientes, y mercaderías de mala calidad para robar a los pobres (v. 6). También cobraban precios tan altos, que los pobres se tenían que vender como esclavos para pagar las necesidades básicas de la vida.

> **IDEA 4.** Distribuya la hoja de trabajo "La falta de honradez". Comente las respuestas que den los alumnos.

A través de Amós, Dios advierte de juicio a quienes conducen sus asuntos sin honradez, y dan un trato injusto a los demás (v. 7). Él ha observado lo que hacen, y ha jurado que no olvidará sus injusticias.

❓ ¿Cómo la gente hoy puede cerciorarse de que conduce sus negocios de una manera honrada y justa?

IDEA 5. Dirija a sus alumnos en un comentario sobre la pregunta anterior. Observe que la Biblia no ofrece mucho en cuanto a indicaciones concretas, pero sí ofrece algunos principios generales.

B. Dios juzga a los opresores
Amós 8:8–12

El juicio que Dios enviaría se comparaba primeramente a un terremoto (Amós 8:8). Sacudiría toda la tierra, y ésta se llenaría de llantos y gemidos. Después se lo comparaba a una inundación como la que se producía todos los años por la crecida del río Nilo, en Egipto. Inundaría toda la tierra de Israel, y barrería con la gente, hasta llevarla a otros países y así sumirlos en el cautiverio.

El día del juicio vendría acompañado de tinieblas; lo más probable, un eclipse de sol. Esto describía la realidad de que habían sido privados de las bendiciones de Dios (v. 9). Todos sus festines se convertirían en amargo luto, y sus felices cantos en endechas fúnebres. Los sobrevivientes se vestirían de cilicio para mostrar su angustia, y se raparían la cabeza en señal de duelo, como si estuvieran llorando la muerte de un hijo único (v. 10).

El juicio de Dios sobre su pueblo también incluiría una hambruna, no de alimentos, sino de la palabra de Dios (v. 11). Por mucho que el pueblo clamara para que Dios le hablara, Él permanecería en silencio (v. 12). Ningún profeta les traería mensaje de esperanza o de juicio. Ellos siempre habían contado con la seguridad de la palabra de Dios, pero cuando no tuvieran su Palabra profética, entenderían el valor de ésta.

❓ ¿Por qué el hecho de no oír palabra de Dios se consideraba una forma de juicio?

El silencio de Dios señala el hecho de que los israelitas lo habían rechazado. Aunque Él es paciente, advierte al pueblo cuáles serán las consecuencias de que ellos no respondan a su Palabra ni vivan de acuerdo a ella (véase Lucas 13:1–5; Romanos 1:28–32).

La advertencia de Amós acerca del juicio de Dios fue un llamado al arrepentimiento. Pero no debemos ver el arrepentimiento como una simple forma de apaciguar a Dios y escapar de su juicio sobre nuestro pecado. El arrepentimiento es un cambio de corazón y debe conducir a una vida recta.

III. La renovación espiritual tiene por resultado la justicia
A. Dios promete restaurarnos
Sofonías 3:9–13

Dios envió a los profetas para advertir a su pueblo del juicio que Él enviaría si no se arrepentía. No obstante, Él quería que el pueblo comprendiera que podían evitar que esos juicios los azotaran si se arrepentían y pedían perdón. Cuando hay arrepentimiento, Dios responde con amor. Él purifica la vida de la persona y la restaura a una comunión con Él.

No obstante, Dios conocía el corazón de su pueblo. Sabía que tendría que enviarles juicio para hacer que volvieran a Él. Pero no los dejó sin esperanza; prometió que los restauraría. La profecía de Sofonías habla de la restauración y el cambio que Dios traería (Sofonías 3).

En el versículo 9, Dios habla de la manera en que obraría entre los pueblos gentiles, para que lo adoraran y le sirvieran. En vez de ser una amenaza para su pueblo, se unirían a él para servir al único Dios verdadero.

Dios habla también de cómo traería a su pueblo del exilio, para restaurarlo a su tierra (v. 10). Su regreso también sería espiritual, porque adorarían de nuevo a su Señor.

La tristeza puede ser una poderosa emoción. Posiblemente los israelitas pensaron que sentirían tristeza y vergüenza por las cosas que habían hecho, y que habían provocado el juicio de Dios. Sin embargo, les dice que no serán avergonzados, porque Él sacará de en medio de ellos a quienes habían sido motivados por un orgullo pecaminoso (v. 11). Proclama que la arrogancia no tendrá lugar en medio de su pueblo, una vez que éste sea restaurado.

En su tierra sólo se hallarán quienes hayan confiado en el Señor (v. 12). Nunca más en el pueblo de Dios se verían prácticas injustas y arrogantes (v. 13). La vida de su pueblo se caracterizarían por la paz y la seguridad.

¿En qué sentido, lo que Dios prometió hacer en medio de su pueblo restaurado se asemeja a lo que hoy quiere hacer en la vida de quienes son salvos?

Cuando Dios salva a alguien, no sólo le quita la culpa del pecado, sino que además lo libra del dominio de ese pecado. Con la ayuda de Dios, el creyente resiste los viejos hábitos pecaminosos, y deja que el carácter de Cristo se forme en su vida. La confianza en el Señor es fuente de paz.

B. Regocíjese en la bendición de Dios
Sofonías 3:14–20

Sofonías también describe cómo el pueblo se regocijará cuando Dios lo libre de su pecado y su castigo (Zacarías 3:14,15). Dios promete librarlos de su pecado cuando se vuelvan a Él. Entonces, hará desaparecer las aflicciones de su pueblo, y lo bendecirá.

Ese día, el pueblo de Dios no tendrá por qué sentir temor ni desaliento (vv. 16,17). Reconocerá que Dios está con él y que se complace de él. Dios lo amará y se regocijará en él.

La profecía de Sofonías termina con otra promesa de restauración por parte del Señor (vv. 18–20). El pueblo restaurado podrá gozarse otra vez en la celebración de las fiestas, esos momentos en que se reúne para adorar al Señor. Los que estaban esparcidos por el exilio, serán devueltos a su tierra, y Dios se encargará de sus opresores. El pueblo será honrado como pueblo de Dios por las mismas naciones que lo habían oprimido en el pasado.

IDEA 6. Distribuya la hoja de trabajo "Regocíjese en las bendiciones de Dios". Comente las respuestas de los alumnos.

Discipulado en acción

La justicia es importante para Dios, porque Él es justo. A través del profeta Miqueas, Dios nos comunica que Él exige de los suyos "hacer justicia, y amar misericordia, y humillarse ante [Él]" (Miqueas 6:8). Para asegurarnos de que vivimos en la voluntadas de Dios, primero debemos examinar nuestro corazón y ver si en él hay dureza y arrogancia. Estas actitudes pecaminosas son el origen del maltrato a los demás y la razón de que la gente no vea a Cristo en nosotros. Debemos arrepentirnos de estos pecados, o de cualquier otro que encontremos en nuestra vida, y pedir el perdón de Dios.

Debemos también buscar maneras de enfrentar las injusticias sociales que se cometen en nuestro medio. Busquemos la dirección de Dios para que ejerzamos una influencia positiva en nuestra comunidad.

Dios no se interesa únicamente en las almas como un concepto abstracto. Le interesa la vida de las personas aquí en la tierra. Aunque la vida nunca será justa para todos, sí podemos mostrar el amor de Cristo al ayudar a quien lo necesita.

Ministerio en acción

Estudie con los alumnos diversas maneras en que pueden ayudar a los necesitados, y responder con misericordia ante las injusticias que sufren muchos. Indague maneras en que usted y sus alumnos pueden ofrecerse como voluntarios en alguna organización de ayuda. También puede patrocinar a algún niño para que complete sus estudios. Anime a los alumnos a escoger una manera de envolverse en estas actividades y ayudar a mejorar la situación de esas personas.

La Idea 4 de la próxima lección usa la hoja de trabajo "El Dios misericordioso", que guía a los alumnos en la composición de un "cinquain", una quintilla o estrofa de cinco versos de métrica variada. Le recomendamos que prepare una transparencia con la hoja de trabajo y convierta esta labor en una de las actividades de la clase. Si decide hacerlo, haga copias de la hoja de trabajo para todos. Es posible que algunos de sus alumnos disfruten de la composición de sus propios poemas, como ejercicio de creatividad.

Lectura devocional

Lunes
La justicia de los santos.
Salmo 82:1–4
Martes
La misericordia con los pobres.
Proverbios 14:21,22,31
Miércoles
La senda de la justicia.
Isaías 26:7–9

Jueves
No critique en exceso.
Mateo 7:1–5
Viernes
Juzgue justamente.
Juan 7:16–24
Sábado
Juzgue con equidad.
Romanos 14:10–13

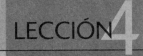

Un llamado a la misericordia

Verdad central

Dios espera de los suyos que sean misericordiosos, así como Él es misericordioso.

Versículo clave: Miqueas 7:18

¿Qué Dios como tú, que perdona la maldad, y olvida el pecado del remanente de su heredad? No retuvo para siempre su enojo, porque se deleita en misericordia.

Introducción

El Buen Samaritano es una de las parábolas más conocidas de Jesús, y trata el tema de la misericordia. Hay quienes hablan mucho de la misericordia. También hay quienes piensan que tienen la perfecta proporción de misericordia en comparación con otros. Y muchos tienen más de una excusa para su falta de misericordia.

Los profetas Abdías y Miqueas señalan que la falta de misericordia es pecado que acarrea el juicio de Dios. También ofrecen la seguridad de que quienes no han sido misericordiosos, pueden cambiar sus caminos, y que Dios los bendecirá.

Objetivos del aprendizaje

Al terminar esta lección, sus alumnos:

1. describirán las consecuencias de la falta de misericordia.
2. se esforzarán por vivir con humildad, sabiendo que Dios disciplina a los orgullosos.
3. decidirán que serán misericordiosos con las personas, así como Dios lo fue con ellos.

Fundamento bíblico

Abdías 1:10–15; Miqueas 2:1–5; 7:14–20

Enfoque

Descubrir y reflejar la misericordiosa naturaleza de Dios.

Bosquejo

I. Las consecuencias de no mostrar misericordia
   A. Cuando no se tiene misericordia
   B. Espere que le traten como usted trata a otros
II. Dios aborrece la opresión
   A. Una denuncia de actos de codicia
   B. Dios juzga a los opresores
III. Dios se complace en la misericordia
   A. Arrepiéntase y será restaurado
   B. Dios es misericordioso

Preparación

❏ Escoja las preguntas, las actividades, y los artículos del *Folleto de ayudas y recursos* que lo ayuden a alcanzar sus objetivos en la lección.

❏ Llene la hoja "Planificación de la clase".

❏ Prepare la transparencia "Advertencias contra la codicia".

❏ Copie la hoja de información "Los edomitas" y las hojas de trabajo "El Dios misericordioso" y "Para un estudio más amplio 4".

29

Abdías 1:12. Pues no debiste tú haber estado mirando en el día de tu hermano, en el día de su infortunio; no debiste haberte alegrado de los hijos de Judá en el día en que se perdieron, ni debiste haberte jactado en el día de la angustia.

13. No debiste haber entrado por la puerta de mi pueblo en el día de su quebrantamiento; no, no debiste haber mirado su mal en el día de su quebranto, ni haber echado mano a sus bienes en el día de su calamidad.

14. Tampoco debiste haberte parado en las encrucijadas para matar a los que de ellos escapasen; ni debiste haber entregado a los que quedaban en el día de angustia.

15. Porque cercano está el día de Jehová sobre todas las naciones; como tú hiciste se hará contigo; tu recompensa volverá sobre tu cabeza.

Miqueas 2:1. ¡Ay de los que en sus camas piensan iniquidad y maquinan el mal, y cuando llega la mañana lo ejecutan, porque tienen en su mano el poder!

2. Codician las heredades, y las roban; y casas, y las toman; oprimen al hombre y a su casa, al hombre y a su heredad.

3. Por tanto, así ha dicho Jehová: He aquí, yo pienso contra esta familia un mal del cual no sacaréis vuestros cuellos, ni andaréis erguidos; porque el tiempo será malo.

7:14. Apacienta tu pueblo con tu cayado, el rebaño de tu heredad, que mora solo en la montaña, en campo fértil; busque pasto en Basán y Galaad, como en el tiempo pasado.

15. Yo les mostraré maravillas como el día que saliste de Egipto.

18. ¿Qué Dios como tú, que perdona la maldad, y olvida el pecado del remanente de su heredad? No retuvo para siempre su enojo, porque se deleita en misericordia.

19. El volverá a tener misericordia de nosotros; sepultará nuestras iniquidades, y echará en lo profundo del mar todos nuestros pecados.

20. Cumplirás la verdad a Jacob, y a Abraham la misericordia, que juraste a nuestros padres desde tiempos antiguos.

Comentario bíblico

I. Las consecuencias de no mostrar misericordia
A. Cuando no se tiene misericordia
Abdías 1:10–14

Aparte del nombre, no se sabe mucho más acerca de este profeta. Abdías era un nombre común en el Antiguo Testamento, y significa "siervo (o adorador) de Jehová". El nombre del profeta dirige la atención hacia Dios, cuyo poder y justicia son evidentes en todo el libro. Aunque es el libro más corto del Antiguo Testamento, contiene un poderoso mensaje acerca de la naturaleza de Dios y lo que espera de los suyos.

IDEA 1. Distribuya la hoja de información "Los edomitas". Dé tiempo a los alumnos para que revisen la información que contiene, y que les ayudará a entender los sucesos históricos que sirven de contexto al libro de Abdías.

En Abdías 1:10–14 se presentan los ataques de Edom al pueblo de Israel. Dios califica la violencia del pueblo de Edom contra Israel como algo vergonzoso, y la causa de que el agresor desapareciera para siempre (v. 10). El pueblo de Edom descendía de Abraham por la línea de Esaú. Jacob, el padre de las doce tribus y a quien Dios le cambió el nombre a "Israel" era hermano gemelo de Esaú. Entre los hermanos hubo hostilidad desde muy temprano, y también la hubo entre sus descendientes.

Edom no hizo nada por ayudar a ninguno de los dos reinos cuando fueron invadidos (v. 11). Cuando los babilonios invadieron Judá, Edom no sólo se regocijó con la caída de Jerusalén, sino que saqueó cuanto pudo después de la victoria de Babilonia (vv. 12,13). Más malvado aún fue que Edom tendió una emboscada a los judíos que huían, y entregó los supervivientes al enemigo (v. 14).

❓ ¿Por qué la falta de compasión puede llevar al maltrato deliberado contra los demás?

Edom observó mientras Judá era derrotado, y después participó en sus calamidades. Su pecado de indiferencia —sólo observar— pronto se convirtió en pecado de agresión: matar y robar. Cuando una persona cede a un pecado, después le es más fácil justificar el pecado siguiente. Así es como la falta de misericordia conduce al menosprecio, y este escenario facilita el maltrato.

B. Espere que le traten como usted trata a otros
Abdías 1:15

Los edomitas no reconocieron su culpa ante Dios. Abdías les advirtió que se acercaba el Día del Señor, el momento en que Dios juzgaría a las naciones (Abdías 1:15). No hay indicio alguno de que el pueblo de Edom tuviera creencia alguna en el Dios verdadero, o esperara su juicio sobre él mismo, o sobre ningún otro pueblo. Su ceguera espiritual significaba que con toda seguridad, tendría que enfrentarse a la ira divina junto con todas las demás naciones.

Los juicios pronunciados contra Edom hasta este punto en el libro de Abdías se produjeron poco tiempo después. Sin embargo, el Día del Señor tiene que ver con el juicio final de Dios contra todo pecado. Un día, Dios juzgará con una justicia perfecta a todos los seres humanos que hayan vivido en todos los tiempos. La manera en que se expresa el versículo 15 nos recuerda la Regla de Oro. Dios llama al pueblo a tratar a los demás de la misma manera que él querría ser tratado (Mateo 7:12). Jesús describiría este principio como el fundamento de la Ley y de los profetas. Cuando Dios juzgue a los malvados, éstos descubrirán que el juicio tendrá como fundamento sus propias acciones y actitudes. Así como han tratado a los demás, serán tratados ellos mismos.

❓ ¿Cómo podemos aplicar los creyentes esta verdad a nuestra vida?

La gracia de Dios salva de las consecuencias eternas del pecado a quienes se arrepienten. Con todo, en este pasaje se hace ver con claridad la seriedad de las decisiones que tomamos. Necesitamos examinar cada palabra y cada obra con todo cuidado, porque nada escapará del justo juicio de Dios.

II. Dios aborrece la opresión
A. Una denuncia de actos de codicia
Miqueas 2:1,2

El profeta Miqueas era contemporáneo del profeta Isaías. Gracias a la unción del Espíritu, Miqueas vio más allá de la delgada capa de barniz que cubría a su sociedad. La prosperidad económica mostraba la apariencia de una vida sobresaltos en Judá. Sin embargo, bajo la superficie había un deterioro espiritual cada vez mayor. El pueblo había olvidado cómo era Dios en realidad, y esto se reflejaba en la conducta.

Durante ese tiempo de prosperidad, los ricos se apoderaron del control de la nación y usaron su posición para acumular más riquezas. Éstos usaban terribles métodos para aumentar sus riquezas. Miqueas 2 presenta la denuncia que Dios hace de sus viles prácticas. El profeta declara el juicio de Dios sobre aquellos que no duermen maquinando maldades, codiciando lo que es de otro, y haciendo planes para robar tierras a quienes no pueden defenderse (vv. 1,2). Esta manera de acumular propiedades quebrantaba el mandamiento en relación con la codicia (Éxodo 20:17) y violaba la división sagrada de la tierra por familias y tribus. Los opresores de los tiempos de Miqueas no sentían remordimiento alguno cuando sacaban a las familias de su hogar (Miqueas 2:2).

¿Qué relación hay entre la codicia y los pecados contra otras personas?

En vez de preocuparse por los demás, la codicia centra los pensamientos de la persona en la manera de adueñarse de lo que pertenece a otros. Con frecuencia esto conduce a la falta de honradez, al robo, e incluso a la violencia. El afán de tomar para si lo ajeno puede convertir a personas decentes en seres despiadados que arrebatan lo que pueden, sencillamente porque pueden. La filosofía de vida que dicta que "el más fuerte es quien tiene derechos" es sencillamente producto de la codicia.

IDEA 2. Presente la transparencia "Advertencias contra la codicia", pero cubra la pregunta que aparece al final. Pida que cuatro alumnos lean los pasajes de las Escrituras a toda la clase. Pida a los alumnos que sugieran aquellas cosas que hay en nuestra sociedad que fomentan la codicia. Muestre la pregunta final y comente las respuestas de sus alumnos.

Hoy, la codicia es un pecado aceptado. La idea de "mantenerse a la altura de los vecinos" muestra que la cultura moderna aprueba la legitimidad de cierto grado de codicia. Aunque la sociedad cambie en cuanto a aquellos pecados que le parecen aceptables, Dios no lo hace. Lo que Él llamaba pecado en el pasado, todavía hoy es pecado. Si usted desea adueñarse de algo que pertenece a otra persona, eso es codicia. Y la codicia puede llevar al robo, la injusticia, y la opresión de otras personas.

B. Dios juzga a los opresores
Miqueas 2:3–5

Dios informa al pueblo por medio de Miqueas que no tolerará que terratenientes codiciosos continuaran robando tierras. Enviaría un juicio que estaría de acuerdo con su pecado (Miqueas 2:3). Los que hubieran arruinado la vida de otros, verían arruinada su propia vida. Los que se dividieran las tierras entre ellos, verían sus tierras divididas entre invasores (v. 4). Serían castigados por lo que habían hecho.

El versículo 5 presenta un juicio escalofriante. La "congregación de Jehová" es la comunidad del pacto. A causa del desinterés total de los israelitas por sus obligaciones derivadas del pacto, tanto ellos como sus descendientes no seguirían formando parte de esa comunidad del pacto. No sólo serían sacados de su tierra para ser llevados al exilio, sino que también perderían su herencia espiritual como miembros de la congregación de Jehová.

No nos engañemos, pensando que Dios no conoce nuestras acciones, o que no le tendremos que rendir cuentas por lo que hayamos hecho.

¿En qué se fundamentará Dios para juzgar a los seres humanos?

Dios será misericordioso con quienes busquen la misericordia que Él nos ofrece a través de Jesucristo, y quienes hayan tenido misericordia de los demás (véase 1 Timoteo 1:16; Santiago 2:12,13). En última instancia, aquellos que no hayan recibido la misericordia de Dios a través de Cristo, serán juzgados por su incredulidad y por la condición de pecado que es consecuencia de una vida lejos de Dios y de su gracia. Nunca olvidemos que por amor a los pecadores Dios envió a su Hijo unigénito a este mundo a morir en la cruz, de lo contrario podríamos llegar a pensar que Él es injusto porque juzga a los pecadores (Juan 3:16,17). La voluntad de Dios no es juzgar al hombre, sino perdonarlo para que tenga vida eterna.

III. Dios se complace en la misericordia
A. Arrepiéntase y será restaurado
Miqueas 7:14–17

Como hicieron otros profetas, Miqueas advirtió al pueblo acerca del juicio y al mismo tiempo le recordó que si se arrepentían Dios tal vez suspendiera su juicio. Usando imágenes que todas las personas de ese tiempo podían comprender, llama al pueblo a reconocer sus faltas y volverse a Dios. Advierte acerca del juicio, pero también promete que, cuando se arrepientan, serán restaurados.

Miqueas predijo un tiempo en que el remanente del pueblo de Dios clamaría a Él para que los "apacentara" de nuevo (Miqueas 7:14). Tal como Dios había obrado antes, ahora ellos le pedirían que les restaurara la tierra y sus bendiciones. Dios reveló que respondería a esa oración, y prometió que obraría a favor de ellos, de la misma manera que había obrado cuando los sacó de Egipto para llevarlos a la Tierra Prometida (v. 15).

Dios no sólo restauraría al pueblo a su tierra, sino que haría obras tan grandes, que la repercusión de esos milagros llegaría más allá de su pueblo. Las naciones vecinas, las mismas que habían invadido a Judá, verían esos grandes milagros de Dios. Perderían su poder y se desplomarían en medio de la vergüenza. Se sentirían asombrados ante el poder de Dios (v. 16). Serían humillados y "se volverían amedrentados ante Jehová" (v. 17), además se sentir un nuevo respeto por su pueblo. Al ver las obras que Dios haría en en su pueblo y a favor de él, las naciones reconocerían la grandeza de Dios y la especial relación que había entre Él y su pueblo.

El pecado destruye nuestra relación con Dios. Nos ensordece para que no escuchemos su voz ni hagamos su voluntad. El arrepentimiento restaura esa relación. Dios puede usar la obra que realiza en nosotros como un testimonio ante los demás, y una manera de atraerlos a Él. La gente verá el cambio en nosotros, y sabrán que ellos también pueden ser restaurados. Aunque no todos lo hagan, es posible que algunos se arrepientan, busquen a Dios, y sean restaurados.

¿Cómo podemos usar lo que Dios ha hecho en nuestra vida como testimonio a otras personas?

> **IDEA 3.** Comente la pregunta anterior con la clase. El creyente no necesita tener una dramática-experiencia de salvación para que su testimonio sea eficaz. Todo el que cree en Cristo, experimenta el amor y el perdón de Dios. Podemos compartir nuestro testimonio con otros, puesto que Dios quiere mostrarles el mismo amor y el mismo perdón que nosotros hemos recibido.

B. Dios es misericordioso
Miqueas 7:18–20

Miqueas termina su profecía con la proclamación de que Dios perdonará a su pueblo. Dirige la atención del pueblo a la soberanía divina, y presenta una clara descripción de la autoridad y la naturaleza de Dios (Miqueas 7:18). Él tiene poder para perdonar pecados y, por su naturaleza misericordiosa, quiere hacerlo. Su anhelo es que todos los seres humanos se arrepientan. No busca oportunidades para perdonar. Ama a su creación, y su deseo es que el hombre responda de manera positiva a ese amor.

Si Dios se complace en manifestar misericordia, ¿por qué envía juicio?

La razón del juicio es llevar al arrepentimiento. Son muchos los que no escuchan a Dios, a menos que Él envíe primero un juicio para captar su atención. Todo pecado, por pequeño que sea, nos separa de Dios y nos pone en el camino del juicio. No obstante, cuando reconocemos que hemos pecado y nos arrepentimos, Dios quita nuestra culpa; la lleva muy lejos de nosotros como si la arrojara en lo más profundo del mar (v. 19). Así es como restaura nuestra relación con Él.

Para mostrar cuán cierta es la promesa de salvación que hace Dios, Miqueas menciona el pacto que estableció con Abraham y con Jacob (v. 20). Aquel pacto también se extendía a sus descendientes. Aun en los momentos en que Israel se apartaba de Dios, su pacto no perdía validez, porque se basaba en su carácter. Así, prometía perdonar y restaurar a su pueblo cuando éste se volviera a Él.

¿Por qué podemos confiar en la promesa de salvación que hace Dios en su Palabra?

Así como la palabra de Dios a través de su pacto con Abraham y con Jacob era digna de confianza, también lo es su promesa de salvación por medio del Nuevo Pacto. Nuestro santo Dios no miente. Él ha prometido que si nos arrepentimos, Él nos perdonará (véase Hechos 2:28,29; Romanos 10:8–13).

> **IDEA 4.** Distribuya la hoja de trabajo "Misericordioso Dios". Pida que varios voluntarios lean en alta voz ante la clase lo que escriban.

La misericordia de Dios fluye libremente para todo aquel que la pida. Si usted necesita hoy esa misericordia, pídala.

Discipulado en acción

Dios es misericordioso, y espera de los suyos que reflejen su naturaleza y sean también misericordiosos. Ha revelado lo serio que es esto para Él, declarando que tratará a la persona conforme a la manera en que ésta trate a los demás. Por eso, ya hay una advertencia para quien decide maltratar a otros y aprovecharse de ellos. Dios detesta la opresión y juzgará a quienes opriman a su prójimo y se aprovechen de él.

Nosotros somos su pueblo, y Él nos ha llamado a mostrar su amor y su misericordia. Nos ha dado capacidad obrar con misericordia y por medio de nuestras acciones mostrar al mundo que Él es misericordioso. Su misericordia en nuestra vida es un testimonio gracias a cual otros entenderán que Dios está dispuesto a perdonar y restaurar a quien se arrepiente y quiere entrar en una relación buena con Él.

Ministerio en acción

Divida la clase en grupos pequeños y haga que cada uno de los grupos sugiera ideas sobre las maneras en que pueden manifestar amor y misericordia a su familia, sus amigos, sus vecinos, y sus compañeros de trabajo, tanto creyentes como no creyentes. Explique de qué manera estas acciones se pueden usar para ayudar a las personas a recibir la misericordia y el perdón de nuestro misericordioso Dios.

Haga planes para tener un tiempo de confraternidad con toda la clase fuera del ambiente acostumbrado de la sala de clases, o pida a un voluntario de entre los alumnos que lo haga. Asegúrese de mantener el costo, la duración y el tipo de actividad en proporción con las posibilidades de sus alumnos.

Lectura devocional

Lunes
Dios dirige con misericordia.
Éxodo 15:11–13

Martes
La naturaleza misericordiosa de Dios.
Éxodo 20:3–6

Miércoles
La misericordia de Dios permanece
para siempre.
Salmo 136:1–12

Jueves
Dios promete misericordia.
Lucas 1:67–79

Viernes
Jesús manifiesta misericordia.
Lucas 17:11–14

Sábado
Dios es rico en misericordia.
Efesios 2:4–10

Un llamado a la justicia en los líderes

Fundamento bíblico
Miqueas 3:1–12;
Malaquías 2:1–10

Enfoque
Destacar la responsabilidad de los líderes piadosos y exigirles integridad en su vida.

Bosquejo
I. Una reprensión a los líderes malvados
   A. La responsabilidad de los líderes
   B. El precio de la opresión
II. Dios juzga a los líderes corruptos
   A. La verdadera autoridad espiritual
   B. El juicio que se avecina
III. Una advertencia para los líderes espirituales
   A. La herencia espiritual
   B. El abuso de confianza

Preparación
☐ Escoja las preguntas, las actividades, y los artículos del *Folleto de ayudas y recursos* que lo ayuden a alcanzar sus objetivos en la lección.
☐ Llene la hoja "Planificación de la clase".
☐ Copie las hojas de trabajo "Conocer lo justo", "Recibiréis poder" y "Para un estudio más amplio 5", así como la hoja de información "La misericordia de Dios".

Verdad central
Los líderes piadosos son personas íntegras.

Versículo clave: Malaquías 2:7
Porque los labios del sacerdote han de guardar la sabiduría, y de su boca el pueblo buscará la ley; porque mensajero es de Jehová de los ejércitos.

Introducción

 ¿Cuáles son las cualidades de un buen líder y las cualidades de un líder piadoso?

Podríamos mencionar numerosas cualidades que podemos encontrar en un buen líder y otras más que encontramos en un líder piadoso. Sin embargo, hay una que es fundamental: la integridad. Al hablar de integridad, estamos pensando en alguien íntegro, sólido, sano, y honrado.

Los profetas del Antiguo Testamento hablaron de la falta de integridad en muchos líderes del pueblo de Dios. A través de ellos, el Señor los llamó a vivir de manera justa, a hacer lo recto ante sus ojos, y les advirtió cuando hacían lo contrario.

Objetivos del aprendizaje
Al terminar esta lección, sus alumnos podrán:
1. reflexionar cómo podrían cumplir el plan de Dios para su vida.
2. buscar la guía del Espíritu Santo para su vida.
3. identificar cómo debe ser el carácter de un líder espiritual.

Miqueas 3:1. Dije: Oíd ahora, príncipes de Jacob, y jefes de la casa de Israel: ¿No concierne a vosotros saber lo que es justo?

2. Vosotros que aborrecéis lo bueno y amáis lo malo, que les quitáis su piel y su carne de sobre los huesos;

3. que coméis asimismo la carne de mi pueblo, y les desolláis su piel de sobre ellos, y les quebrantáis los huesos y los rompéis como para el caldero, y como carnes en olla.

4. Entonces clamaréis a Jehová, y no os responderá; antes esconderá de vosotros su rostro en aquel tiempo, por cuanto hicisteis malvadas obras.

9. Oíd ahora esto, jefes de la casa de Jacob, y capitanes de la casa de Israel, que abomináis el juicio, y pervertís todo el derecho,

10. que edificáis a Sion con sangre, y a Jerusalén con injusticia.

11. Sus jefes juzgan por cohecho, y sus sacerdotes enseñan por precio, y sus profetas adivinan por dinero; y se apoyan en Jehová, diciendo: ¿No está Jehová entre nosotros? No vendrá mal sobre nosotros.

12. Por tanto, a causa de vosotros Sion será arada como campo, y Jerusalén vendrá a ser montones de ruinas, y el monte de la casa como cumbres de bosque.

Malaquías 2:1. Ahora, pues, oh sacerdotes, para vosotros es este mandamiento.

2. Si no oyereis, y si no decidís de corazón dar gloria a mi nombre, ha dicho Jehová de los ejércitos, enviaré maldición sobre vosotros, y maldeciré vuestras bendiciones; y aun las he maldecido, porque no os habéis decidido de corazón.

7. Porque los labios del sacerdote han de guardar la sabiduría, y de su boca el pueblo buscará la ley; porque mensajero es de Jehová de los ejércitos.

8. Mas vosotros os habéis apartado del camino; habéis hecho tropezar a muchos en la ley; habéis corrompido el pacto de Leví, dice Jehová de los ejércitos.

9. Por tanto, yo también os he hecho viles y bajos ante todo el pueblo, así como vosotros no habéis guardado mis caminos, y en la ley hacéis acepción de personas.

Comentario bíblico

I. Una represión a los líderes malvados

A. La responsabilidad de los líderes

Miqueas 3:1

El mensaje del capítulo 3 de Miqueas se centra principalmente en las faltas de los líderes de Judá. Los acusa de tener amplio conocimiento acerca de lo que es justo (Miqueas 3:1). Estos líderes tenían la responsabilidad de vivir conforme a la ley de Dios, y de enseñar al pueblo cómo debían conducir su vida.

Los cinco primeros libros de la Biblia hablan del pacto de Dios con Abraham y sus descendientes. Dios había establecido aquel pacto para mostrar que su deseo era mantener una relación de redención con la humanidad pecadora. Las leyes que Dios dio a los israelitas a través de Moisés en el monte Sinaí bosquejaban una vida, que podía ser de bendición o de maldición, según su obediencia o desobediencia a Él.

> **IDEA 1.** Distribuya la hoja de trabajo "Conocer lo justo". Dé tiempo a sus alumnos para que lean los pasajes y describan los beneficios de la obediencia a Dios.

Dios puso líderes sobre su pueblo y les encomendó la administración de su Ley para el bien de la nación. Los líderes de los tiempos de Miqueas habían descuidado aquella responsabilidad. Ellos mismos no vivían según la ley de Dios, ni guiaban al pueblo a una vida de santidad. Los resultados fueron trágicos.

B. El precio de la opresión
Miqueas 3:2–4

La descripción de los líderes de Judá que leemos en Miqueas 3:2 es un resumen de su total fracaso. Eran gente que "aborrecían lo bueno y amaban lo malo"; es decir, que vivían conforme a una brújula moral invertida. Miqueas quería resaltar el alto precio que deberían pagar por esa manera de vivir, e ilustrar qué los líderes de Judá, no sólo estaban causando su propia destrucción, sino la destrucción del pueblo.

En la descripción de cómo los líderes de Judá oprimían al pueblo, Miqueas usó figuras literarias que parecían extraídas de una pesadilla. El daño que había sufrido el pueblo era tan traumático, como si los líderes los hubieran desollado y les hubieran quebrado los huesos y hubieran arrojado su cadáver en un inmenso caldero para celebrar un horripilante banquete con ellos (vv. 2,3).

Nuestras decisiones pecaminosas pueden repercutir más allá de nuestra propia vida. Con frecuencia, no tenemos conciencia del daño que hemos causado. Una palabra ofensiva dicha por descuido puede provocar una herida difícil de sanar. Los constantes abusos, sean verbales, sean físicos o sexuales, han dejado muchas víctimas, cuya vida llena de cicatrices nunca será normal ni feliz a causa del daño que ha sufrido.

Las decisiones pecaminosas pueden herir a los demás, pero nuestra consagración a servir con amor puede sanar y restaurar una vida. En nuestra calidad de seguidores de Cristo, hemos sido llamados a establecer relaciones cuyo fundamento son los mandamientos del Señor, y a ser canales de su poder redentor. Cuando las personas se sientan atraídas a Cristo por nuestras palabras y acciones, encontrarán a quien puede sanar toda herida.

Miqueas advierte a los líderes de Judá que se acerca el juicio de Dios, y que ellos no podrán escapar, ni siquiera por clamar a Dios (v. 4). Para entender esto, necesitamos recordar que la mentalidad de los oyentes de Miqueas era inmoral por completo. Hasta una persona que no tiene interés alguno en servir a Dios, puede invocar su nombre en un momento de angustia. Ésta es la clase de clamor que describe Miqueas, pero Dios ejecutará su juicio, porque en el corazón de ellos no se ha producido cambio alguno. La Biblia indica con claridad que Dios está dispuesto a escuchar el genuino clamor de arrepentimiento hasta del pecador más empedernido.

¿Qué ejemplos bíblicos recuerda de la misericordia de Dios ante el arrepentimiento de líderes malvados?

IDEA 2. Distribuya la hoja de información "La misericordia de Dios". Pida a sus alumnos que expresen sus ideas en cuanto a la manera en que Dios trató a personas malvadas que se arrepintieron.

II. Dios juzga a los líderes corruptos
A. La verdadera autoridad espiritual
Miqueas 3:5–8

Miqueas identifica a los falsos profetas que con mentira afirman que hablan en nombre del Dios de Israel. Describe a profetas que eran capaz de anunciar un mensaje de bendición, siempre que hubiera alguien que los mantuviera, pero eran duros y despiadados si no recibían una abundante ofrenda (Miqueas 3:5).

Una señal de un falso profeta —tanto entonces como hoy— es el egoísmo. Piense en las muchas personas que hoy comienzan un ministerio, con el único propósito de enriquecerse con los ingresos. Otros han comenzado su ministerio con una buena motivación, pero han tomado el rumbo equivocado, se han dejado arrastrar por ambiciones egoístas.

Dios proclama por medio de Miqueas que se acerca el día en que los falsos profetas ya no engañarán a nadie. En vez de impresionar con una aparente luz, sólo estarán rodeados de tinieblas. Su falsa identidad como personas que oyen la voz de Dios sería puesta al descubierto, y todos verían claramente que en realidad, estos personajes realmente nunca habían oído a Dios (vv. 6,7).

En este punto de su profecía, Miqueas identifica con claridad al Espíritu de Dios como su propia inspiración (v. 8). Él no actúa por egoísmo ni por arrogancia. Afirma que sirve a Dios con el propósito de acercar de nuevo su pueblo a Él.

¿En qué sentido es pertinente la afirmación personal de Miqueas para los seguidores de Cristo de este tiempo (3:8)?

> **IDEA 3.** Distribuya la hoja de trabajo "Recibiréis poder". Después de que la completen, comente las respuestas de sus alumnos a la luz de la pregunta anterior.

Como creyentes podemos identificarnos con las palabras de Miqueas y también con la promesa de Jesús cuando recibimos el poder del Espíritu para el ministerio. El Espíritu nos ayuda a vivir la vida cristiana y a hablar a los demás de la salvación y la vida eterna por medio de Cristo. Todo cristiano debe proponerse alcanzar la misma meta que tuvo Miqueas, que consistía en llevar a la gente a una buena relación con Dios, gracias al poder del Espíritu Santo.

B. El juicio que se avecina
Miqueas 3:9–12

Los gobernantes políticos de Judá eran como los falsos profetas. Eran negligentes en el cumplimiento de su deber; sólo les importaban el beneficio que podían obtener. Manipulaban para su propio beneficio las normas acerca de lo malo y lo bueno (v. 9).

Estos gobernantes aumentaban y ejercían su autoridad con derramamiento de sangre y otros actos viles (v. 10). En vez de apoyarse en Dios para establecer esa autoridad, mataban gente inocente, y hacían cuanto fuera necesario para mantener su control sobre el pueblo de Dios en Sion y en Jerusalén: su pueblo y ciudad escogidos. Miqueas menciona tanto a Sion como a Jerusalén, para que sus oyentes tengan presente que la presencia de Dios está en medio de su pueblo.

Aunque los gobernantes políticos y los falsos profetas buscaban sus propias ganancias egoístas, tenían la audacia de esconderse tras la afirmación de que Dios estaba presente para bendecirlos (v. 11). No respaldaban sus palabras con la obediencia a Dios, engañándose esencialmente ellos mismos, hasta creer que su juicio nunca llegaría.

¿Por qué los cristianos de hoy podrían creer que pueden vivir de manera impía?

La pregunta de Miqueas a los líderes de Judá —"¿No está Jehová entre nosotros?"—, también es válida para nosotros hoy. Hay creyentes que no consideran la gravedad del pecado, porque son fieles en su asistencia a la iglesia, generosos con su dinero, o hacen buenas obras en la comunidad. Si alguien piensa de esta manera, se engaña a sí mismo. Si continúa en ese error, puede tener la seguridad de que más tarde o más temprano Dios le hará vivir su corrección, e incluso su juicio, como hizo con los líderes corruptos de Judá.

Miqueas afirma que, cuando el juicio cayera sobre ellos, los mismos lugares que Dios había prometido como centros de su bendición, se convertirían en poderosas evidencias de su ira (v. 12). Los gobernantes de Judá pensaban que Jerusalén y el templo eran su protección de toda calamidad, porque eran símbolo de la presencia de Dios en medio de ellos. Pero Sion sería arado como cualquier campo, y Jerusalén se convertiría en un montón de escombros. Hasta "el monte de la casa" se convertiría en un bosque abandonado.

> **IDEA 4.** Explique por qué las personas se convencen de que nada malo les sucederá, mientras posean o se relacionen con elementos simbólicos de la presencia o las bendiciones de Dios. Las Biblias, los adornos cristianos, los templos, y los íconos religiosos no tienen poder para proteger a las personas de las consecuencias de sus malas decisiones.

III. Una advertencia para los líderes espirituales
A. La herencia espiritual
Malaquías 2:1–7

Cuando Malaquías comenzó a proclamar la verdad de Dios, ya se habían cumplido las advertencias de Miqueas respecto al juicio. Los pueblos enemigos habían invadido Israel y Judá y llevaron a toda su población al exilio. Los oyentes de Malaquías eran el remanente del pueblo que había regresado al territorio para la reconstrucción de Jerusalén y el templo. Sin embargo, los exiliados que habían vuelto para establecer sus comunidades no habían desistido de su rebeldía contra Dios.

Malaquías hace una advertencia a los levitas, la tribu sacerdotal; los líderes espirituales que tenían la responsabilidad de guiar al pueblo a una comunión genuina con Dios. El Señor enviaría juicio sobre ellos, porque no se habían sometido de corazón a sus leyes (Malaquías 2:1,2). De hecho, el juicio de Dios ya había comenzado, y si no se arrepentían, iría en aumento.

Como los sacerdotes estaban oficiando las ceremonias religiosas sin una consagración genuina a Dios, serían desacreditados y separados de sus responsabilidades (v. 3). A través de Malaquías, Dios estaba llamando a los levitas a recordar su herencia espiritual, y volverse a Él.

Con este llamado a la consagración, Dios habló de Leví, calificándolo como un siervo fiel que no sólo vivió para Él, sino que también condujo a otros a una relación con Él (vv. 4–6). Leví gozó del favor de Dios por su comprometido servicio a Él. En cambio, los sacerdotes de la época de Malaquías habían perdido de vista sus responsabilidad como descendientes de Leví.

¿Qué persona ha influido en su vida con su ejemplo de fe?

IDEA 5. Distribuya tarjetas y bolígrafos, y pida a sus alumnos que escriban el nombre de una o más personas a quienes ellos consideran su ejemplo espiritual. Pídales que en una o dos frases describan la influencia que esa persona ha ejercido en ellos. A modo de reflexión personal, invite los alumnos a pensar en las maneras en que ellos en algún momento se han apartado del buen ejemplo que recibieron de estas personas.

¿De qué manera el ministerio sacerdotal que se presenta en Malaquías 2:7 describe el ministerio que debemos desarrollar hoy?

Como descendientes de Leví, se había confiado a los sacerdotes la tarea de comunicar la palabra de Dios. Estaban a cargo, no sólo del cumplimiento de las leyes ceremoniales, sino también de la vivificante verdad de las Escrituras. Al cumplir con sus responsabilidades, los sacerdotes reafirmarían su identidad como mensajeros de Dios. Ése es el propósito que Dios tiene respecto a todos los seguidores de Cristo hoy. Las palabras y las acciones del creyente deben expresar de tal manera las verdades bíblicas, que los demás se sientan atraídos hacia Dios y la salvación que Él ofrece, y tengan un encuentro personal con Él.

B. El abuso de confianza
Malaquías 2:8–10

La evaluación que Malaquías hace respecto a la falta de compromiso de los sacerdotes es una advertencia que trasciende el tiempo, y a la que hoy también debemos poner atención. Estos sacerdotes se habían apartado de los caminos de Dios, y el pueblo también se apartó por causa de los pecados de ellos (Malaquías 2:8). Al fracasar en su responsabilidad de autoridad espiritual, los sacerdotes traicionaron la confianza que Dios había depositado en ellos, y sólo quedaba para ellos el juicio. Por eso, Él los haría viles y bajos ante todo el pueblo (v. 9).

Con toda facilidad podemos trazar un paralelo con la sociedad actual. Hasta las personas que tienen muy poco o ningún interés en el cristianismo saben de predicadores famosos que han caído en vergonzosas faltas. Cuando pensamos en conocidas figuras religiosas que han cedido ante los mismos males contra los que han predicando, con tristeza vemos que pierden la credibilidad y la autoridad ante el pueblo.

La evaluación que Malaquías hace de los líderes religiosos de su tiempo es muy lóbrega. Sin embargo, no eran sólo los líderes religiosos los que estaban muy lejos de lo que Dios esperaba. Malaquías reprende a su pueblo, por "portarse deslealmente el uno contra el otro, profanando el pacto de sus padres" (v. 10). También el pueblo necesitaba cambiar sus caminos; de lo contrario, también ellos tendrían que enfrentar al juicio de Dios.

¿Qué aprendemos de las advertencias de Dios a través de Malaquías a los líderes espirituales y al pueblo de Judá?

Los cristianos debemos ser gente íntegra. Para cumplir con la responsabilidad que Cristo nos ha dado de alcanzar a las almas perdidas y mostrarles el camino de la salvación, debemos vivir como Cristo vivió. Cuando nos apartamos de los caminos de Dios debemos reconocer nuestro error, y con un corazón contrito y sincero ante Él, debemos estar dispuestos a cambiar.

Discipulado en acción

Este estudio ha prestado mucha atención a los fracasos de los líderes, con la intención de mostrarnos cómo debe ser el líder eficaz y piadoso. Nosotros no tenemos excusa para caer en las mismas faltas de los gobernantes y los sacerdotes de Judá. Debemos reconocer el plan de Dios para nuestra vida, y ser ejemplo de lo que es vivir de acuerdo al Evangelio. Debemos aprovechar cuanta oportunidad se nos presente de hablar a otros acerca de la salvación que tenemos en Jesús.

Esta semana se ha insistido en el aspecto espiritual del liderazgo. Dios nos llama a todos y cada uno de nosotros a vivir de acuerdo con sus caminos. Necesitamos renovar nuestra decisión de servirle y ser ejemplos de una vida semejante a la de Cristo.

Ministerio en acción

Pida a sus alumnos que mencionen oportunidades que cada uno de ellos tiene de vivir su fe en el trabajo, en el hogar, y en la comunidad. Anímelos a evaluar esas oportunidades durante la semana, y a identificar aquellos momentos de la vida que podemos aprovechar para testificar de Cristo con toda naturalidad y espontaneidad.

Esta semana, dedique un tiempo a su desarrollo como maestro. El portal de Discipulado de las Asambleas de Dios en la web (http://discipleship.ag.org/Resources/Spanish) ofrece muchas ideas que lo pueden ayudar a ministrar con mayor eficacia en la enseñanza.

Lectura devocional

Lunes
Los líderes justos.
1 Reyes 8:54–61
Martes
Los líderes piadosos necesitan sabiduría.
2 Crónicas 1:7–12
Miércoles
La piedad es recompensada.
Salmo 4:1–8

Jueves
La gracia enseña piedad.
Tito 2:11–15
Viernes
Un liderazgo transparente.
1 Timoteo 1:12–16
Sábado
Un ejemplo de liderazgo.
2 Timoteo 3:10–17

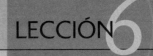

La compasión de Dios

Verdad central

La compasión de Dios se extiende tanto a creyentes como a no creyentes.

Versículo clave: Jonás 4:2

Tú eres Dios clemente y piadoso, tardo en enojarte, y de grande misericordia, y que te arrepientes del mal.

Introducción

¿Se regocijaría usted si supiera que Adolfo Hitler aceptó a Cristo como Salvador antes de morir, y que pasará la eternidad en el cielo?

Esta pregunta ilustra una verdad radical: Dios perdona a todo aquel que se arrepienta, aunque sea el peor asesino. La naturaleza humana quisiera limitar la gracia de Dios a las personas buenas. Dios sabe que nadie es verdaderamente bueno. Los que hemos recibido el amor y el perdón de Dios debemos compartir esos dones con quienes no conocen a Cristo, no importa quien sea. El estudio de esta semana presenta estas verdades desde la perspectiva de un profeta que obedeció a pesar de su propio concepto de justicia.

Objetivos del aprendizaje

Al terminar esta lección, sus alumnos podrán:

1. reflexionar sobre lo que le cuesta a un creyente la desobediencia a Dios.
2. reconocer que el deseo de Dios es que todos los humanos se arrepientan y sean salvos.
3. crecer en su compasión por las almas perdidas.

Fundamento bíblico
Jonás 1:14–4:11

Enfoque
Recordar la historia de Jonás e imitar la compasión de Dios.

Bosquejo
I. La paciencia de Dios con el creyente
  A. Una huida inútil
  B. El profeta arrepentido
II. La compasión de Dios para el inconverso
  A. Un mensaje de condenación
  B. El pueblo evita el juicio
III. Dios ilustra su compasión
  A. Un profeta con prejuicios
  B. El Dios de amor

Preparación
☐ Escoja las preguntas, las actividades, y los artículos del *Folleto de ayudas y recursos* que lo ayuden a alcanzar sus objetivos en la lección.
☐ Llene la hoja "Planificación de la clase".
☐ Copie las hojas de trabajo "Esconderse de Dios", "Se acerca el fin", "Amor por las almas perdidas" y "Para un estudio más amplio 6".

1:17. Pero Jehová tenía preparado un gran pez que tragase a Jonás; y estuvo Jonás en el vientre del pez tres días y tres noches.

2:1. Entonces oró Jonás a Jehová su Dios desde el vientre del pez,

2. y dijo: Invoqué en mi angustia a Jehová, y él me oyó; Desde el seno del Seol clamé, y mi voz oíste.

10. Y mandó Jehová al pez, y vomitó a Jonás en tierra.

3:1. Vino palabra de Jehová por segunda vez a Jonás, diciendo:

2. Levántate y ve a Nínive, aquella gran ciudad, y proclama en ella el mensaje que yo te diré.

4. Y comenzó Jonás a entrar por la ciudad, camino de un día, y predicaba diciendo: De aquí a cuarenta días Nínive será destruida.

5. Y los hombres de Nínive creyeron a Dios, y proclamaron ayuno, y se vistieron de cilicio desde el mayor hasta el menor de ellos.

10. Y vio Dios lo que hicieron, que se convirtieron de su mal camino; y se arrepintió del mal que había dicho que les haría, y no lo hizo.

4:6. Y preparó Jehová Dios una calabacera, la cual creció sobre Jonás para que hiciese sombra sobre su cabeza, y le librase de su malestar; y Jonás se alegró grandemente por la calabacera.

7. Pero al venir el alba del día siguiente, Dios preparó un gusano, el cual hirió la calabacera, y se secó.

9. Entonces dijo Dios a Jonás: ¿Tanto te enojas por la calabacera? Y él respondió: Mucho me enojo, hasta la muerte.

10. Y dijo Jehová: Tuviste tú lástima de la calabacera, en la cual no trabajaste, ni tú la hiciste crecer; que en espacio de una noche nació, y en espacio de otra noche pereció.

11. ¿Y no tendré yo piedad de Nínive, aquella gran ciudad donde hay más de ciento veinte mil personas que no saben discernir entre su mano derecha y su mano izquierda, y muchos animales?

Comentario bíblico

I. La paciencia de Dios con el creyente

A. Una huida inútil
Jonás 1:1–3,17

Cuando Dios ordenó a Jonás que fuera a Nínive y predicara contra la gran perversidad en que vivía esa ciudad, Jonás hizo algo inconcebible. En vez de obedecer a Dios e ir al nordeste hacia Nínive (lo que hoy es Irak), fue al puerto de Jope, en el mar Mediterráneo, y se embarcó rumbo al oeste, hacia Tarsis. Viajó en una dirección diametralmente opuesta a la que el Señor quería que tomara.

¿Por qué es imposible escapar de Dios?

La Biblia describe el conocimiento, el poder y la presencia sin límites de Dios. Los teólogos usan los términos de omnisciencia, omnipotencia, y omnipresencia para describir estos atributos de su naturaleza. No obstante, la Biblia también describe diversas situaciones en que el hombre quiso esconder de Dios su pecado, quiso engañarlo de alguna otra manera, o destruir sus planes.

IDEA 1. Distribuya la hoja de trabajo "Esconderse de Dios". Dé tiempo a los alumnos para que lean los ejemplos bíblicos de personas que pensaron que podían ocultar su pecado. Anímelos a responder la evaluación personal.

Dios reorientó el viaje de Jonás de una manera que mostró claramente su soberanía. Envió una tormenta que casi volcó el barco en que viajaba. Cuando la tripulación arrojó a Jonás por la borda, Dios envió un gran pez que lo tragó (vv. 15,17). El completo dominio de Dios sobre todo lo que sucedió, fue una evidencia tan convincente de su poder, que hasta la tripulación pagana del barco ofreció sacrificios e hizo votos ante Él (v. 16).

Lo importante en el ejemplo de Jonás no es el castigo, sino la advertencia de que no desobedezcamos a Dios. También en esta narración encontramos el hilo del amor y la misericordia de Dios. La misión de Jonás tenía como propósito presentar la misericordia de Dios a una ciudad donde imperaba la maldad. Dios no sólo corrigió el destino de Jonás en su viaje, sino que también protegió su vida.

B. El profeta arrepentido
Jonás 2:1–10

¿Qué razón de ser tiene la corrección divina?

Hay una diferencia clave entre el juicio de Dios ante una abierta rebelión, y la manera en que Él corrige la desobediencia del creyente. El Nuevo Testamento nos recuerda que Dios nos trata como a hijos amados cada vez que nos disciplina (Hebreos 12:6,7). Jonás era un profeta de Dios. Cuando clamó arrepentido desde el vientre del pez, Dios le respondió de inmediato (Jonás 2:1,2).

El propio profeta describe de manera poderosa su terrible experiencia al caer al mar y pasar tantas horas de oscuridad e incertidumbre, en que pensó que moriría (vv. 3–5). Sin embargo, no deja de hacer énfasis en la esperanza que Dios ofrece a quien se arrepiente de su desobedi-

encia. Aunque estaba en la profundidad del mar, miró hacia el templo de Dios (v. 4), una expresión de la que deducimos que pidió ayuda a Dios. Reconoció que Él lo había salvado de la muerte (v. 6), y confió que oiría su oración (v. 7).

¿Qué otros ejemplos de las Escrituras describen el propósito redentor que tiene Dios cuando nos corrige?

IDEA 2. Dé tiempo a los alumnos para que sugieran ilustraciones tomadas de la historia de Israel, o citen pasajes de las Escrituras en los que Dios expresa su deseo de que sus hijos se arrepientan y vuelvan a Él.

La terrible situación que vivió Jonás también lo ayudó a distinguir la genuina y especial relación que tenía con Dios, de la falsa adoración que practicaban otros (v. 8). Aunque su experiencia fue dolorosa, le recordó con claridad la gracia y la misericordia de Dios (v. 8), y el hecho de que sólo en Él hay salvación (v. 9). Estaba listo para obedecer a Dios.

¿De qué manera lo ha ayudado a usted alguna experiencia difícil en la vida a discernir con claridad la fidelidad de Dios?

La pesadilla que vivió Jonás se produjo por su propia desobediencia, pero las lecciones que aprendió nos sirven a nosotros en cualquier momento difícil de la vida. La misericordia y la gracia de Dios nos sostienen si estamos soportando las dificultades de la vida o si estamos experimentado su corrección. Dios es la única fuente de nuestra salvación; el único en quien podemos confiar que nos sacará adelante con una fortaleza y una victoria renovadas. En el caso de Jonás, la primera señal de esa renovación fue el hecho de que fue liberado del vientre de aquel pez (v. 10).

II. La compasión de Dios para el inconverso
A. Un mensaje de condenación
Jonás 3:1–4

Algo que ayuda también a recordar la misericordia de Dios es que estuvo dispuesto a dar otra oportunidad a Jonás (Jonás 3:1,2). Meditemos en las muchas ocasiones en que Dios ha sido paciente con sus hijos cuando éstos tardan en obedecer. Dios no está buscando razones para juzgarnos. Lo que anhela es restaurarnos a la comunión que debemos tener con Él, y guiarnos por la mejor senda: la que Él ha trazado para nosotros.

Con brevedad y eficacia, Jonás 3 describe a Nínive como una gran ciudad del mundo antiguo. Dios mismo reconoció la grandeza de Nínive (v. 2). Era una metrópoli (v. 3). En ella habitaban más de ciento veinte mil personas. Este ejemplo de poder humano hace resaltar el supremo poder de Dios. Por grande que fuera Nínive en tamaño y en población, Dios dijo que destruiría la ciudad en cuarenta días, a menos que el pueblo se arrepintiera (v. 4).

En algunos aspectos, el ejemplo personal de Jonás y su mensaje de juicio son un resumen temático de todas las Escrituras. Desde la caída del hombre, Dios ha anunciado el advenimiento de un juicio final; sin embargo, ha detenido ese juicio durante siglos para acercarse al hombre y dar a conocer su misericordia. En cierto sentido, todos vivimos dentro de esos "cuarenta días"

de la misericordiosa espera de Dios. Jesús compara el tiempo que pasó Jonás en el vientre del pez con el tiempo que Él mismo estuvo en la tumba antes de su resurrección (Mateo 12:40). Los seguidores del Salvador resucitado debemos usar el tiempo que nos queda para anunciar a las almas perdidas que se aproxima el juicio de Dios y llamarlas al arrepentimiento.

> **IDEA 3.** Distribuya la hoja de trabajo "Se acerca el fin". Comente las respuestas de los alumnos.

B. El pueblo evita el juicio
Jonás 3:5–10

En Jonás 3:5 se describe uno de los mayores avivamientos de la historia. Fue asombroso: la ciudad de Nínive vivió una reforma espiritual que tocó a todos sus habitantes.

La Biblia indica con claridad que sólo gracias a la intervención de Dios en nuestra vida, podemos apartarnos del pecado. En este ejemplo, los ninivitas "creyeron a Dios" (v. 5) como resultado del ministerio profético de Jonás. Este es un poderoso mensaje a todos los seguidores de Cristo que vacilan ante las oportunidades de compartir su testimonio personal. Las personas se acercan a Dios no por nuestras capacidades, sino por el ministerio del Espíritu Santo. Él nos guía en las palabras que debemos hablar.

¿Cómo mostraron los ninivitas que habían creído a Dios?

Con sus acciones los ninivitas mostraron que habían cambiado. Clamaron a Dios en oración, se humillaron y ayunaron, y se apartaron activamente de sus pecados (vv. 6–9). Aunque reconocieron que merecían la ira de Dios, buscaron su compasión.

Ciertamente cuando venimos a Cristo debemos apartarnos de nuestra vida de pecado, pero también debemos acercarnos a Dios por medio de disciplinas espirituales como la oración y el ayuno. Cuando nos enfrentemos a las tentaciones de este mundo, debemos rechazar la maldad en todas sus formas.

Dios finalmente no envió sobre Nínive el juicio que había anunciado (v. 10). Él vio el arrepentimiento y el genuino cambio que todos experimentaron. Él, que conoce de manera íntima a cada uno de nosotros, mostró su profundo amor que siente por los que viven en tinieblas, y también dejó en evidencia que "no quiere que ninguno perezca, sino que todos procedan al arrepentimiento" (2 Pedro 3:9).

III. Dios ilustra su compasión
A. Un profeta con prejuicios
Jonás 4:1–4

Si alguna vez vio a una multitud que respondía a un llamado a la salvación, ¿qué sintió ante lo que vio?

Si asistimos a una campaña evangelística o si la vemos por televisión, seguramente sentiremos alegría de ver que la gente viene para recibir a Cristo. Sin embargo, Jonás no se alegró cuando los ninivitas se arrepintieron. Más bien, se enojó sobremanera (Jonás 4:1). En alta voz expresó su frustración a Dios.

En su oración, vemos cuál fue la razón de que el profeta se propuso huir a Tarsis. Él sabía muy bien que Dios es "clemente y piadoso, tardo en enojarse, y de grande misericordia, y que se arrepiente del mal" (v. 2).

En realidad, en ese momento, Jonás estaba citando a Dios sus propias palabras que había dicho a Moisés en el monte Sinaí (Éxodo 34:6,7). Jonás aceptaba con mucho gozo que Dios fuera misericordioso y lleno de amor con Israel, su pueblo escogido, pero no sentía lo mismo respecto a los ninivitas. No podía concebir que Dios los amara y estuviera dispuesto a perdonarlos. De hecho, dijo a Dios que si perdonaba a los ninivitas, él prefería morir (Jonás 4:3).

¿Hay alguna persona o algún grupo que usted considera que no deberían tener salvación de Dios?

Cuando pensemos en la actitud poco piadosa del profeta, reflexionemos también en nuestros propios prejuicios. Jonás sabía que los ninivitas, el pueblo asirio, eran crueles opresores, arrogantes e idólatras. Sentía hacia ellos lo mismo que tal vez nosotros sentimos hacia quienes declaran guerras, o los terroristas que no respetan la vida. En cambio Dios mira a todas sus criaturas con amor.

Dios habló pacientemente con Jonás, le preguntó tenía derecho a enojarse (v. 4). Con esa pregunta le recordó la misericordia que había tenido con él mismo, al perdonarlo.

Esta pregunta es un mensaje de Dios a los creyentes de todos los tiempos, nos recuerda que aunque todos merecemos el juicio, Dios nos ha dado su misericordia. Por eso, nosotros debemos compartir de manera compasiva el amor de Dios con quienes nos conectamos cada día y que no conocen al Señor.

¿Cómo podemos cultivar en nuestra vida el santo fervor de alcanzar a las almas perdidas con el Evangelio?

B. El Dios de amor
Jonás 4:5–11

Jonás estaba tan asombrado de que Dios perdonara a los ninivitas, que acampó en las afueras de la ciudad, al parecer con una leve esperanza de que Dios decidiera por fin desatar su juicio sobre ellos (Jonás 4:5). Dios usó esta acción del profeta como una oportunidad más para la enseñanza.

Nínive, situada en lo que hoy es Irak, era azotada por intensas oleadas de calor. Jonás se hizo una pequeña enramada para poder observar la ciudad, pero ésta no lo protegía por completo de los rayos solares. Entonces Dios hizo que creciera una calabacera sobre la enramada del profeta para que le diera sombra, éste se sintió muy complacido (v. 6).

Al día siguiente, Dios envió un gusano que se comió la calabacera y privó a Jonás de su sombra. Y se levantó un fuerte viento y aumentó el calor del día (vv. 7,8). Jonás se enojó tanto, que quiso morir. Dios lo amonesta respecto a su enojo por la planta que se había marchitado y que él nunca sembró ni cultivó (v. 9).

En Jonás 4:10 se halla la conclusión de este libro profético, con una poderosa proclamación del amor de Dios. El Señor encara a Jonás con su indolencia ante la condición espiritual de los ninivitas. Él estaba más preocupado por su comodidad, que por la difícil situación de la multitud que vivía en Nínive. Él quería que Jonás compartiera su amor por las almas perdidas, y aprendiera a pensar en los demás antes de pensar en sí mismo.

¿Por qué nuestras comodidades materiales porían ser más importantes para nosotros que las almas perdidas?

La sociedad nos anima a satisfacer nuestros apetitos egoístas, pero el Espíritu Santo nos habla al corazón,; nos llama a dar prioridad a las necesidades de los demás, y en especial la necesidad de hombres, mujeres y niños de tener un encuentro con Cristo y conocerle como Salvador y Señor.

El libro de Jonás termina con la voz de un Dios amoroso que confirma su preocupación por los pecadores y su deseo de rescatarlos. Era cierto que los ninivitas eran malvados. En cuanto a la moral, no podían distinguir entre su mano derecha y su mano izquierda. Él los veía como espiritualmente ciegos, y necesitados de su misericordia. El hecho de saber que Dios tiene misericordia de los que se arrepienten, debería motivar a los cristianos a proclamar las buenas nuevas de salvación.

Discipulado en acción

En la historia de Jonás hay mucho más que el simple relato de "Jonás y el gran pez". El tiempo de soledad y oscuridad que vivió Jonás y la manera en que Dios lo rescató, son el inicio de muchas otras cosas que Dios obró en la vida del profeta. Aunque Jonás, espiritualmente hablando, siguió forcejeando, finalmente obedeció a Dios y proclamó su verdad en una de las grandes ciudades de sus tiempos. Su fuerte diálogo con Dios es evidencia del proceso, a veces doloroso, que todos vivimos cuando crecemos en la fe.

Cuando pensamos en nuestra responsabilidad de mostrar la compasión que siente Dios hacia la humanidad: ¿Estamos viviendo centrados sólo en la satisfacción de nuestras propias necesidades y comodidades, o hacemos cuanto está a nuestro alcance para ministrar a los demás la gracia de Dios? Un punto de referencia que podemos usar para responder a esta pregunta es la manera en que respondemos a las personas y en diversas situaciones. Esta semana mantengamos un registro escrito de lo que hagamos cuando nos encontremos con personas que despierten sensaciones negativas en nosotros. Hagamos un esfuerzo para identificar y examinar en oración algunas buenas maneras en que podemos acercarnos a esas personas para que experimenten la misericordia de Dios.

Ministerio en acción

Identifique cuáles son los "ninivitas" en su vida: esas personas con las que le cuesta compartir el Evangelio. Analice cuáles son las razones de su dificultad para presentarles del evangelio. Pida a Dios que esta semana le dé oportunidad de vivir de acuerdo con su fe, y de presentar el plan divino de salvación a alguien que lo necesita.

La Idea 4 de la próxima semana pide que los alumnos que presenten ejemplos de la manera en que Dios ha respondido a sus oraciones, pero no como ellos esperaban. Si usted está informado de alguna situación concreta que haya vivido algún alumno de su clase, temprano en la semana pida a esa persona que tenga a bien prepararse para hablar brevemente de su experiencia.

Lectura devocional

Lunes
Dios obra con misericordia.
Salmo 86:12–17

Martes
La gran compasión de Dios.
Salmo 103:13–22

Miércoles
La compasión de Dios nunca falta.
Lamentaciones 3:22–33

Jueves
Sea compasivo con sus enemigos.
Lucas 6:27–36

Viernes
Venza al mal con el bien.
Romanos 12:14–21

Sábado
Dios es amor.
1 Juan 4:7–16

El rechazo de la misericordia de Dios

Fundamento bíblico

Nahum 1:1–9; Habacuc 1:1–6; 3:1–19

Enfoque

Reconocer la soberanía de Dios y apoyarnos en ella.

Bosquejo

I. El poder de Dios para vengar
  A. Creador y Juez
  B. Dos posibilidades

II. El clamor por un justo juicio
  A. Un tiempo de duda
  B. La seguridad que viene de Dios

III. La confianza en la soberanía de Dios
  A. Un llamado a la misericordia
  B. Una fe firme

Preparación

☐ Escoja las preguntas, las actividades, y los artículos del *Folleto de ayudas y recursos* que lo ayuden a alcanzar sus objetivos en la lección.

☐ Llene la hoja "Planificación de la clase".

☐ Copie la hoja de información "La caída de Nínive" y las hojas de trabajo "El poder en perspectiva", "Habacuc 1:2–4" y "Para un estudio más amplio 7".

Verdad central

Puesto que Dios es soberano, su justicia prevalecerá sobre la maldad.

Versículo clave: Nahum 1:3

Jehová es tardo para la ira y grande en poder, y no tendrá por inocente al culpable.

Introducción

 ¿Qué siente cuando piensa en Dios como Juez definitivo de toda maldad?

Nuestra percepción de Dios como Juez en gran medida la define nuestra relación con Él como Salvador, o el hecho de que no tengamos esa relación con Él. Nahum y Habacuc, los profetas del estudio de hoy, hablaron claramente acerca de la justicia de Dios, pero también describieron su amor y protección para quienes pongan su fe en Él.

Objetivos del aprendizaje

Al terminar esta lección, sus alumnos podrán:

1. reconocer que Dios en su soberanía podría privarnos de su misericordia si la rechazamos continuamente.
2. evaluar el papel de la oración en la predicción acerca de la justicia de Dios.
3. encontrar un gozo renovado en la plena confianza en Dios.

Nahum 1:2. Chasquido de látigo, y fragor de ruedas, caballo atropellador, y carro que salta; **3. jinete enhiesto, y resplandor de espada, y resplandor de lanza; y multitud de muertos, y multitud de cadáveres; cadáveres sin fin, y en sus cadáveres tropezarán,** 6. Y echaré sobre ti inmundicias, y te afrentaré, y te pondré como estiércol. **7. Todos los que te vieren se apartarán de ti, y dirán: Nínive es asolada; ¿quién se compadecerá de ella? ¿Dónde te buscaré consoladores?** Habacuc 1:2. ¿Hasta cuándo, oh Jehová, clamaré, y no oirás; y daré voces a ti a causa de la violencia, y no salvarás? **3. ¿Por qué me haces ver iniquidad, y haces que vea molestia? Destrucción y violencia están delante de mí, y pleito y contienda se levantan.** 4. Por lo cual la ley es debilitada, y el juicio no sale según la verdad; por cuanto el impío asedia al justo, por eso sale torcida la justicia. **5. Mirad entre las naciones, y ved, y asom-**braos; porque haré una obra en vuestros días, que aun cuando se os contare, no la creeréis. 6. Porque he aquí, yo levanto a los caldeos, nación cruel y presurosa, que camina por la anchura de la tierra para poseer las moradas ajenas. **3:1. Oración del profeta Habacuc, sobre Sigionot.** 2. Oh Jehová, he oído tu palabra, y temí. Oh Jehová, aviva tu obra en medio de los tiempos, en medio de los tiempos hazla conocer; en la ira acuérdate de la misericordia. **17. Aunque la higuera no florezca, ni en las vides haya frutos, aunque falte el producto del olivo, y los labrados no den mantenimiento, y las ovejas sean quitadas de la majada, y no haya vacas en los corrales;** 18. Con todo, yo me alegraré en Jehová, y me gozaré en el Dios de mi salvación. **19. Jehová el Señor es mi fortaleza, el cual hace mis pies como de ciervas, y en mis alturas me hace andar.**

Comentario bíblico

I. El poder de Dios para la venganza

A. Creador y Juez
Nahum 1:1–5

El libro de Nahum comienza identificando a la ciudad de Nínive como blanco del mensaje del profeta (Nahum 1:1).

¿Qué sabe usted acerca de Nínive, además de lo que ha estudiado acerca del viaje de Jonás?

IDEA 1. Distribuya la hoja de información "La caída de Nínive". Dé tiempo a los alumnos para que se informen de lo que sucedió después de la visita de Jonás a la ciudad y el cumplimento de la profecía que más tarde Nahum pronunció. Use la información para presentar el siguiente comentario acerca del juicio de Dios.

Aunque Nahum se refirió a Nínive, su descripción del poder de Dios, y de la manera en que juzga la maldad señalan verdades universales. Para entender esas verdades, es importante que reconozcamos a partir del lenguaje de Nahum el significado que tienen para la vida diaria.

Nahum describe a Dios como celoso, vengador, lleno de indignación y capaz de guardar enojo para sus enemigos (v. 2). Al leer estos términos en las Escrituras, nos imaginaríamos a Dios con emociones humanas. Sin embargo, Dios no está sujeto a esas emociones.

Sus celos significan un compromiso absoluto con lo que es bueno y un rechazo absoluto también de todo lo que es malo. Su venganza es la justicia pura. Su indignación y su enojo no son como sus veleidosas contrapartidas humanas, sino que son manifestaciones de una ira santa contra el pecado.

Aun en los momentos en que Dios dirige su indignación al pecado, también ofrece su misericordia a quienes se apartan de él. Puesto que Dios es "tardo para la ira" (v. 3), tenemos una oportunidad de arrepentirnos de nuestros pecados antes de que envíe sobre nosotros su juicio. Al mismo tiempo, puesto que "no tendrá por inocente al culpable" (v. 3), nunca habrá un momento en que apruebe nuestro pecado, o pase por alto su existencia si nosotros persistimos en hacer el mal.

Nahum describe de manera muy gráfica el poder de Dios sobre toda la Creación, con el fin de comunicar su absoluta autoridad sobre el mundo natural, y su autoridad para juzgar a la humanidad. Dios es supremamente majestuoso. La tempestad y el torbellino éstan sujetos a su autoridad (v. 3). Tal vez Nahum tuvo en mente el mar Rojo y el río Jordán al hablar del poder de Dios para secar las grandes fuentes de agua (v. 4). En última instancia, Dios tiene el poder que se necesita para destruir la tierra misma (v. 5).

? **A la luz de la descripción de Dios que presenta Nahum, ¿por qué algunos creen que escaparán de su justo juicio?**

Muchas personas parecen hallarse bajo la falsa impresión de que son inmunes de alguna manera a las realidades de la vida. Se convencen de que nunca les afectarán (las desgracias, las enfermedades, los juicios). Y tal vez, porque Dios es tardo para la ira, se convencen de que no les pedirá cuenta de sus acciones. Esta manera de vivir es necia y peligrosa.

B. Dos posibilidades
Nahum 1:6–8

Nahum describe con claridad el infinito poder de Dios. Y se pregunta cómo es posible que alguien soporte el juicio de Dios (Nahum 1:6).

IDEA 2. Distribuya la hoja de trabajo "El poder en perspectiva". Comente las respuestas de sus alumnos.

Si nadie puede soportar el juicio de Dios, ¿cuál es la alternativa? Nahum nos presenta la bondad de Dios. El profeta afirma que quien deposite su confianza en Dios descubrirá en Él una fortaleza, un refugio seguro. El mismo poder que los habría juzgado, protege a los que confían en Dios. Esta protección tiene como fundamento la relación personal con Dios, quien "conoce a los que en él confían" (v. 7).

Nahum hace otra advertencia a todos los que prefieren ignorar la misericordia de Dios. Se avecina un juicio final (v. 8). Su profecía se cumplió inicialmente con la caída de Nínive, pero la Biblia afirma que en el plan de Dios para toda la tierra también se contempla un juicio final. ¿Cómo es posible que alguien sea tan necio que ignore las numerosas advertencias de las Escrituras y persista en su rebelión contra un Creador todopoderoso?

En vista del pecado, los seguidores de Cristo compartimos con Nahum la responsabilidad de comunicar la verdad del juicio de Dios que se aproxima, y también su ofrecimiento de salvar a los pecadores que se arrepientan. Dios ha enviado a los creyentes al mundo entero con su mensaje de esperanza. Esa esperanza sólo se encuentra cuando reconocemos a Cristo como Salvador y Señor.

❓ ¿Cuál es la decisión fundamental que debemos tomar todos y cada uno de los seres humanos?

Cada uno de nosotros debe decidir de qué manera se relacionará con Dios. Nuestro Creador nos da vida, para que tengamos comunión con Él. Cuando vivimos en esa comunión, disfrutamos de su favor en esta vida y de su presencia y bendición eternas más allá de ella. Quien rechace la relación que Dios le ofrece, decide que enfrentará su juicio cuando esta vida llegue a su fin.

II. El clamor por un justo juicio
A. Un tiempo de duda
Habacuc 1:1–4

En las Escrituras no hay datos biográficos de Habacuc. No es mucho lo que sabemos acerca de él. Sin embargo, las preguntas del profeta parecen ser un eco de lo que los creyentes se han preguntado en todos los tiempos. Habacuc confiesa con toda sinceridad su dificultad para entender por qué la maldad impera, aunque Dios es poderoso y santo.

> **IDEA 3.** Distribuya la hoja de trabajo "Habacuc 1:2–4". Pida que algunos voluntarios lean sus respuestas.

Habacuc nos recuerda que a Dios no le molestan las preguntas sinceras. La clave está en la actitud de quién las formula. Siempre debemos ser reverentes ante Dios, aun en los momentos en que las angustias de la vida nos dominan y no tenemos respuesta alguna a la vista.

El profeta se preguntaba por qué Dios no respondía ni hacía algo en vista de la maldad. Algunos comentaristas piensan que Habacuc vivió en un período de cambio en la historia de Judá. El rey Josías había realizado grandes reformas, y había devuelto al pueblo a la verdadera adoración a Dios (véase 2 Reyes 23:25). Después de la muerte de Josué, su nieto Joacim condujo a la nación a la idolatría y a el pecado (v. 37). El pueblo sufría la opresión de quienes estaban en posiciones de autoridad. No había justicia, porque los ricos terratenientes sobornaban a los tribunales. La maldad aparentemente triunfaba sobre el bien. Y según Habacuc, Dios no respondía antes la crítica situación de injusticia que vivía su pueblo (Habacuc 1:2–4).

❓ ¿Qué puede hacer el creyente para renovar su fe en Dios durante un período de incertidumbre?

Cuando leemos un pasaje como el de las quejas de Habacuc, es importante que tengamos presente todas las Escrituras como contexto. Las quejas de Habacuc sugieren que en esa circunstancia, Dios no tuvo interés alguno en la situación. Habacuc sentía que Dios no había escuchado su oración. La verdad es que Dios sí escucha toda oración de los justos (Salmo 34:17). El profeta se quejaba de que Dios no estaba salvando a las víctimas de la violencia. En realidad, Dios siempre obra para responder a nuestras interrogantes, aun en el mismo momento y lugar en que se produce el sufrimiento físico (véase Salmo 107:19).

Las afirmaciones de Habacuc se encuentran en la Biblia para que recordemos que la vida de fe no es fácil, y que nuestra limitada perspectiva nunca dará una respuesta absoluta a nuestros interrogantes. Cuando en oración encomendamos a Dios esos interrogantes, a su debido tiempo Él nos da la seguridad de que se cumplirán sus propósitos divinos.

B. La seguridad que viene de Dios
Habacuc 1:5,6

No se da indicación alguna sobre el tiempo que estuvo Habacuc clamando a Dios respecto a las injusticias y la violencia que veía. Finalmente, Dios respondió. Le reveló el juicio estaba cerca. Sería de tal magnitud, que sorprendería a todos los que lo presenciaran. Y los instrumentos del juicio de Dios serían igualmente sorprendentes. Dios levantaría a los caldeos, o babilonios, como conquistadores de la región (Habacuc 1:5,6).

IDEA 4. Pida a los alumnos que den ejemplos de cómo Dios ha respondido a sus oraciones, aunque no fuera de la manera que ellos esperaban.

Para Habacuc, esta era sólo una solución parcial. Sí, los babilonios servirían como instrumento de Dios para castigar a la perversa sociedad en que vivía el profeta. Sin embargo, los propios babilonios eran un pueblo malvado.

IDEA 5. Pida a los alumnos que lean Habacuc 1:12–17. Comente las preguntas que el profeta presenta a Dios. Señale que sólo Dios tiene una vista panorámica de su plan para la humanidad. Los interrogantes surgen cuando consideramos de manera aislada los diversos segmentos del gran cuadro. Debemos confiar en la soberanía y la infinita sabiduría de Dios, y reconocer nuestra propia miopía espiritual.

III. La confianza en la soberanía de Dios
A. Un llamado a la misericordia
Habacuc 3:1,2

¿Qué cambios notamos entre la oración de Habacuc en este capítulo y la oración con la que comienza su libro?

La oración inicial del profeta llevaba en sí un tono de acusación, pero el libro termina con una oración llena de humilde reverencia. Es posible que Habacuc 3 sea un tipo de salmo, una composición musical (como lo indica el término "Sigionot" en el versículo 1). Cuando el profeta cantó sus alabanzas a Dios, su fe se fortaleció.

Habacuc se había sentido tan indignado por los pecados de otros, que aparentemente todo lo que hizo fue orar para pedir el juicio de Dios. Pero al reflexionar en la respuesta de Dios a su primera oración, se produjo un cambio en su corazón. Comenzó a interceder a favor de los que sufrirían por la invasión de los caldeos. Clamó a Dios que tuviera misericordia de los mismos contra quienes había pedido juicio (v. 2).

Lo más importante es que finalmente centró su atención en Dios, y no en los problemas de la vida. En vez de presentar a Dios su propio desagrado por la inmoralidad y la violencia que lo rodeaban, Habacuc reconoció el temor —reverente sobrecogimiento— que sentía hacia Él. Ahora pide a Dios que cumpla su divino propósito, en vez de suplicarle que haga lo que él considera justo.

Sólo en tres breves capítulos, Habacuc guardó un registro escrito de su propio crecimiento espiritual y nos dejó a todos los que hemos creído en Dios un ejemplo digno de imitar. Su transición de la oración de juicio a la oración de intercesión es una buena lección para nosotros. En vez de dejar que nos domine la frustración de ver la conducta de los pecadores, cuanto mayor sea nuestra fidelidad en la oración por ellos, tanto mayor será la paz de Dios que sentiremos.

> **IDEA 6.** Pida a los alumnos que hablen de sus experiencias personales respecto a la manera en que sus emociones y sus circunstancias han afectado el tono y el contenido de su oración. Comente qué se puede hacer para que nuestra oración esté en sintonía con los propósitos de Dios.

B. Una fe firme
Habacuc 3:16–19

Las duras preguntas de Habacuc al principio de este libro tienen su eco en todos nosotros. Al igual que él, nosotros también queremos una solución clara e inmediata a las injusticias y la maldad que vemos a nuestro alrededor. El libro de Habacuc nos recuerda que no es impropio hacer sinceras preguntas a Dios. Él entiende nuestras luchas.

Como el profeta, nuestra esperanza se renueva cuando dejamos que crezca nuestra fe. Podemos reconocer nuestros propios temores, así como Habacuc reconoció los suyos (Habacuc 3:16). Y, también como él, debemos superar esos temores y expresar una confianza absoluta en el poder de Dios para sostenernos, a pesar de lo que sucede a nuestro alrededor (vv. 17,18).

? **¿Cuáles son las necesidades de nuestra sociedad que requieren de la fe que confesó Habacuc (3:17,18)?**

Habacuc habla de las malas cosechas de los olivos y de las higueras, y de la disminución del ganado. Los problemas de tipo económico parecen estar siempre presentes. Aun en los buenos tiempos, la gente necesita estar consciente de que la economía puede cambiar en cualquier momento. Sin embargo, Dios no cambia. Él nos ofrece un gozo que no está sujeto a las circunstancias en que vivimos; un gozo que surge de nuestra relación con Él.

En el caso de Habacuc, lo que comenzó como lamento, culminó en cántico (v. 19). El profeta encontró su consuelo en la soberanía de Dios, y su confianza, en la fortaleza que recibió al reconocer que su pensamiento era superior al suyo.

Dios quiere esa misma transformación se produzca en cada uno de nosotros. Los discípulos de Cristo tenemos razones para regocijarnos, porque podemos ver con mayor claridad que los profetas antiguos, que Dios es soberano sobre todo, y que a través de Cristo, tenemos todo lo que necesitamos.

Discipulado en acción

Nahum y Habacuc proclamaron las verdades de Dios ante su generación, pero éstas son pertinentes hoy para nuestra vida. La manera en que Nahum presenta el poder y la justicia de Dios, pero también su misericordia, nos enfrenta a una decisión de trascendencia eterna: la manera en que nos relacionaremos con nuestro Creador. Si tenemos una buena relación con Él, ¿qué haremos para que otros encuentren refugio en su gracia?

Por naturaleza, no somos sensibles ante las situaciones difíciles de otros. Como Habacuc, cuando vemos inmoralidad, violencia, e injusticia en nuestra sociedad lo primero que pedimos es el juicio de Dios. Pronto olvidamos que nosotros mismos somos beneficiarios de la misericordia de Dios. Al igual que Habacuc, podemos hallar en nuestro Salvador un gozo renovado. Ese gozo en nosotros puede llevar a otras personas al Señor.

Vivimos en un mundo que sufre. Alimentemos en nosotros un espíritu compasivo que se mantenga fiel a sus principios, y al mismo tiempo no juzguemos a los demás, por pensar que nosotros somos mejores que ellos.

Ministerio en acción

Los cristianos reconocemos que con toda razón Dios juzgará al hombre por su pecado. Sin embargo, ¿pensamos con la misma rapidez que de tal manera Dios amó al pecador, que envió a su Hijo Jesús a morir en la Cruz, para que no pereciera? Piense en maneras prácticas de compartir el amor de Cristo con quienes sufrirán el juicio de Dios si no llegan a una fe salvadora en Jesús. Pida a Dios que lo guíe, mientras busca la manera de hablar del amor de Cristo a quienes no son salvos.

Si tiene planes de usar el examen de la Unidad durante el próximo estudio, asegúrese de dejar tiempo de la clase para que los alumnos lo respondan y para revisar sus respuestas. Este examen puede reforzar las verdades de la palabra de Dios que se han aprendidido en la Unidad.

Con el fin de preparar Idea 1 de la semana próxima, pida a un alumno que tenga un poderoso testimonio acerca de la intervención de Dios que se prepare a compartirlo brevemente.

Lectura devocional

Lunes
Dios usa el mal para bien.
Génesis 45:1–15
Martes
Cante sobre la justicia de Dios.
Éxodo 15:1–13
Miércoles
Tenga su seguridad puesta en Dios.
Salmo 27:1–14

Jueves
Dios juzga la maldad.
Mateo 11:20–24
Viernes
Jesús vino para redimirnos.
Lucas 1:46–56
Sábado
La gracia es abundante en Cristo.
Romanos 5:12–21

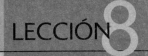

Los justos del Señor reinan

Verdad central

El Señor vendrá a establecer su Reino en toda su plenitud.

Versículo clave: Zacarías 14:9

Y Jehová será rey sobre toda la tierra. En aquel día Jehová será uno, y uno su nombre.

Introducción

¿Cree usted que podríamos hoy aplicar de manera práctica las descripciones proféticas de los últimos tiempos? Explique su respuesta.

Los cristianos podrían reconocer el Arrebatamiento, la Gran Tribulación, o la existencia del cielo y el infierno, como poderosas razones de aceptar a Cristo como Salvador. El estudio de esta semana analiza la descripción que hace el profeta Zacarías del futuro reino terrenal del Señor. Este estudio nos hará comprender que la vida diaria en el futuro reino terrenal de Dios debe tener su paralelo en la manera en que el cristiano vive hoy. El creyente debe someterse a Jesús como Rey, y adorarlo como el único Dios verdadero.

Objetivos del aprendizaje

Al terminar esta lección, sus alumnos podrán:

1. aceptar que la victoria de Dios sobre el mal es segura, y que el día del Señor es un acontecimiento futuro.
2. honrar a Dios como Rey de su vida.
3. reconocer que la relación con Dios debe ser evidente en todos los aspectos de la vida.

Fundamento bíblico
Zacarías 14:1–21

Enfoque
Reconocer al Señor Dios como Rey, y adorarlo.

Bosquejo
I. El día del Señor
  A. Un ataque abrumador
  B. La victoria del cielo
II. Rey sobre toda la tierra
  A. El Santo Nombre
  B. La Santa Ciudad
III. Las naciones adoran al Rey
  A. Un peregrinaje mundial
  B. La santidad al Señor

Preparación
- Escoja las preguntas, las actividades, y los artículos del *Folleto de ayudas y recursos* que lo ayuden a alcanzar sus objetivos en la lección.
- Llene la hoja "Planificación de la clase".
- Copie las hojas de trabajo "Aguas vivas", "Zacarías 14:9", "Dios santo, Amigo divino" y "Para un estudio más amplio 8" y el examen de la Unidad.

Zacarías 14:1. He aquí, el día de Jehová viene, y en medio de ti serán repartidos tus despojos.

2. Porque yo reuniré a todas las naciones para combatir contra Jerusalén; y la ciudad será tomada, y serán saqueadas las casas, y violadas las mujeres; y la mitad de la ciudad irá en cautiverio, mas el resto del pueblo no será cortado de la ciudad.

3. Después saldrá Jehová y peleará con aquellas naciones, como peleó en el día de la batalla.

4. Y se afirmarán sus pies en aquel día sobre el monte de los Olivos, que está en frente de Jerusalén al oriente; y el monte de los Olivos se partirá por en medio, hacia el oriente y hacia el occidente, haciendo un valle muy grande; y la mitad del monte se apartará hacia el norte, y la otra mitad hacia el sur.

8. Acontecerá también en aquel día, que saldrán de Jerusalén aguas vivas, la mitad de ellas hacia el mar oriental, y la otra mitad hacia el mar occidental, en verano y en invierno.

9. Y Jehová será rey sobre toda la tierra. En aquel día Jehová será uno, y uno su nombre.

10. Toda la tierra se volverá como llanura desde Geba hasta Rimón al sur de Jerusalén; y ésta será enaltecida, y habitada en su lugar desde la puerta de Benjamín hasta el lugar de la puerta primera, hasta la puerta del Angulo, y desde la torre de Hananeel hasta los lagares del rey.

11. Y morarán en ella, y no habrá nunca más maldición, sino que Jerusalén será habitada confiadamente.

16. Y todos los que sobrevivieren de las naciones que vinieron contra Jerusalén, subirán de año en año para adorar al Rey, a Jehová de los ejércitos, y a celebrar la fiesta de los tabernáculos.

17. Y acontecerá que los de las familias de la tierra que no subieren a Jerusalén para adorar al Rey, Jehová de los ejércitos, no vendrá sobre ellos lluvia.

20. En aquel día estará grabado sobre las campanillas de los caballos: Santidad a Jehová; y las ollas de la casa de Jehová serán como los tazones del altar.

Comentario bíblico

I. El día del Señor

A. *Un ataque abrumador*
Zacarías 14:1,2

 ¿Cómo la gente utiliza hoy la palabra "Armagedón"?

La cultura popular ha relacionado el Armagedón con una guerra nuclear, o con algún desastre natural. Pero, esta palabra sólo aparece una vez en las Escrituras —Apocalipsis 16:16— y se refiere a un conflicto final entre las naciones del mundo y los ejércitos celestiales en un lugar llamado Megido. Zacarías, profeta del Antiguo Testamento, nos da un resumen de esa batalla, y no tiene relación alguna con una guerra nuclear, o con el poder destructivo de la naturaleza.

En el capítulo 14, Zacarías describe la transformación del mundo de un montón de naciones pecadoras a un solo Reino sometido a la autoridad de Dios. El profeta declara que este momento es el llamado "Día de Jehová" (v. 1), y que su advenimiento sucederá cuando Dios rescate a Jerusalén de un ejército internacional cuyo plan es destruir la ciudad (v. 2).

Observe los detalles clave de estos versículos. Por una parte, los poderes del mal por un momento aparentemente triunfan. Jerusalén es asolada y saqueada, las mujeres son violadas y la mitad de su población va al exilio. Sin embargo, cuando la total derrota parece segura, Dios rescata al pueblo que vive en la tierra que Él ha escogido.

Las importantes palabras del versículo 2 nos recuerdan que no importa la severidad del ataque, los planes de Dios nunca quedarán sin cumplimiento por lo que el hombre pueda hacer para detenerlo. Las naciones del mundo rodearán a Jerusalén con sus ejércitos, pero Dios habla por medio de Zacarías, y dice: "Yo reuniré a todas las naciones para combatir contra Jerusalén".

Dios nunca es el autor del mal, como Santiago recuerda a los primeros cristianos (Santiago 1:13). Por su supremo poder, Dios da forma a la historia de acuerdo a sus propósitos, aunque la gente no deje de pecar. Esta verdad puede ser una fuente de consuelo para los creyentes, porque también es cierta para nosotros (Romanos 8:28).

B. La victoria del cielo
Zacarías 14:3–8

La descripción que hace Zacarías de los sucesos posteriores a la conquista de Jerusalén aparentemente no tiene relación con nuestra vida. Sin embargo, toda la Escritura es obra de Dios para dar forma a lo que somos y a lo que hacemos en el presente.

¿Se ha enfrentado usted a alguna crisis en la vida y vio cómo Dios acudió en su ayuda?

IDEA 1. Permita que los alumnos respondan a la pregunta anterior. Si sabe de alguien que tenga un poderoso testimonio de la intervención divina, le sugerimos que le pida por adelantado que se prepare para participar en este momento de la clase.

Con el fin de ayudar a sus oyentes a aplicar esta profecía a su vida,

Zacarías describe la aparición de Dios en relación con las acciones del pasado: "como peleó en el día de la batalla" (Zacarías 14:3). Las proezas de rescate y de victoria recogidos en los escritos de la historia de Israel señalan al mismo Dios fiel que los rescatará y les dará la victoria en esta batalla final.

El versículo 4 ofrece evidencias de que Jesús es el Rey victorioso que aparece en la visión de Zacarías. La mención de los pies del Señor que se afirman sobre el monte de los Olivos, el cual se divide entonces para crear un valle, señala a una promesa que fue hecha el día en que Jesús ascendió después de su resurrección. Los creyentes que se reunieron en el monte de los Olivos ese día oyeron a los ángeles anunciar que Jesús regresaría un día a ese mismo lugar (Hechos 1:9–12).

Zacarías conecta su profecía con la aparición de Jesús en el monte de los Olivos, lo cual les va a proporcionar una vía de escape a las multitudes de Jerusalén, como un éxodo masivo de la ciudad durante un histórico terremoto (Zacarías 14:5). Hoy, aunque la misma tierra tiemble, nosotros podemos mirar a Dios con fe en espera de su rescate.

La fidelidad de Dios es inalterable, pero la manera en que la muestre, será única en ese Día de Jehová. En ese día, la luz solar normal dará paso a una luz milagrosa que iluminará la noche (vv. 6,7). El mundo, tal como nosotros lo conocemos, será transformado, y Jerusalén será el centro mismo de esos cambios.

La sanidad y el poder transformador de Dios se irradiarán desde Jerusalén al mundo entero. La primera señal de esta transformación será una corriente de aguas vivas que fluirá hasta el Mediterráneo al oeste y el mar Muerto al este.

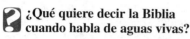 **¿Qué quiere decir la Biblia cuando habla de aguas vivas?**

> **IDEA 2.** Distribuya la hoja de trabajo "Aguas vivas". Comente las respuestas de los alumnos.

II. Rey sobre toda la tierra
A. El Santo Nombre
Zacarías 14:9

Zacarías pudo ver el día en que la autoridad de Dios se revelaría por completo en el mundo entero. Esa autoridad es igualmente real en nuestro tiempo, pero Dios ha decidido limitar la expresión de su poder mientras sigue ofreciendo a la humanidad la oportunidad de arrepentirse y depositar en Él su fe. En un solo versículo, Zacarías hace varias afirmaciones clave que describen algunos cambios masivos en nuestro mundo cuando Jesús se revele como Rey de reyes.

> **IDEA 3.** Distribuya la hoja de trabajo "Zacarías 14:9". Deles tiempo a los alumnos para que revisen la hoja y escriban las breves aplicaciones personales, antes de continuar con la lección.

Los seguidores de Cristo tenemos el privilegio de vivir en la realidad de Zacarías 14:9. Aunque los cristianos nos enfrentamos a las tentaciones y a otros desafíos que compiten con el lugar central que debe tener Cristo en nuestra vida, Dios tiene una respuesta para cada uno de nuestros problemas. Cuando llega la tentación, Él promete que nos dará una salida (1 Corintios 10:13). Cuando el creyente sucumbe ante la tentación y peca, Él le ofrece perdón y purificación (1 Juan 1:9). Conforme el creyente se acerca al Salvador, Dios le promete moldear su vida según la imagen misma de su Hijo (Romanos 8:29).

Zacarías contempló un día futuro, a miles de años de distancia del tiempo en que él vivió. Dios le dio detalles acerca de un mundo muy diferente al suyo, y en general muy diferente del mundo que nos rodea hoy. Pero expresó una verdad eterna a la cual todos nos podemos aferrar en este mismo momento. Dios es el único Señor de este mundo y de todo el Universo. Para quienes con fe invoquen su nombre, Él se convierte en Rey de su vida, y así comenzarán a experimentar las bendiciones que Él les ha prometido.

> **IDEA 4.** Éste podría ser un momento clave para exhortar a los alumnos que aún no son salvos y preguntarles si quieren aceptar a Cristo como Salvador. Sea sensible a la dirección del Espíritu Santo al expresar verbalmente esta invitación.

B. La Santa Ciudad
Zacarías 14:10,11

Zacarías describe también una asombrosa demostración del poder de Dios no para destruir, sino para edificar. Hoy, los ingenieros tienen la tecnología necesaria para levantar y mover un gran edificio. Sin embargo, un día Dios levantará la ciudad de Jerusalén.

En el Día de Jehová, después de obtener la victoria y de que fluyan las aguas vivas, allanará la región que rodea a Jerusalén, y de esa manera levantará la ciudad (Zacarías

14:10). En las Escrituras, Dios usa las alturas para simbolizar su santidad; su separación de todo lo que no es santo. En los días de Zacarías, Israel tenía ya una larga historia de idolatría en la que el pueblo había levantado lugares altos para sus ídolos. La fe falsa siempre imita los aspectos de lo auténtico. Cuando Jerusalén sea elevada por encima de las llanuras circundantes, el mundo tendrá ante sí una lección grafica de la santidad y el poder de Dios.

Considerando la santidad de Dios, ¿es acaso imposible que nos acerquemos a Él? Explique su respuesta.

Zacarías indica claramente que Jerusalén seguirá siendo una ciudad abierta. Sus pobladores habitarán seguros en ella, y nunca más vivirán con el temor de que se produzca un ataque (v. 11). Esto expresa la verdad del Evangelio: nuestro santo Dios vino a esta tierra a vivir con la humanidad e identificarse con ella. La perspectiva general de las Escrituras combina la realidad de la santidad de nuestro Creador y su separación total del pecado con la realidad de la intimidad de nuestro Salvador y su muerte expiatoria. Todo aquel que se acerque a Dios en fe, será aceptado en una cercana y amorosa relación con Él.

¿Cómo describe la Biblia la santidad y la accesibilidad de Dios?

> **IDEA 5.** Distribuya la hoja de trabajo "Dios santo, Amigo divino". Dé tiempo a los alumnos para que busquen los pasajes que ilustran ambos aspectos de la naturaleza de Dios. Comente las respuestas.

III. Las naciones adoran al Rey
A. Un peregrinaje mundial
Zacarías 14:16–19

Por millones las personas en el mundo entero cada año visitan diversos santuarios con la esperanza de una experiencia espiritual. Pero cuando Jesús se establezca como Rey en Jerusalén, las naciones del mundo acudirán a adorarle y participarán con Él en una ceremonia muy real: la Fiesta de los Tabernáculos (Zacarías 14:16).

La Fiesta de los Tabernáculos, que se celebra en el séptimo mes, es parte de una cadena de festividades sagradas que se celebran durante el año para ilustrar la necesidad de la salvación y de la provisión de Dios para solucionar el problema del pecado (véase Levítico 23). El día de Expiación, al principio de ese mismo mes, señala el sacrificio perfecto de Cristo. La Fiesta de los Tabernáculos celebra la relación que los creyentes podemos tener con Dios.

Jerusalén no sólo será un símbolo histórico de la fe, sino también el centro de la obra de Dios en el mundo. Zacarías señala que llegarán peregrinos de todas las naciones que en el pasado habían atacado a Jerusalén. Esto expresa nuevamente el deseo que tiene Dios de perdonar y restaurar a sus enemigos, en vez de castigarlos.

No obstante, el deseo de Dios de relacionarse con nosotros nunca pasa por alto la rebelión del hombre. Los versículos 17 a 19 describen el juicio que espera a quienes se nieguen a entrar en esta relación con Él. Puesto que este juicio es una realidad, parece claro que Zacarías estaba describiendo el Reino de Cristo que seguirá a la Tribulación y que durará mil años. Después del Juicio Final y de la aparición de la Nueva Jerusalén, el pecado no volverá a estar presente en este mundo.

B. La santidad al Señor
Zacarías 14:20, 21

En cierta medida, las observaciones con que Zacarías concluye este capítulo parecen excepcionalmente comunes y corrientes.

¿Por qué mencionaría el profeta las campanillas de los caballos y las ollas?

Aquí el centro de la atención está en la presencia y la influencia de Dios en todos los aspectos de la vida de Jerusalén y de la región que la circunda. Toda tarea, grande o pequeña, tendría como fin glorificar a Dios.

Ésta es la misma verdad que expresa la declaración de Zacarías según la cual "no habrá en aquel día más mercader en la casa de Jehová de los ejércitos" (v. 21). Durante generaciones, los israelitas habían profanado el templo de Dios con la adoración a los ídolos. Zacarías no estaba resucitando una distinción entre judíos y mercaderes gentiles. Mas bien anunció que cuando llegara este nuevo día de la presencia de Dios en Jerusalén, todos los que llegaran a su casa, serían únicamente verdaderos adoradores.

Vemos también en la conclusión del profeta una descripción sobre la forma en que debe operar hoy el cuerpo de Cristo. Todo cuanto los seguidores de Cristo digamos y hagamos, debe glorificar a Dios. No hay detalle alguno de la vida que sea demasiado ordinario como para pasarlo por alto. Necesitamos seguir la indicación de Pablo a los creyentes de Colosas: "Todo lo que hagáis, hacedlo de corazón, como para el Señor y no para los hombres" (Colosenses 3:23).

En nuestra vida no debe haber áreas que mantengamos reservadas cuando se trate de nuestro servicio al Salvador, o nuestro amor por Él. Todos los días, con la ayuda del Espíritu Santo, debemos escudriñar nuestro corazón para identificar y desarraigar de él cualquier cosa que no podamos clasificar sinceramente como "santidad a Jehová".

En un nivel práctico, la mención de las ollas por parte de Zacarías puede ser muy útil para el creyente de hoy.

¿Cómo se podría hoy consagrar a Dios una olla?

IDEA 6. Comente con los alumnos el hecho de que proveer alimentos, ayuda médica, y otras expresiones del ministerio de misericordia pueden ser una poderosa herramienta para la comunicación del evangelio.

La visión de Zacarías incluye imágenes que no son parte de la experiencia del hombre. Sin embargo, su mensaje nunca niega la constante realidad de que firme voluntad de Dios es tener una relación con el más preciado ser que Él creó. El Señor todavía hoy llama a todo aquel que, por medio de la fe en Jesucristo, quiera convertirse en miembro de su familia, y de esta manera, también ser parte de su Reino eterno.

Discipulado en acción

Las descripciones que hacen los profetas de los últimos tiempos pueden tener aplicaciones prácticas hoy. Los cristianos podemos señalar al Arrebatamiento, la Gran Tribulación, o las realidades del cielo y del infierno, como poderosas motivaciones para aceptar a Cristo como Salvador. La descripción que hace Zacarías de la vida en el futuro Reino terrenal de Dios debería ser un reflejo de la manera en que hoy mismo vivimos los cristianos. Y lo será, si nos sometemos a Jesús como Rey y le adoramos como el único Dios verdadero.

Esta semana lea de nuevo Zacarías 14, y piense cómo puede aplicar sus principios a su manera andar en la fe y a sus relaciones. Este pasaje puede alentar a los seguidores de Cristo, pero también puede servir como un serio recordatorio del destino que espera a nuestros amigos y seres amados que no son salvos. Puesto que usted es seguidor de Cristo, viva como ciudadano del Reino de Dios. De esta manera con mayor eficacia podra hablar a otros acerca de Jesucristo, su Rey.

Ministerio en acción

Los alumnos que no se atrevan a presentar verbalmente el Evangelio, tal vez se sentirán más cómodos si participan en ministerios prácticos de misericordia que les abran las puertas como convincentes testigos del Señor. Analice con sus alumnos las maneras en que pueden apoyar los ministerios de misericordia asociados con su iglesia.

Puesto que la semana próxima comienza una nueva unidad, dedique tiempo esta semana para leer la introducción a la siguiente unidad y revisar las lecciones. Pida al Espíritu que lo dirija mientras prepara cada uno de los temas.

Lectura devocional

Lunes
Dios establecerá su Casa.
Isaías 2:1–5

Martes
Unos cielos nuevos y una tierra nueva.
Isaías 65:17–25

Miércoles
Una visión del Reino futuro de Dios.
Daniel 2:44–47

Jueves
Cristo vendrá.
Apocalipsis 1:1–8

Viernes
Adoremos al Rey.
Apocalipsis 4:1–11

Sábado
La Nueva Jerusalén
Apocalipsis 21:1–7

Prioridades y valores

"No me digas cuáles son tus prioridades. Muéstrame cómo gastas tu dinero, y te diré cuáles son." —*James W. Frick*

"No dejes que el problema que necesitas resolver tenga más importancia que la persona que debes amar." —*Bárbara Johnson*

"A veces son las decisiones más pequeñas las que cambian la vida para siempre." —*Keri Russell*

"Más importante que un hombre de éxito, es un hombre de valores." —*Albert Einstein*

"Los estudios sin valores, por útiles que sean, convierten al hombre en un diablo más preparado." —*C. S. Lewis*

Todos tenemos prioridades y valores. La pregunta que se debe hacer el cristiano es: "¿Cuáles deben ser las prioridades y los valores de un seguidor de Cristo?" Durante los cinco domingos próximos, usted guiará a sus alumnos en la búsqueda de la respuesta a esta pregunta.

Los dos primeros estudios de esta unidad analizan la declaración de Jesús que aparece en Mateo 22:37–39, en la que afirma que amar a Dios de todo corazón y amar al prójimo están estrechamente relacionadas, y deben convertirse en la mayor prioridad del cristiano.

El hecho de ser miembro de la Iglesia, el cuerpo de Cristo, exige del cristiano que considere una prioridad la relación de amor entre los creyentes. Por ser seguidores de Cristo, debemos dar una nueva definición a nuestras relaciones, en particular al reconocer que Cristo diseñó a su Iglesia para que todos sus miembros trabajaran juntos y se amaran unos a otros. El tercer estudio se centra en nuestra pertenencia al cuerpo de Cristo.

El cuarto estudio nos llevará a reafirmar el valor que tiene un carácter piadoso. Aprenderemos que debemos colaborar con la gracia de Dios para desarrollar un carácter semejante al de Cristo.

El cristianismo abarca todo aspecto de la vida. El estudio final nos exhortará a valorar todos nuestros recursos —nuestro tiempo, posesiones, capacidades e incluso nuestro propio cuerpo— como dádivas que hemos recibido de Dios y que debemos usar para su gloria.

El amor de Dios

Verdad central

La sublime razón de ser del creyente es amar a Dios.

Versículo clave: Mateo 22:37,38

Amarás al Señor tu Dios con todo tu corazón, y con toda tu alma, y con toda tu mente. Este es el primero y grande mandamiento.

Introducción

Los deberes de un maestro son múltiples: calificación de tareas, reuniones con los padres, reuniones de comités, planificación de clases, actividades extraescolares, y educación continua como maestro.

¿Podríamos redactar una sencilla y breve declaración para definir los deberes de un creyente? Cuando a Jesús se le hizo una pregunta parecida, respondió que el creyente debe amar a Dios de todo corazón (Marcos 12:28–30). En el estudio de hoy, analizaremos lo que significa amar a Dios de todo corazón, y la manera en que podemos expresar nuestro amor a Dios en nuestra vida diaria.

Objetivos del aprendizaje

Al terminar esta lección, sus alumnos podrán:

1. reconocer que amar a Dios debe ser su primera y más alta responsabilidad como creyentes.
2. aceptar la responsabilidad de hablar a otras personas acerca del gran amor de Dios.
3. describir las maneras en que ellos pueden expresar su amor por Dios.

Fundamento bíblico

Deuteronomio 6:3–25;
Marcos 12:28–30

Enfoque

Identificar el Gran Mandamiento y obedecerlo.

Bosquejo

I. El Gran Mandamiento
   A. Escuche y obedezca
   B. Ame a Dios de todo corazón

II. Comunique el Gran Mandamiento
   A. Grábelo en su corazón
   B. Grábelo en el corazón de su descendencia

III. Las expresiones prácticas del amor a Dios
   A. Sea agradecido con Dios
   B. Sea ferviente en su servicio a Dios
   C. Hable de Dios a otros

Preparación

❏ Escoja las preguntas, las actividades, y los artículos del *Folleto de ayudas y recursos* que lo ayuden a alcanzar sus objetivos en la lección.

❏ Llene la hoja "Planificación de la clase".

❏ Copie el estudio de caso "La oración de Roberto" y las hojas de trabajo "Un corazón dividido", "Causar una impresión de piedad" y "Para un estudio más amplio 9".

Deuteronomio 6:3. Oye, pues, oh Israel, y cuida de ponerlos por obra, para que te vaya bien en la tierra que fluye leche y miel, y os multipliquéis, como te ha dicho Jehová el Dios de tus padres.

4. Oye, Israel: Jehová nuestro Dios, Jehová uno es.

5. Y amarás a Jehová tu Dios de todo tu corazón, y de toda tu alma, y con todas tus fuerzas.

Marcos 12:28. Acercándose uno de los escribas, que los había oído disputar, y sabía que les había respondido bien, le preguntó: ¿Cuál es el primer mandamiento de todos?

29. Jesús le respondió: El primer mandamiento de todos es: Oye, Israel; el Señor nuestro Dios, el Señor uno es.

30. Y amarás al Señor tu Dios con todo tu corazón, y con toda tu alma, y con toda tu mente y con todas tus fuerzas. Este es el principal mandamiento.

Deuteronomio 6:6. Y estas palabras que yo te mando hoy, estarán sobre tu corazón;

7. y las repetirás a tus hijos, y hablarás de ellas estando en tu casa, y andando por el camino, y al acostarte, y cuando te levantes.

9. y las escribirás en los postes de tu casa, y en tus puertas.

10. Cuando Jehová tu Dios te haya introducido en la tierra que juró a tus padres Abraham, Isaac y Jacob que te daría, en ciudades grandes y buenas que tú no edificaste,

11. y casas llenas de todo bien, que tú no llenaste, y cisternas cavadas que tú no cavaste, viñas y olivares que no plantaste, y luego que comas y te sacies,

12. cuídate de no olvidarte de Jehová, que te sacó de la tierra de Egipto, de casa de servidumbre.

24. Y nos mandó Jehová que cumplamos todos estos estatutos, y que temamos a Jehová nuestro Dios, para que nos vaya bien todos los días, y para que nos conserve la vida, como hasta hoy.

25. Y tendremos justicia cuando cuidemos de poner por obra todos estos mandamientos delante de Jehová nuestro Dios, como él nos ha mandado.

Comentario bíblico

I. El Gran Mandamiento
A. Escuche y obedezca
Deuteronomio 6:3,4

El Señor quería que los israelitas recordaran las cosas importantes para tener buen éxito. Moisés les llamó la atención con un "¡Oye, oh Israel!" (Deuteronomio 6:3). La palabra hebrea traducida como "oye" conlleva la idea de escuchar, poniendo una cuidadosa atención a lo que se dice, con el fin de comprender y obedecer. La orden de oír va seguida por el llamado a la obediencia.

¿Qué relación tiene con el amor a Dios el hecho de escuchar con atención y obedecer?

Una cosa es escuchar la palabra de Dios, y otra muy distinta es obedecerla. Necesitamos tanto lo primero como lo segundo, para que nuestro amor a Dios sea genuino (véase Romanos 2:13; Santiago 1:22).

Moisés hace un llamado a Israel a escuchar atentamente a Dios con el fin de obedecer (Deuteronomio 6:3,4). Los judíos ortodoxos conocen como "Shemá" la declaración acerca de Dios que leemos en el versículo 4. La recitan varias veces durante el día, y en sus cultos de adoración los sábados. Esta declaración establece de manera inequívoca que hay un solo Dios. Sólo a Él Israel debe escuchar y obedecer.

Él es rey absoluto del universo, y no hay otro dios o dioses, más que Él. Los israelitas debían rechazar cualquier sustituto o representación que pretendiera igualarlo. No debían reconocer autoridad que no fuera la de Dios.

Israel pronto entraría a una tierra donde se adoraba a otros dioses. Enfrentaría la tentación de negar a Dios para aceptar a los dioses paganos.

? **¿En qué sentido se asemejan los desafíos que enfrentó Israel en cuanto a escuchar y obedecer únicamente al Señor, y algunos desafíos que enfrentamos los cristianos hoy?**

> **IDEA 1.** Distribuya el estudio de caso "La oración de Roberto". Comente las respuestas de los alumnos.

Los cristianos vivimos en una sociedad pluralista que reconoce la validez de diversos sistemas de creencias o religiones. Cada vez resulta más ofensivo para la gente que los cristianos proclamemos que el cristianismo es el único y verdadero camino para conocer a Dios. Nos enfrentamos a una creciente presión para que aceptemos todas las religiones simplemente como diversos caminos que llevan al mismo Dios. Las diversas voces religiosas se atribuyen una autoridad al nivel de la Biblia. Como los hijos de Israel, los cristianos enfrentamos el desafío de escuchar y obedecer el llamado del Señor a amarlo y servirle únicamente a Él, quien es la autoridad absoluta y definitiva. Sólo Dios, el Creador del universo y autor de nuestra salvación, es digno de recibir nuestra adoración.

B. Ame a Dios de todo corazón
Deuteronomio 6:5; Marcos 12:28–30

> **IDEA 2.** Dedique dos o tres minutos para recibir sugerencias de sus alumnos en cuanto a alabanzas que se entonan en la iglesia que expresan nuestro amor por Dios. Escoja una o dos de de esas alabanzas y, usted u otra persona, dirija a todo el grupo mientras la cantan.

Cuando los israelitas se estaban preparando para entrar a la Tierra Prometida, se les indicó que debían amar a Dios por encima de todas las cosas (Deuteronomio 6:5). Muchos años después, un líder de Israel preguntó a Jesús cuál era el más importante mandamiento (Marcos 12:28). Jesús citó Deuteronomio 6:4,5. "Oye, Israel; el Señor nuestro Dios, el Señor uno es. Y amarás al Señor tu Dios con todo tu corazón, y con toda tu alma, y con toda tu mente y con todas tus fuerzas. Este es el principal mandamiento" (Marcos 12:29,30). Por encima de todas las cosas, el pueblo de Dios debe ser reconocido por amar de todo corazón al único Dios verdadero. Por eso este texto se conoce como "el Gran Mandamiento".

? **¿En qué sentido el amor del creyente por Dios debe ir más allá de sus emociones y sus sentimientos?**

El amor que Dios requiere de nosotros debe ir más allá de las emociones. Es un amor que abarca todo. En primer lugar, llega al corazón de la persona. En este contexto, "corazón" se refiere al lugar donde se alojan las emociones y los anhelos. Cuando amamos a Dios con el corazón, nuestra lealtad sólo será para quien nos creó y nos redimió.

En segundo lugar, este amor llega al alma de la persona. Esto se refiere a nuestra conciencia, voluntad, y fibra moral: nuestra naturaleza. Debemos amar al Señor con todo lo que somos. Todas y cada una de las partes de nuestro ser interior debe sentir y expresar nuestro amor a Dios.

En tercer lugar, el amor por Dios incluye todas nuestras fuerzas. Tanto como nuestro ser interior, nuestro ser físico también debe amar y obedecer a Dios. Un amor frío e indiferente por el Señor impide que nos fortalezcamos espiritualmente. El peligro de un amor tibio por Dios es que sólo se halla a unos pasos de convertirse en una expresión fría y sin vida.

> **IDEA 3.** Distribuya la hoja de trabajo "Un corazón dividido". Pida a los alumnos que identifiquen aquellas cosas que podrían apagar su amor por Dios, y aquellas que lo enriquecen.

El creyente necesita la obra del Espíritu Santo en su vida, porque ésta transforma cada aspecto de su carácter, de manera que toda ella exprese su amor a Dios. Una manera en que se puede apreciar el amor del creyente hacia Dios es el fruto del Espíritu: amor, gozo, paz, paciencia, benignidad, bondad, fe, mansedumbre, templanza (Gálatas 5:22,23).

II. Comunique el Gran Mandamiento
A. Grábelo en su corazón
Deuteronomio 6:6

Puesto que el corazón es el centro de nuestras emociones y

nuestros afectos, es importante que lo protejamos de todo aquello que podría apagar el amor al Señor. Deuteronomio 6:6 nos recuerda cuán importante es que atesoremos la palabra de Dios en nuestro corazón. Los creyentes debemos guardar nuestro corazón, con el amor y la obediencia a Dios. Debemos leer la palabra de Dios, aprenderla, y atesorarla en el corazón. Ella es la que nos protege para que no desobedezcamos a Dios, ni nos alejemos de Él (véase Salmo 119:11).

¿De qué manera nos ayuda la comunión de una iglesia a mantener vivo nuestro amor por Dios?

Los predicadores y los maestros nos ayudan a entender las enseñanzas de las Escrituras para que seamos fieles a ellas. Nuestros hermanos y hermanas en el Señor nos pueden animar y apoyar en nuestro caminar con Dios, para que no perdamos la fe, ni nos demos por vencidos en medio de las pruebas. La adoración en la congregación puede reavivar y refrescar nuestro amor por el Señor. La adoración con otros creyentes nos estimula espiritualmente.

B. Grábelo en el corazón de su descendencia
Deuteronomio 6:7–9

El hogar es el primer lugar donde debe ser evidente nuestro amor por Dios. Los israelitas debían enseñar con diligencia a sus hijos los mandamientos de Dios (Deuteronomio 6:7). Debían usar cada oportunidad a su alcance para enseñar los mandamientos de Dios a sus hijos. Cuando estaban descansando en su hogar, cuando iban de camino a algún lugar, en todo tiempo debían repetir con ellos los mandamientos del Señor.

Esto debía ser lo último que hicieran en la noche antes de dormir, y lo primero que hicieran en la mañana al despertar. Siempre debían conversar acerca de la ley de Dios con sus hijos

❓ Nombre maneras concretas en que los adultos pueden transmitir su fe y su amor por Dios a la siguiente generación.

Los momentos que más recuerdan los hijos tienen que ver con la rutina diaria. Cuando compramos los víveres para la familia, podemos dar gracias a Dios por su provisión; podemos alabar al Señor por una aurora o un hermoso atardecer; podemos orar para pedir protección durante un viaje. Otras maneras de reconocer a Dios es explicar y recordar la razón de que damos nuestras ofrendas y diezmos; recordar lo que significa la comunión en la iglesia; o reconocer a Dios en las decisiones que tomamos. Todas son diversas maneras de enseñar a los niños acerca de la relación con Dios y la obediencia a Él.

A los israelitas también se les dijo que usaran símbolos físicos que fueran un recordatorio de la palabra de Dios (vv. 8,9). Esos símbolos les servirían para tener siempre presente a Dios. Al salir de su hogar o al regresar recordarían que la palabra de Dios estaba siempre con ellos.

> **IDEA 4.** Distribuya la hoja de trabajo "Causar una impresión de piedad". Comente las respuestas de los alumnos.

No debemos olvidar la verdad de que a veces aprendemos más de lo que "observamos" que de lo que se "nos enseña" con palabras. La mejor manera de comunicar el amor y la obediencia a Dios es que éstas

sean el fundamento de nuestra vida. Deben formar parte de lo que somos, en vez de lo que hacemos ocasionalmente, cuando nos conviene, o por cumplir con un deber religioso. Amémos a Dios de corazón, con todo lo que somos y tenemos.

III. Las expresiones prácticas del amor a Dios
A. Sea agradecido con Dios
Deuteronomio 6:10–12

El pueblo no debía olvidar los mandamientos que habían recibido de Dios, ni lo que Él había hecho por ellos (Deuteronomio 6:10–12). De hacerlo, las bendiciones de Dios podían tener un efecto contraproducente que les hiciera pensar que eran merecedores de ellas. Cuando no agradecemos a Dios corremos el peligro de que nuestro amor por Él se apague y que nuestra obediencia a Él se dificulte.

❓ ¿Cómo se puede proteger el creyente de hoy contra el peligro del olvido?

Un remedio para el peligro del olvido es tener un corazón agradecido. Cuando sentimos y expresamos nuestra gratitud a Dios por lo que Él ha hecho a nuestro favor, siempre tendremos presente que todo cuanto tenemos viene de Él. Olvidar lo que Dios ha hecho por nosotros es como no regar una planta, que finalmente se marchita y muere. Es muy importante que mantengamos fresca y viva nuestra fe.

B. Sea ferviente en su servicio a Dios
Deuteronomio 6:13–19

Israel debía servir sólo al Señor (Deuteronomio 6:13,14). Servir a otros dioses era traicionar la amorosa relación con Dios. El Señor quiere que sus hijos le consagren su tiempo y su devoción (v. 15). La advertencia a los israelitas es que "no tienten a Jehová su Dios" (v. 16). Esto se refiere al momento en que dudaron de la bondad de Dios para con ellos (Éxodo 17:1–7). Dudaron de su cuidado por ellos y de su poder para satisfacer sus necesidades. Dudar de Dios después de todo lo que habían recibido de Él era como un insulto. En vez de duda, los israelitas debían expresar su fe en Dios y obedecer sus mandamientos (Deuteronomio 6:17). Si ellos obedecían y servían al Señor, las bendiciones se concretarían cuando exitosamente entraran en la Tierra Prometida (vv. 18, 19).

¿Por qué nuestro servicio al Señor es una expresión de nuestro amor por Él?

El servicio es una manera práctica de expresar nuestro amor. Cuando hay verdadero amor en un matrimonio, se hace evidente en la manera amorosa en que se atienden el uno al otro. Lo mismo sucede en nuestra relación con Dios. Podemos decir que amamos al Señor, pero la manera de mostrarlo es en el servicio. Cuando estamos dispuestos a vivir en obediencia a sus mandamientos, realmente mostramos nuestro amor por Él.

C. Hable de Dios a otros
Deuteronomio 6:20–25

Otra manera de mostrar nuestro amor y gratitud a Dios es hablar a otros de lo que Él ha hecho en nuestra vida. Cuando compartimos con otras personas nuestro testimonio, se fortalece nuestra fe y nuestro amor por Dios, y quienes nos oyen se sentirán inspirados a crecer en la fe.

El primer entorno dónde debemos copartir nuestra fe es la propia familia (Deuteronomio 6:20). Los niños son curiosos por naturaleza. El padre o familiar dedica tiempo para responder a sus preguntas como: "¿qué significa esto?" o "¿por qué sucede esto?" Con frecuencia, se subestiman o se pasan por alto las preguntas de un niño. El Señor nos anima a utilizar esos momentos para impartir cuidadosa instrucción acerca de lo que el Señor nos ha ordenado, y de lo que ha hecho.

Los israelitas debían hablar acerca de la obra que Dios había hecho en medio de ellos. Podemos ver un ejemplo en los versículos 21 al 25.

¿Qué lección debían aprender los hijos al escuchar lo que Dios había hecho por su pueblo?

El buen éxito del pueblo de Dios dependía de su obediencia. Dios quería que prosperaran y que vivieran en paz en la tierra que Él les había prometido.

Si obedecían los mandamientos, serían considerados justos (v. 25). Esto significa que habrían hecho lo bueno a los ojos Dios y de los hombres, y que su conducta sería recompensada. Disfrutarían de todas las bendiciones de la tierra, y de las promesas que Dios les había hecho.

Hoy, la justicia nos viene por medio de la fe en la obra de Jesucristo en la cruz. No obstante, también debemos ser consecuentes en nuestra manera de vivir y de relacionarnos con Dios y las personas. Debemos obedecer los mandamientos del Señor y siempre estar dispuestos a dar testimonio del por qué de nuestro amor y obediencia a Dios.

IDEA 5. Pida que algunos voluntarios hablen de lo que responderían si alguien les preguntaran por qué aman a Dios.

Discipulado en acción

Si lo más importante es amar a Dios, es necesario que examinemos con regularidad la temperatura de nuestra relación con Él. ¿Es fría, tibia, o fervorosa? Alguien hizo un acertado comentario: "uno mismo decide cuán cerca de Dios quiere estar". ¿Qué puede hacer usted hoy para que su corazón y su alma expresen amor y gratitud a Dios? ¿Qué recursos espirituales puede usar que lo ayuden a crecer en su amor por el Señor?

Una de las amenazas al amor de Dios es nuestro olvido de lo que Él ha hecho por nosotros y de lo que nos ha prometido en su Palabra. Éste podría ser un buen momento para que hagamos una lista de todas las maneras en que Dios ha obrado en nuestra vida. Use esa lista para compartir con alguien cercano a usted, en especial un adulto joven o un niño, las bendiciones que ha recibido de Dios. Exprese su gratitud y amor por la obra que el Señor ha hecho en su vida.

Ministerio en acción

Pida que cada persona de la clase escriba el nombre de alguien con quien compartirán su testimonio acerca de la salvación y las bendiciones de Dios. Sugiérales que oren para que esas personas se abran y escuchen la presentación del Evangelio, y que el corazón de ellos sea como tierra fértil en el que la Palabra produzca mucho fruto.

Envíe una carta o tarjeta a sus alumnos, para agradecerles su presencia en la clase.

Lectura devocional

Lunes
Ame al Señor su Dios.
Deuteronomio 30:1–10

Martes
Amar a Dios es una decisión.
Deuteronomio 30:15–20

Miércoles
Sirva al Señor.
Salmo 100:1–5

Jueves
Niéguese a sí mismo y siga a Cristo.
Mateo 16:21–28

Viernes
El amor cumple con la Ley.
Romanos 13:8–10

Sábado
Amémonos unos a otros.
1 Juan 2:7–11

Fundamento bíblico

Mateo 22:36–40;
Romanos 12:9–21;
13:8–10; 14:1–7

Enfoque

Identificar y obedecer el segundo de los grandes mandamientos.

Bosquejo

I. Ame a su prójimo
   A. El segundo gran mandamiento
   B. El amor y el cumplimiento de la Ley
II. Una descripción del amor fraterno
   A. El amor debe ser sincero
   B. El amor debe buscar la armonía
III. El amor fraterno en acción
   A. El que ama acepta a quienes son diferentes
   B. El que ama no menosprecia a nadie

Preparación

❏ Escoja las preguntas, las actividades, y los artículos del *Folleto de ayudas y recursos* que lo ayuden a alcanzar sus objetivos en la lección.

❏ Llene la hoja "Planificación de la clase".

❏ Copie las hojas de trabajo "Me agrada/No me agrada" y "Para un estudio más amplio 10", además del estudio de casos "Diferencias" y la hoja de información "Asuntos de conciencia".

El amor al prójimo

Verdad central

Es imposible amar a Dios sin amar a los demás.

Versículo clave: Mateo 22:39

Y el segundo es semejante: amarás a tu prójimo como a ti mismo.

Introducción

IDEA 1. Distribuya la hoja de trabajo "Me agrada/No me agrada". Lea las respuestas de los alumnos, y observe la diversidad de opiniones. Comente cómo pueden los creyentes amarse y vivir en armonía a pesar de las diferencias.

Después del amor a Dios, el amor al prójimo es lo más importante. Las dos cosas van unidas, y no es posible separarlas. Sin embargo, hay una tendencia a separar el amor a Dios del amor al prójimo.

Jesús indicó con claridad que no es posible amar a Dios y no amar al prójimo. La lección de hoy examina la segunda parte del Gran Mandamiento y cómo influye en la relación con las personas.

Objetivos del aprendizaje

Al terminar esta lección, sus alumnos podrán:

1. decir cuáles son los dos grandes mandamientos.
2. describir las cualidades específicas que ayudan a identificar el amor fraterno.
3. explicar la obra práctica del amor fraterno en nuestras relaciones en el hogar, la iglesia, y el trabajo.

Mateo 22:37. Jesús le dijo: Amarás al Señor tu Dios con todo tu corazón, y con toda tu alma, y con toda tu mente.

38. Este es el primero y grande mandamiento.

39. Y el segundo es semejante: Amarás a tu prójimo como a ti mismo.

40. De estos dos mandamientos depende toda la ley y los profetas.

Romanos 13:8. No debáis a nadie nada, sino el amaros unos a otros; porque el que ama al prójimo, ha cumplido la ley.

9. Porque: No adulterarás, no matarás, no hurtarás, no dirás falso testimonio, no codiciarás, y cualquier otro mandamiento, en esta sentencia se resume: Amarás a tu prójimo como a ti mismo.

10. El amor no hace mal al prójimo; así que el cumplimiento de la ley es el amor.

12:9. El amor sea sin fingimiento. Aborreced lo malo, seguid lo bueno.

10. Amaos los unos a los otros con amor fraternal; en cuanto a honra, prefiriéndoos los unos a los otros.

11. En lo que requiere diligencia, no perezosos; fervientes en espíritu, sirviendo al Señor;

12. gozosos en la esperanza; sufridos en la tribulación; constantes en la oración;

13. compartiendo para las necesidades de los santos; practicando la hospitalidad.

14. Bendecid a los que os persiguen; bendecid, y no maldigáis.

15. Gozaos con los que se gozan; llorad con los que lloran.

18. Si es posible, en cuanto dependa de vosotros, estad en paz con todos los hombres.

14:1. Recibid al débil en la fe, pero no para contender sobre opiniones.

2. Porque uno cree que se ha de comer de todo; otro, que es débil, come legumbres.

3. El que come, no menosprecie al que no come, y el que no come, no juzgue al que come; porque Dios le ha recibido.

10. Pero tú, ¿por qué juzgas a tu hermano? O tú también, ¿por qué menosprecias a tu hermano? Porque todos compareceremos ante el tribunal de Cristo.

Comentario bíblico

I. Ame a su prójimo

A. *El segundo gran mandamiento*
Mateo 22:36–40

En tiempos de Jesús, los maestros enseñaban que había seiscientas trece leyes en el Antiguo Testamento. El debate acerca de cuál de esos mandamientos era el más importante, fue lo que algunos líderes judíos aprovecharon para probar a Jesús. Pensaron que su respuesta fomentaría el rechazo por parte del pueblo. Sin embargo, Jesús no cayó en la trampa. Les respondió que lo más importante es amar a Dios con todo lo que somos y amar a nuestro prójimo como a nosotros mismos (Mateo 22:36–40). Estos dos mandamientos encierran todas las enseñanzas de la Ley y de los profetas.

Los mandamientos de amar a Dios y amar al prójimo no se pueden separar. El amor a los demás es la manifestación práctica de nuestro amor a Dios; así mismo nuestro amor a Dios se revela en el amor que mostramos a nuestro prójimo (véase 1 Juan 4:20—5:2).

❓ ¿En qué sentido el amor exige más que el simple cumplimiento de lo que se prohíbe en los Diez Mandamientos?

Los Diez Mandamientos son mucho más que simples prohibiciones; son más bien expresiones de amor. Podríamos mantenernos alejados de todo lo que se nos prohíbe y con todo no llegar a la altura que la Ley señala. Al amar al prójimo, la persona revela que tiene una clara comprensión del propósito de la Ley.

El amor exige un esfuerzo delibe-rado. Cuando pensamos que ya hemos hecho suficiente, nos damos cuenta que el amor todavía está dis-puesto a dar más de sí. Debemos centrar nuestra atención en lo que hacemos —con actitud positiva y amorosa—, en vez de lo que "no debemos hacer".

B. El amor y el cumplimien-to de la Ley
Romanos 13:8–10

Pablo explica que los cristianos tienen una constante deuda de amor con los demás (Romanos 13:8). Esa deuda siempre está vigente; nunca la pagaremos por completo.

A las personas que tienen afini-dad en gustos y aversiones les es más fácil entenderse y expresar su interés mutuo. Sin embargo, la palabra del apóstol Pablo que se traduce como "otros" en este texto (v. 8) se refiere a alguien que no es como nosotros. Amar a alguien que es diferente a nosotros es un verdadero desafío.

Pablo cita los Diez Mandamientos para mostrar lo que implica amar al prójimo (v. 9). Explica que los man-damientos del Antiguo Testamento se resumen en una sola ley: "Amarás a tu prójimo como a ti mismo" (v. 9).

Explica que "el amor no hace mal al prójimo" (v. 10). Con esto quiere decir que entre las acciones que nacen del amor no se debe encon-trar cosas como adulterio, robo, homicidio, o cualquier otra acción que tenga como propósito herir al prójimo. Por eso, el amor en acción es "el cumplimiento de la ley" (v. 10). Ante esta verdad, al tomar una decisión el discípulo de Cristo debe responder a una sencilla pregunta: "¿Son mis acciones una bendición o un maleficio para las personas que me rodean?"

II. Una descripción del amor fraterno
A. El amor debe ser sincero
Romanos 12:9–13

El apóstol Pablo describe las cualidades que identifican al amor fraterno. Este amor debe ser "sin fingimiento" (Romanos 12:9), sin falsedad. El amor fraterno no debe tener dos caras; debe ser transaprente y noble. Tampoco se limita a sólo palabras y promesas; el amor se da a conocer en acciones.

Una manera de probar la sin-ceridad del amor fraterno es ver si aborrece el mal. El amor piadoso no tolera las diversas maneras en que se expresa la maldad.

Así como los creyentes deben sentir repulsión por el mal, también deben sentirse atraídos al bien. Por eso el amor fraterno se mantiene firme en lo que tiene por eso el resul-tado es el bien de los demás.

Los creyentes también manifies-tan amor fraterno cuando el uno da preferencia al otro (v. 10) y se tratan como si fueran familia. El creyente debe comprometerse con el bienestar de la familia de Dios.

El amor sincero también se mani-fiesta cuando los creyentes se honran entre sí (v. 10).

¿Cómo podemos honrar a los demás?

Cuando se honra a una persona, significa que se la respeta. Nos hon-ramos mutuamente cuando reconoce-mos el valor de la persona, por el hecho de haber sido redimida a un alto precio: la sangre del Señor Jesucristo. Imagine cómo sería la Iglesia si la meta de todos fuera tratar respetuosamente a los demás.

La sinceridad del amor fraternal sufre cuando nuestra relación con el Señor pierde su vitalidad. Debemos mantenernos "fervientes en espíritu" (v. 11) para servir al Señor, y amar como Él quiere que amemos.

? ¿Cómo pueden mantener los cristianos una actitud de amor cuando no les va bien en la vida?

También debemos practicar el amor fraterno en las tribulaciones. Pablo anima a los creyentes a mantenerse en una gozosa esperanza, con paciencia y oración (v. 12). La persona llena de esa esperanza gozosa y esa firmeza aun en los tiempos difíciles, puede amar a los demás sin fingimiento, y porque se acerca a Dios. "Constantes en la oración" se refiere a algo más que un simple devocional, o los momentos en que se ora con toda la congregación. Es aquello a lo que algunos han llamado "la oración en movimiento", cuando muchos momentos del día se llenan de breves oraciones dirigidas a Dios para pedir ayuda y fortaleza.

El amor genuino por nuestro prójimo considera con seriedad las necesidades de los demás (v. 13). Esas necesidades nos dan la oportunidad de expresar un sincero amor fraterno. No debemos ignorar las necesidades de otras personas. En tanto nos sea posible ayudar, se nos ordena que lo hagamos y que nuestras acciones deben ser motivadas por el amor. Esto no es lo mismo que la práctica de la hospitalidad. Aquí la intención de Pablo va más allá de lo que hoy muchos piensan, que basta con una invitación a cenar. Realmente se habla del cuidado de los que tienen hambre y sed, o de los que tienen otras necesidades. En una congregación siempre hay personas necesitadas a las cuales podemos manifestar un amor sincero a través de sencillos gestos de bondad.

B. El amor debe buscar la armonía
Romanos 12:14–21

Otra cualidad importante del amor fraternal es que fomenta la armonía. Una cosa es vivir en armonía con los que están de nuestra parte, y otra muy distinta es buscar la armonía con quienes nos persiguen. El apóstol Pablo se dirige a ambos grupos.

? ¿Qué puede fomentar la armonía entre amigos?

Romanos 12:15,16 nos muestra lo que es vivir en armonía con quienes son cercanos a nosotros, pero están pasando por circunstancias diferentes en su vida. Raras veces los que forman un grupo pasan todos por dificultades al mismo tiempo. Tenemos que sintonizar nuestra vida con quienes nos rodean. Los que lloran por la pérdida de un ser querido deben regocijarse con los que se sienten dichosos por algún otro motivo. Los que se regocijan con la vida pueden llorar con quienes han sufrido una pérdida (v. 15). La amorosa acción de penetrar en las circunstancias de otros manifiesta un sincero amor fraterno.

Pablo hace responsables a los creyentes de que haya unanimidad entre ellos (v. 16), lo cual significa querer que los otros tengan lo que nosotros habríamos querido para nosotros mismos, de haber estado en su situación. Para mantener esta armonía, debemos mantenernos firmes ante la tentación de pensar que somos mejores que otros. Nuestra meta debe ser que nos identifiquemos con los más necesitados y que nos adaptemos a la condición de los más humildes. De esta manera, las diferencias sociales o étnicas no destruirán la armonía del amor fraterno.

El peligro respecto al amor fraterno es la arrogancia que fomenta sentimienos de superioridad. Los que se sienten así de importantes, generalmente se aíslan y provocan desunión. Estas arrogantes distinciones deben ser evitadas. Cada cual debe verse a sí mismo como una persona que necesita ayuda y dirección en la vida.

¿Es posible vivir en armonía con personas a quienes no les agradamos, y que nos tratan mal? Explique su respuesta.

En este pasaje, el apóstol Pablo escribe que debemos "bendecir, y no maldecir" a todo el que nos persiga (v. 14), estas palabras son un reflejo de lo que Jesús dice en Mateo 5:44. Cuando decidimos "bendecir, y no maldecir" (Romanos 12:14) a los que nos persiguen o maltratan, nos movemos al cumplimiento del mandamiento de Cristo que nos ordena amar a nuestros enemigos. Es difícil decir o hacer cosas poco bondadosas en relación con las personas por las que oramos para que Dios bendiga.

Pablo indica claramente que no hay justificación bíblica alguna para que retribuyamos con malas obras el mal que se haga en nuestra contra (v. 17). En vez de esto, debemos "procurar lo bueno delante de todos los hombres". Debemos establecer en nuestra mente y corazón la manera en que responderemos a quienes nos persigan. No debemos dejar que los sentimientos o las emociones de un momento gobiernen nuestras decisiones y nuestras acciones. Una cuidadosa y oportuna reflexión nos ayudará a ejercitar el amor fraterno. Si no pensamos de antemano lo que haremos, nos arriesgamos a que las circunstancias nos sorprendan y respondamos de manera indebida.

Los creyentes debemos hacer todo lo que podamos para "estar en paz con todos los hombres" (v. 18). Nuestra conducta no la determina la manera en que otros respondan a nuestras expresiones de amor fraterno y lo que hagamos para vivir en armonía con todos. Algunos se negarán. No obstante, nuestra meta seguirá siendo la armonía y el amor fraterno.

¿Cómo debemos manejar los cristianos las ofensas de las que pudiéramos ser víctimas?

La venganza no tiene lugar dentro de las posibles respuestas del cristiano (v. 19). Más bien, el cristiano debe ser bondadoso (véase Proverbios 25:21,22). Dios es el juez. Dios es el único que puede responder con venganza.

El amor fraterno que procura vivir en armonía con todos, también el enemigo, finalmente triunfará sobre el mal (Romanos 12:21). Medite en todos los ciclos de violencia y venganza que ha habido en el mundo, y que se habrían evitado si se hubiera tomado decisiones conforme a esta enseñanza. No se puede combatir el mal con el mal, y ganar. En vez de esto, los creyentes hemos sido llamados a enfrentar el mal con lo directamente opuesto, que es el bien; esto es, un sincero amor fraterno que fomenta la armonía entre las personas.

III. El amor fraterno en acción
A. *El que ama, acepta a quienes son diferentes*
Romanos 14:1–4

Una de las situaciones que podría poner a prueba la armonía del amor fraterno es la diferencia de opinión respecto a asuntos de conciencia.

Pablo se refiere a esto en Romanos 14. Él ordena a los creyentes que aceptemos a los más débiles en la fe, sin juzgarlos ni "contender sobre opiniones" (v. 1). Él reconocía que los desacuerdos respecto a asuntos de conciencia eran posibles causas de división entre los hermanos y hermanas que forman el cuerpo de Cristo. Él además establece que estos asuntos ni siquiera son de trascendencia para la fe en Cristo.

Un punto de contención era la comida (v. 2). Había quienes pensaban que Dios no daba importancia a lo que comieran. Muchos de los creyentes judíos se guiaban por las leyes sobre los alimentos en el código del Antiguo Testamento. Otros habían decidido que la mejor manera de honrar a Dios era abstenerse por completo de comer carne.

¿De qué manera tratamos a quienes no son como nosotros, especialmente a quienes afirman que son cristianos pero practican su fe de una manera distinta?

Pablo hace una observación en cuanto las reacciones más frecuentes de quienes se hallan en medio de una disputa sobre asuntos de conciencia. Por una parte, los que permiten cierta práctica consideran que quienes no la permiten tienen menos luz, o que son legalistas. En cambio, quienes no permiten tal práctica condenan a los que la permiten como personas carentes de espiritualidad (v. 3). Pablo reprende a ambos grupos por estar equivocados en sus actitudes. Ninguna de estas posisiones procede del amor fraterno que es sincero y fomenta la armonía.

> **IDEA 2.** Distribuya el estudio de casos "Diferencias". Comente las respuestas de los alumnos.

Pablo llama a los creyentes a aceptar a quienes son diferentes, porque Dios los acepta. Todos los creyentes son siervos de Dios y rendirán cuentas ante Él. Todos enfrentarán el juicio del Señor y estarán de pie o caerán ante Él (v. 4).

B. El que ama, no menosprecia a nadie
Romanos 14:5–10

Otro motivo de contienda entre los creyentes de Roma tenía que ver con las festividades y celebraciones. El calendario judío tenía numerosas festividades religiosas, y muchos creyentes seguían celebrándolas. Los creyentes gentiles no tenían ese trasfondo, y la mayoría de ellos no celebraban los días festivos.

¿Cuál es la clave para amar a quienes viven su fe de una manera distinta a la suya?

> **IDEA 3.** Distribuya la hoja de información "Asuntos de conciencia". Deje un tiempo para los comentarios de los alumnos.

Lo más importante es que cada creyente esté "plenamente convencido en su propia mente" (Romanos 14:5) de que con lo que hace o no hace realmente honra a Dios y le expresa amor. Las creencias de una persona en cuanto a los asuntos de conciencia no deben ser imposiciones para los demás creyentes. En el texto se repite seis veces la expresión "para el Señor" (vv. 6–8). Todo creyente rendirá cuentas a Dios. Ningún creyente vive para sí mismo, ni muere tampoco para sí mismo (vv. 7–10). En última instancia, todos y cada uno de nosotros tenemos que responder al Señor. Aunque haya diferencias entre los creyentes en cuanto a la manera de vivir que complace a Dios, las Escrituras nos recuerdan la importancia del amor y la armonía en nuestro andar con el Señor y con nuestros hermanos.

Discipulado en acción

Jesús nos dio dos grandes mandamientos: amar a Dios y amar al prójimo. Estos mandamientos están unidos y no es posible desvincularlos. El Nuevo Testamento una y otra vez enfatiza esta verdad. Sin embargo, no deja de ser un reto para todo creyente.

Este momento es una buena oportunidad para que evaluemos nuestra vida en cuanto al amor sincero y la vida en armonía. Hemos recibido el Espíritu Santo que produce en nosotros un amor que honra y da preferencia a los demás. Pidámosle que obre en nosotros en aquellas relaciones que tal vez son desafiantes.

Procuremos no menospreciar ni juzgar a otros creyentes que practican su fe de otra manera. Confíe que Dios obrará en la vida de sus hijos, y nos ayudará a madurar en la fe.

Ministerio en acción

Ayude a los alumnos a sugerir sobre ministerios de hospitalidad o de ayuda que podrían llevar a cabo, como visitar a las personas que no pueden salir de su casa, invitar a cenar a algún estudiante que está lejos del hogar, colectar alimentos para una despensa de alimentos, ofrecer alimentos para personas o familias sin techo.

En la lección de la próxima semana, la sección El ministerio en acción sugiere que busque dos proyectos de servicio en los que la clase pueda participar. Uno de los proyectos debe estar dirigido a la gente de la iglesia. El otro, estará dirigido a la comunidad. Sería bueno que antes de la clase consultara con su pastor, para ver si hay necesidades específicas en que sus alumnos podrían ayudar.

Lectura devocional

Lunes
La ley de Dios y la honra al prójimo.
Éxodo 20:12–17
Martes
Trate a los demás con respeto.
Levítico 19:13–18
Miércoles
Trate a los demás con justicia.
Proverbios 3:27–35

Jueves
Ame a sus enemigos.
Mateo 5:43–48
Viernes
Una demostración de amor.
Lucas 10:29–37
Sábado
El amor es imprescindible.
1 Juan 4:16–21

Ser cuerpo de Cristo

Verdad central

La relación de amor que hay entre los creyentes es el reflejo de la naturaleza del cuerpo de Cristo.

Versículo clave: Gálatas 6:2

Sobrellevad los unos las cargas de los otros, y cumplid así la ley de Cristo.

Introducción

La familia de Dios está formada por hijos adoptivos (Gálatas 4:5). Cada uno de sus miembros procede de un trasfondo diferente. Dios aprecia esa diversidad, y ha preparado un lugar exclusivo para cada uno de sus hijos. Lo que Dios ha preparado incluye las maneras en que cada creyente puede servir a sus hermanos y hermanas adoptivos. Algunas de esas tareas son visibles; fácilmente se pueden reconocer. Otras, suceden de manera silenciosa y anónima. Sin embargo, para que la familia de Dios crezca y madure, es necesario que cada creyente cumpla la misión que Dios le encomiende.

Objetivos del aprendizaje

Al terminar esta lección, sus alumnos podrán:

1. identificarse como un importante miembro de la familia de Dios.
2. explorar las diversas maneras en que pueden servir a los demás y hacerlo con amor.
3. reconocer la importancia de otros miembros de la familia de Dios y que hay diversos talentos y dones para el servicio.

Fundamento bíblico

Mateo 12:46–50; Lucas 14:26–33; 1 Corintios 12:12–27; Gálatas 6:1–10

Enfoque

Reconocer la prioridad que Jesucristo dio a su Iglesia y ser cristianos consecuentes.

Bosquejo

I. La redefinición de las relaciones
   A. Basadas en la obediencia
   B. Basadas en el costo
II. Los cristianos dependemos unos de otros
   A. Todos somos necesarios
   B. Todos servimos a los demás
III. Los cristianos somos responsables los unos por los otros
   A. Ayude al caído y al agobiado
   B. Haga el bien cada vez que tenga oportunidad

Preparación

☐ Escoja las preguntas, actividades y artículos del *Folleto de ayudas y recursos* que lo ayuden a alcanzar sus objetivos en la lección.

☐ Llene la hoja "Planificación de la clase".

☐ Copie el estudio de casos "Servir a los demás" y las hojas de trabajo "Calcular el precio", "¿Cómo puedo servir a los demás?" y "Para un estudio más amplio 11".

Mateo 12:49. Y extendiendo su mano hacia sus discípulos, dijo: He aquí mi madre y mis hermanos.

50. Porque todo aquel que hace la voluntad de mi Padre que está en los cielos, ése es mi hermano, y hermana, y madre.

Lucas 14:26. Si alguno viene a mí, y no aborrece a su padre, y madre, y mujer, e hijos, y hermanos, y hermanas, y aun también su propia vida, no puede ser mi discípulo.

27. Y el que no lleva su cruz y viene en pos de mí, no puede ser mi discípulo.

33. Así, pues, cualquiera de vosotros que no renuncia a todo lo que posee, no puede ser mi discípulo.

1 Corintios 12:14. Además, el cuerpo no es un solo miembro, sino muchos.

15. Si dijere el pie: Porque no soy mano, no soy del cuerpo, ¿por eso no será del cuerpo?

16. Y si dijere la oreja: Porque no soy ojo, no soy del cuerpo, ¿por eso no será del cuerpo?

17. Si todo el cuerpo fuese ojo, ¿dónde estaría el oído? Si todo fuese oído, ¿dónde estaría el olfato?

18. Mas ahora Dios ha colocado los miembros cada uno de ellos en el cuerpo, como él quiso.

26. De manera que si un miembro padece, todos los miembros se duelen con él, y si un miembro recibe honra, todos los miembros con él se gozan.

27. Vosotros, pues, sois el cuerpo de Cristo, y miembros cada uno en particular.

Gálatas 6:1. Hermanos, si alguno fuere sorprendido en alguna falta, vosotros que sois espirituales, restauradle con espíritu de mansedumbre, considerándote a ti mismo, no sea que tú también seas tentado.

2. Sobrellevad los unos las cargas de los otros, y cumplid así la ley de Cristo.

3. Porque el que se cree ser algo, no siendo nada, a sí mismo se engaña.

9. No nos cansemos, pues, de hacer bien; porque a su tiempo segaremos, si no desmayamos.

10. Así que, según tengamos oportunidad, hagamos bien a todos, y mayormente a los de la familia de la fe.

Comentario bíblico

I. Una redefinición de las relaciones
A. Basadas en la obediencia
Mateo 12:46–50

En cierta ocasión, Jesús estaba enseñando y su familia estaba fuera del lugar, tratando de entrar (Mateo 12:46). Marcos nos dice que les preocupaba la conducta de Jesús; estaban de tal manera preocupados que se preguntaban si no habría perdido la razón (véase Marcos 3:20,21). Tal vez tenían la esperanza de disuadirlo de una conducta que a ellos les parecía temeraria. Aunque no pudieron llegar dónde Él estaba, alguien en la multitud dijo a Jesús que su familia quería verlo (Mateo 12:47). Jesús aprovechó el momento para hablar acerca de la manera en que se definen las relaciones en la familia de Dios. Habló a la multitud acerca de quiénes son parte de su verdadera familia (v. 48). Después señaló hacia sus discípulos y dijo: "He aquí mi madre y mis hermanos" (v. 49). Declaró que todos los que obedecen a Dios son su familia (v. 50).

? ¿Cuál es la aplicación de esta enseñanza de Jesús, cuando pensamos en la relación con los miembros de nuestra familia y con los demás creyentes?

Así como Jesús puso en primer lugar y por encima de todo el cumplimiento de la voluntad de su Padre, también quienes le seguimos debemos obedecer al Padre. Aquellos que hacen la voluntad de Dios, lo que a Él le complace antes de complacer a los demás. Esta obediencia puede tener un alto precio. Si nuestros familiares y amigos no aceptan este valor, nuestra relación con ellos puede malograrse, o sufrir una ruptura. Por eso, hay cristianos que se sienten más cerca de su familia en la fe, que de su familia de sangre.

B. Basadas en el costo
Lucas 14:26–33

En otra ocasión, Jesús definió de nuevo lo que significa tener una relación con Él. Exigió que nuestra lealtad hacia Él estuviera por encima de todas las demás relaciones humanas (Lucas 14:26). La prioridad que demos a nuestra relación con Él debe ser tal, que a los ojos de los demás parezca que "aborrecemos" las demás cosas. En algunas ocasiones, Jesús usó hipérboles (exageraciones) para destacar la importancia de una enseñanza (véase Mateo 18:8). Nuestro amor por Dios debe ser lo primero, lo que podría establecer una línea divisoria entre nuestros seres amados y nosotros. Cuando sometemos por completo nuestra vida a Cristo, esos seres amados podrían sentir que los estamos rechazando.

El llamado a seguir a Jesús en una completa entrega es maravilloso y debemos estar dispuestos a morir a nosotros mismos con el de obedecer. Ésta es la cruz que todos los verdaderos discípulos del Señor debemos tomar (v. 27). Así como Jesús fue obediente a su Padre celestial hasta morir en la cruz, también nosotros debemos estar dispuestos a morir a todo lo que se interponga en el camino de nuestra obediencia a Él.

Con el fin de advertir a sus seguidores acerca del precio a pagar por mantener una actitud así, Jesús citó dos ejemplos. El primero tenía que ver con alguien que quería construir una torre (vv. 28–30). Lo razonable era calcular el costo de un proyecto de esa magnitud, para asegurarse de tener recursos suficientes para terminar. El que comenzara un proyecto tan atrevido y no lo pudiera terminar, se convertiría en blanco de burlas, por su falta de previsión.

El segundo ejemplo tiene que ver con un rey que hace planes para declarar guerra (vv. 31,32). Un rey prudente decidiría de antes si tiene posibilidad de vencer a un ejército mayor que el suyo. Si decide que no cuenta con los recursos, decidiría firmar un honroso tratado de paz en vez de arriesgar una destrucción total.

¿Cuál es el principio común en estos dos ejemplos?

La idea general de Jesús aquí es que no se puede ser un discípulo poco comprometido. Seguir a Jesús y hacer su voluntad es un cometido que exige o todo de nuestra parte. El precio tal vez sea dejar atrás familia y amigos para servirle sólo a Él. El Señor nos llama a dejar todo y despedirnos de todo para consagrarnos a Él. Y declara que quienes se entregan de esta manera a Él y viven en obediencia, esos son su familia.

> **IDEA 1.** Distribuya la hoja de trabajo "Calcular el precio". Comente las respuestas de los alumnos.

II. Los cristianos dependemos unos de otros
A. Todos somos necesarios
1 Corintios 12:12–20

¿Qué significa el hecho de que hemos sido adoptados por Dios para pertenecer a su familia?

Una vez que Dios nos ha adoptado como miembros de su familia, nuestra relación con esa familia espiritual, el cuerpo de Cristo, cobra mucha importancia. Nuestra adopción no sólo da una nueva definición a nuestras relaciones, sino que también les da nuevos propósitos. Somos el cuerpo de Cristo, porque en unidad realizamos su obra hasta que Él vuelva. Dependemos unos de otros para cumplir la misión que el Señor nos encomendó. No hay nadie que pueda hacer la obra de Dios independiente de los demás. Por eso es necesario que en el cuerpo haya diversidad.

> **IDEA 2.** Explique la variedad y la diversidad que se hallan presentes en el cuerpo de Cristo.

Lamentablemente, esta diversidad podría convertirse en causa de división. El apóstol Pablo reconoce este problema cuando escribe a la iglesia de Corinto. Él reconoce la individualidad de cada uno de sus miembros, pero hace énfasis en la unidad que debe haber entre ellos por ser un cuerpo (1 Corintios 12:12). El factor unificador es que el Espíritu Santo nos bautiza a todos en el cuerpo de Cristo (nos convertimos en miembros de ese cuerpo) (v. 13).

Es imposible que una parte del cuerpo por sí sola sea el cuerpo entero (v. 14). Pablo insiste que todas y cada una de las partes del cuerpo son necesarias (vv. 15,16). Tal vez hay algún mienbro que piense que, por no ser como otros no es necesario en el cuerpo. Tal pensamiento está muy lejos de la verdad. Para que el cuerpo esté completo, se necesitan todas las diversas partes que lo constituye (vv. 17,19).

Ningún miembro puede desarrollarse independiente de los demás, ni puede desligarse del cuerpo. Dios mismo une a los miembros del cuerpo de Cristo de manera que se conecten y se complementen (v. 18). Aunque en el cuerpo de Cristo hay diversidad, también hay unidad porque no deja de ser un solo cuerpo (v. 20).

B. Todos servimos a los demás
1 Corintios 12:21–27

¿Cuál será la razón de que hay tanta diversidad en el cuerpo de Cristo?

Dios tiene un propósito para la diversidad que encontramos en el cuerpo de Cristo. Él ha hecho a los miembros del cuerpo de manera que se sirvan mutuamente. Aun aquellos que tal vez consideramos más débiles o menos útiles, tienen su razón de ser (1 Corintios 12:21,22). Hay algunos miembros que son menos reconocidos (v. 23), sin embargo tienen un importante lugar en el cuerpo de Cristo.

¿Qué puede hacer la Iglesia para reconocer los dones y los talentos, además del tiempo y la energía con que contribuyen a la obra los miembros "invisibles" del cuerpo de Cristo?

Así como nosotros cuidamos y honramos las partes de nuestro cuerpo, también debemos honrar y atender a los miembros del cuerpo de Cristo que sirven sin que se les dé reconocimiento. Aparentemente no son importantes, pero en realidad sí lo son en el cuerpo del Señor. Quienes desempeñan las labores más visibles ya reciben reconocimiento por lo que hacen (v. 24). Sin embargo, los más humildes y discretos entre nosotros pueden ser también los más importantes y necesarios.

Dios juntó los miembros y los unió en un solo cuerpo. Su intención es que no haya división alguna en su pueblo. Todos y cada uno de sus miembros deben ser atendidos (v. 25). Cuando un miembro está afligido, todos deben sufrir con él. Y cuando un miembro tiene algo de qué regocijarse, todos los miembros también deben celebrar con él (v. 26).

¿Cómo podemos mantener nuestra individualidad en un grupo?

Aunque no perdemos nuestra individualidad, nuestras capacidades y nuestros afectos propios, Dios nos ha llamado a servir con amor a los demás miembros de nuestra familia espiritual (v. 27). Cuando cumplimos obedientes cel propósito para el cual nos puso en su cuerpo, Dios se complace de nosotros como el padre que se complace de su hijo.

III. Los cristianos somos responsables los unos por los otros

A. Ayude al caído y al agobiado

Gálatas 6:1–5

¿De qué manera práctica podemos servir con amor a los demás miembros de la iglesia como cuerpo?

Es probable que cuando ayudemos a alguien necesitado, se note la amorosa relación a la que nos llama Cristo. Debemos mostrar de manera práctica nuestro interés y nuestra preocupación por los demás.

Esto significa que ayudaremos a aquellos hermanos o hermanas que han caído en pecado (Gálatas 6:1). Con esto no nos referimos a quienes se han rebelado, y por decisión propia han dado la espalda al Señor. Más bien hablamos de quienes han cometido un desliz, o que han cedido a la tentación.

La Biblia enseña a los espiritualmente maduros que deben restaurar al que ha caído. La persona espiritualmente madura es la que se deja guiar por el Espíritu de Dios y y permanece firme en la Palabra. La restauración tiene por fin restablecer la relación que ha sido quebrantada entre la persona y Dios, y la familia de Dios.

Cuáles son los desafíos personales que enfrentamos al restaurar a alguien que ha caído en pecado?

Pablo dice a los creyentes que hagan su labor con gran humildad y delicadeza. No hay lugar para las críticas duras. Jesús ya pagó el precio del pecado en la cruz y para recibirlo sólo hace falta el arrepentimiento. Quienes se dediquen a la obra de restauración deben tener en cuenta sus propias vulnerabilidades y falencias. Todos somos susceptibles de tener fallas morales. En este cuidado de los unos por los otros, debemos tener siempre presente nuestra propia vida espiritual.

Cada miembro sirve a los demás cuando ayuda a llevar la carga de los problemas espirituales (v. 2). No sólo debemos preocuparnos de nosotros mismos, también debemos atender a los demás que son parte del cuerpo de Cristo. Así se cumple de manera práctica la ley de Cristo. La mejor manera en que amamos a nuestro prójimo es cuando nos unimos a él para ayudarlo a llevar las pesadas cargas de esta vida.

Todo el que piense que no necesita de otros, y que es muy superior a ellos, se encuentra en una posición muy peligrosa (v. 3). Este engaño induce a la persona a creer que es muy espiritual, cuando en realidad no lo es. La verdadera prueba de la madurez de un creyente es el gozo que siente al servir a los demás. Los que siempre están ayudando, cumplen la ley de Cristo y revelan que son verdaderamente hijos de Dios.

Aunque nos hagamos responsables de otros, también debemos cuidar de nosotros mismos (vv. 4,5). No debemos esperar que otros solucionen nuestros problemas, o esperar que hagan lo que, con la ayuda del Señor, podemos hacer nosotros mismos. La palabra que se traduce como carga en los versículos 2 y 5, se refiere al peso que una sola persona puede cargar. Es decir, que debemos ayudar cuando es necesario; no debemos exigir que se nos ayude cuando en realidad no necesitamos.

B. Haga el bien cada vez que tenga oportunidad
Gálatas 6:6–10

Nuestra responsabilidad hacia los demás creyentes también tiene relación con la manera en que atendemos a los líderes de la iglesia. Estos son el pastor y los demás miembros del equipo pastoral (Gálatas 6:6). Los que reciben instrucción son responsables de compartir las bendiciones de Dios con quienes la imparten. En nuestros días, esta acción recíproca se aplica de manera lógica al sustento económico de quienes trabajan como líderes de la congregación.

¿Señala la Biblia que la responsabilidad de ayudar es sólo para con los de nuestra propia congregación?

Nuestra responsabilidad va más allá de las necesidades de los creyentes de nuestra iglesia; alcanza a todas las personas con quienes tenemos contacto cada día. La manera en que tratamos a la gente corresponde al conocido principio de la siembra y la cosecha (vv. 7,8).

El versículo 9 amplía el principio e incluye nuestro deber de hacer el bien. Pablo promete una oportuna cosecha a quienes se dediquen a "hacer el bien".

Al obedecer a Dios y hacer el bien, posiblemente habrá momentos en que nos sentiremos tentados a abandonar todo. Sin embargo, debemos resistir esa tentación y mantenernos fieles en nuestra obediencia al Señor. Debemos tener siempre presente que junto con ayudar a los demás, complacemos a Dios, y que nuestra obediencia dará su fruto. Debemos aprovechar cuanta oportunidad se nos presente, de bendecir a cuantos podamos (v. 10).

IDEA 5. Distribuya la hoja de trabajo "¿Cómo puedo servir a los demás? Comente las respuestas de los alumnos.

Discipulado en acción

El establecimiento de nuevas relaciones no es fácil. Dejar atrás algunas relaciones del pasado puede ser igualmente difícil. La relación más importante que podemos tener es con el Señor Jesucristo. Él nos llama a dejar todo para seguirle. "Todo" encierra esas relaciones que son perjudiciales para nuestro andar espiritual con el Señor. También nos llama a cultivar nuevas relaciones en la familia de Dios.

Use este momento para evaluar las relaciones que tiene en su vida. ¿Cuáles benefician a su andar con el Señor? ¿Cuáles lo alejan de Él? Tal vez éste sea un buen tiempo en su vida para decidir que se concentrará en aquellas relaciones que lo bendicen y que desechara aquellas que perjudican su vida espiritual.

Las relaciones deben ser bene-ficiosas para todos los que participan de ellas. Piense cómo puede ayudar a otras personas (Gálatas 6:10), y en especial, cómo puede servir por amor a sus hermanos y hermanas en Cristo.

Ministerio en acción

Busque con su clase dos proyectos de servicio en los que puedan participar todos. Uno de los proyectos debe relacionarse con el servicio a las personas dentro de la familia de la iglesia. El otro proyecto debe dirigirse a la comunidad. Consulte a su pastor en cuanto a las necesidades concretas que hay en la iglesia.

Con el fin de preparar Idea 1 para el maestro de la próxima lección, pida a dos o tres alumnos que hablen brevemente acerca de su pasatiempo favorito. Dígales que expliquen cómo fue que se dedicaron a ese pasatiempo, y que hablen de las personas que influyeron en ellos para que buscaran este tipo de actividad. Si es posible, pida que traigan ejemplos a la clase.

Lectura devocional

Lunes
El arrepentimiento y la adoración colectivos.
Éxodo 33:1–10

Martes
El pueblo del pacto con Dios.
Deuteronomio 7:6–9

Miércoles
Dios ama a su pueblo.
Jeremías 31:31–34

Jueves
La Iglesia en acción.
Hechos 2:42–47

Viernes
La unidad en el cuerpo de Cristo.
Efesios 4:1–7

Sábado
La maduración del cuerpo de Cristo.
Efesios 4:11–16

Fundamento bíblico

Salmo 101:1–8; Mateo 5:1–12; 2 Pedro 1:2–11

Enfoque

Aceptar el propósito de Dios de transformarnos a la semejanza de Cristo, y colaborar con él.

Bosquejo

I. Apártese de las malas influencias
  A. Tome la decisión de cambiar
  B. La adecuada respuesta a la maldad

II. Deje que Dios cambie su corazón
  A. Desarrolle un carácter piadoso
  B. Soporte con gozo las pruebas

III. Colabore con la gracia de Dios
  A. Haga suyas las promesas de Dios
  B. Edifique una vida de santidad

Preparación

❏ Escoja las preguntas, las actividades, y los artículos del *Folleto de ayudas y recursos* que lo ayuden a alcanzar los objetivos de la lección.

❏ Llene la hoja "Planificación de la clase".

❏ Prepare las transparencias "El reto" y "Las bienaventuranzas".

❏ Copie las hojas de trabajo "¿Cuál fue el resultado de su suma?" y "Para un estudio más amplio 12".

Desarrollar un carácter piadoso

Verdad central

La colaboración con la gracia de Dios desarrolla un carácter semejante al de Cristo.

Versículo clave: Salmo 101:2

Entenderé el camino de la perfección cuando vengas a mí. En la integridad de mi corazón andaré en medio de mi casa.

Introducción

IDEA 1. Pida a dos o tres alumnos que hablen acerca de alguna afición o pasatiempo favorito. Haga que expliquen cómo se iniciaron en ese pasatiempo y cuánto tiempo le dedican.

Los pasatiempos amenizan la vida y nos ayudan a descansar. No obstante, el desarrollo de un carácter piadoso no se puede considerar ni tratar como un pasatiempo. Es parte esencial de la vida cristiana. En el estudio de hoy exploraremos algunas maneras en que podemos desarrollar un carácter semejante al de Cristo.

Objetivos del aprendizaje

Al terminar esta lección, sus alumnos podrán:

1. meditar en la necesidad de separarse de influencias que los alejan de Cristo.
2. identificar en la Biblia las maneras en que deben cambiar sus pensamientos y su conducta.
3. buscar la ayuda de Dios para cambiar conforme a su voluntad.

Salmo 101:2. Entenderé el camino de la perfección cuando vengas a mí. En la integridad de mi corazón andaré en medio de mi casa.

3. No pondré delante de mis ojos cosa injusta. Aborrezco la obra de los que se desvían; ninguno de ellos se acercará a mí.

7. No habitará dentro de mi casa el que hace fraude; el que habla mentiras no se afirmará delante de mis ojos.

Mateo 5:3. Bienaventurados los pobres en espíritu, porque de ellos es el reino de los cielos.

4. Bienaventurados los que lloran, porque ellos recibirán consolación.

5. Bienaventurados los mansos, porque ellos recibirán la tierra por heredad.

6. Bienaventurados los que tienen hambre y sed de justicia, porque ellos serán saciados.

7. Bienaventurados los misericordiosos, porque ellos alcanzarán misericordia.

8. Bienaventurados los de limpio corazón, porque ellos verán a Dios.

9. Bienaventurados los pacificadores, porque ellos serán llamados hijos de Dios.

10. Bienaventurados los que padecen persecución por causa de la justicia, porque de ellos es el reino de los cielos.

11. Bienaventurados sois cuando por mi causa os vituperen y os persigan, y digan toda clase de mal contra vosotros, mintiendo.

2 Pedro 1:3. Como todas las cosas que pertenecen a la vida y a la piedad nos han sido dadas por su divino poder, mediante el conocimiento de aquel que nos llamó por su gloria y excelencia,

4. por medio de las cuales nos ha dado preciosas y grandísimas promesas, para que por ellas llegaseis a ser participantes de la naturaleza divina, habiendo huido de la corrupción que hay en el mundo a causa de la concupiscencia;

5. vosotros también, poniendo toda diligencia por esto mismo, añadid a vuestra fe virtud; a la virtud, conocimiento;

6. al conocimiento, dominio propio; al dominio propio, paciencia; a la paciencia, piedad;

7. a la piedad, afecto fraternal; y al afecto fraternal, amor.

8. Porque si estas cosas están en vosotros, y abundan, no os dejarán estar ociosos ni sin fruto en cuanto al conocimiento de nuestro Señor Jesucristo.

Comentario bíblico

I. Apártese de las malas influencias

A. Tome la decisión de cambiar

Salmo 101:1–4

❓ ¿Cuál es la tensión que hay entre juicio y misericordia en el plan divino de la salvación?

David entendía que necesitaba normas que gobernaran su vida privada. Para que éstas tuvieran sentido, debía identificar el contexto que las hacía necesarias. La realidad de la misericordia y el juicio de Dios revela la necesidad que tenemos de efectuar cambios en nuestra vida (Salmo 101:1). Si Dios sólo nos manifestara su misericordia, no

sería tan importante que cambiáramos nuestra manera de vivir. Si Él sólo fuera un Dios de juicio, todo cambio sería inútil. Debemos estar agradecidos de que Dios sea justo en su misericordia y misericordioso en su juicio.

David describe su respuesta a la misericordia y el juicio de Dios (vv. 2–4). Él quería "un corazón íntegro" (v. 2). Él se había propuesto desarrollar una manera de vivir sólida y sana, que armonizara con la palabra de Dios. Sin embargo, plenamente consciente de que no podría alcanzar esta meta por sí solo, David pide a Dios que lo ayude a vivir en integridad.

Él decidió que dejaría las cosas, acciones, y personas que fueran obstáculo para su consagración, o que apagaran su anhelo de complacer a Dios (vv. 2–4). No dejaría que cosas sin valor absorbieran su atención. No se reuniría con gente rebelde. No participaría en la falta de honradez que caracteriza a quienes no tienen temor de Dios. Cultivaría la aversión a la maldad, no así la actitud de tolerancia de quienes no reconocen a Dios como Señor.

? **¿Cómo respondería usted a quien afirma que las acciones que describe David en el Salmo 101:2–4 son negativas e innecesarias, y que no valen la pena?**

Como cristianos, debemos vivir de manera irreprochable; con nuestra vida debemos complacer y honrar a Dios. Consciente de que las acciones comienzan en el corazón, lo primero que debe cambiar es nuestro corazón para poder cambiar de conducta. Los cambios de corazón son obra del Espíritu Santo (véase Gálatas 5:16–26). Él es quien hace posible que cambiemos nuestra manera de pensar y de responder ante el mal que nos rodea. Un corazón transformado significa que las motivaciones que generan nuestra conducta se santifican y se purifican.

B. La adecuada respuesta a la maldad
Salmo 101:5–8

En su decisión de amar y honrar a Dios, David no sólo quiere hacer lo que complace a Dios, también ha decidido que no abrirá su vida a la influencia de personas impías (Salmo 101:5). No toleraría a difamadores —quienes dicen cosas despreciables acerca de su prójimo para destruir su reputación. Tampoco soportaría al arrogante. No quiere que tales personas influyan en su opinión ni

en sus decisiones. Al dejar que pecadores influyan en su manera de pensar, esto eventualmente afectaría su consagración a Dios. Es importante desligarse de tales influencias con el fin de vivir piadosamente.

Para evitar las influencias negativas que podrían afectar la vida espiritual, David se centra en los rasgos deseables que sí deben estar presentes en la vida del justo (v. 6). Los engañadores, los mentirosos y todos los que obran con maldad no pueden vivir en su casa, ni estar en su presencia por mucho tiempo (v. 7).

? **¿Cómo podemos vencer las influencias malignas que enfrentamos cada día?**

IDEA 2. Presente la transparencia "El reto". Úsela para guiar la conversación acerca de la pregunta anterior.

La respuesta para vencer el mal consiste en eliminar de nuestra vida su influencia (v. 8). Mientras abramos la puerta a malas influencias en nuestra vida, no las podremos derrotar. No podemos evitar el contacto con personas inconversas; tampoco debemos evitarlo. Sin embargo, es necesario que protejamos nuestro corazón. Debemos establecer el límite que nos separe del mal, y debemos respetarlo, para que la justicia de Dios permanezca en nuestro corazón y en nuestra vida.

II. Deje que Dios cambie su corazón
A. Desarrolle un carácter piadoso
Mateo 5:1–9

Mateo 5 es un registro escrito del discurso público de Jesús que conocemos como el Sermón del Monte. En este mensaje, Él entregó principios éticos para la vida. La primera parte del sermón es lo que llamamos "Las Bienaventuranzas", porque cada declaración comienza con la palabra "bienaventurado". Cada una de estas declaraciones corresponden más bien a rasgos del carácter, que a las acciones de una persona.

> **IDEA 3.** Presente la transparencia "Las bienaventuranzas". Consúltela conforme explica este punto de la clase.

Jesús da mucha importancia a la humildad (v. 3). No se refiere al despliegue de falsa humildad, sino al derivado natural del carácter piadoso. Las palabras "pobres en espíritu" expresan la comprensión de que siempre tenemos una gran necesidad espiritual; no se refieren a la falta de bienes terrenales. En esta condición de pobreza espiritual, nos mantenemos siempre abiertos para recibir lo que Dios nos ofrece: el Reino de los cielos.

> **IDEA 4.** Si el tiempo permite, haga que los alumnos reflexionen en las siguientes preguntas:
> - ¿Qué debemos hacer si nuestro orgullo se interpone en nuestra relación con Dios?
> - ¿Por qué es posible tener bienes materiales y ser pobres en espíritu?
> - ¿Cómo dependemos de Dios cuando aparentemente todo está bien en nuestra vida (salud, finanzas, relaciones)?

Jesús también valora el llanto (v. 4). Dios está listo para mitigar el golpe del sufrimiento y consolar al acongojado. Aunque seguramente este verso se refiera en primer lugar al llanto de quien ha perdido a un ser querido, o ha sufrido algún otro tipo de pérdida, también es posible que Jesús pensó en aqullos que se sienten profundamente turbados por causa del pecado y las heridas que causa en quienes nos rodean. Cuando comprendemos y lamentamos nuestra condición espiritual, nos damos cuenta de que necesitamos lo que nos ofrece el Creador: perdón, esperanza, paz interior, y vida eterna por medio de nuestra relación con Él. Jesús prometió que quienes lloran serán consolados (v. 4).

"Bienaventurados los mansos" (v. 5). La palabra que se traduce como "mansos" se usaba para describir a un animal que ha sido adiestrado y preparado para el trabajo. Mansedumbre es la capacidad de mantener el dominio propio en toda situación.

Mansedumbre también es la resistencia o paciencia en la tribulación o la angustia. En ningún otro momento se ve mejor la mansedumbre, que en la muerte de Jesús. Él entregó su vida con humildad y obediencia (Filipenses 2:7,8).

El amor a Dios y nuestra fe en Él, nos ayudan a soportar con paciencia las tribulaciones y las angustias de la vida (1 Pedro 2:19–22). Los que se mantienen fieles a Jesús, y soportan con mansedumbre las pruebas y las tribulaciones, recibirán la herencia que Él nos prometió.

El alimento y el agua son necesarios para la vida natural, y necesitamos la justicia para servir a Dios y recibir sus promesas (Mateo 5:6).

¿Por qué usó Jesús el hambre y la sed, que son necesidades físicas, para describir la búsqueda de la justicia por parte del cristiano?

Hambre y sed: sensaciones que denotan una necesidad de alimento y agua y que mantienen vivo al cuerpo. Quienes tienen vida en Cristo deben sentir hambre y sed de Dios; necesitamos el alimento y la bebida espiritual para subsistir. Los que anhelan y buscan a Dios, tendrán su presencia en su vida.

Obrar con misericordia, tener un corazón puro, y ser pacificador son maneras en que nos relacionamos con los demás porque la presencia de Dios en nuestra vida (vv. 7–9). Si somos misericordiosos con nuestro prójimo, Dios nos ha prometido que Él será misericordioso con nosotros. Si nuestras motivaciones y nuestro corazón son puros, un día veremos a Dios cuyo carácter es puro. La verdadera santidad se ve en aquellos que procuran reconciliar a los hombres entre sí, y con Dios.

B. Soporte con gozo las pruebas
Mateo 5:10–12

Después de explicar lo que otros deben ver en el cristiano, Jesús habla de la manera en que el creyente debe interpretar las acciones de los demás hacia él, y específicamente respecto a la persecución (Mateo 5:10–12). Cuando se nos ataca, lo natural es que consideremos esa situación como algo negativo en nuestra vida. Jesús dijo que esas son las circunstancias en que debemos sentirnos bendecidos. Los primeros cristianos consideraban que sufrir por la causa de Cristo era un privilegio y un motivo de gozo (véase Hechos 5:41).

¿Por qué Jesús nos anima a no ver como negativas las falsas acusaciones y la persecución?

El hecho de que suframos persecución y se nos acuse falsamente puediera ser indicio de que estamos haciendo algo efectivo por Cristo. No obstante, también debemos reconocer que a veces las personas se decepcionan del Evangelio por causa del mensajero. Somos embajadores de Cristo, y debemos procurar que nuestro carácter y nuestras acciones no alejen a las personas del Señor.

El creyente debe recordar que el mensaje es de Dios, y no nuestro. Podemos regocijarnos si sufrimos persecución, porque sabemos que quienes están en nuestra contra han sido tocados por las Buenas Nuevas. Si ellos rechazan el mensaje, nada hay que nosotros podamos hacer. Es muy importante que mantengamos nuestro testimonio y nuestra actitud cristiana en los tiempos de prueba. Podremos soportar, porque el Espíritu de Dios está en nosotros. El Reino de los cielos será nuestro si lo hacemos (Mateo 5:10).

III. Colabore con la gracia de Dios
A. Haga suyas las promesas de Dios
2 Pedro 1:2–4

¿Por qué es tan importante que Dios sea el centro de nuestra vida?

Pedro quería que los creyentes reconociéramos que Dios debe ser el centro de todo lo que hacemos. Por su poder, nuestros pecados son perdonados, y recibimos de Dios el poder para vivir en santidad.

Cuando alguien recibe salvación, Dios le da una nueva naturaleza que lo ayuda a vivir piadosamente. El conocimiento de Dios, y la gracia y la paz que recibimos, nos ayudan a vivir de manera que le glorifiquemos (2 Pedro 1:2,3).

Todo cuanto tenemos como cristianos es fruto de la obra que Dios hace en nosotros. Él nos ha prometido que podemos vencer la corrupción del mundo gracias a su Espíritu, que mora en nosotros, y así un día alcanzaremos la vida eterna. No nos convertimos en Dios, pero sí somos "participantes de la naturaleza divina" (v. 4). Somos creados nuevamente a imagen de Dios. Como escribe Pablo en Efesios 4:24, nos vestimos "del nuevo hombre, creado según Dios en la justicia y santidad de la verdad". Este don, y todas las promesas de Dios, se convierten en el fundamento sobre el cual debemos edificar nuestra vida cristiana.

B. Edifique una vida de santidad
2 Pedro 1:5–11

Después de enseñar que Dios nos dio la salvación, y de qué manera podemos asemejarnos a Él por medio de su Espíritu, Pablo explica que debemos edificar nuestra vida cristiana sobre estos nuevos cimientos de la salvación (2 Pedro 1:5). Con la fe como el fundamento sobre el cual se desarrolla el fruto del Espíritu, bosqueja cuáles son los rasgos que debemos desarrollar para tener una vida cristiana sólida y duradera. Menciona varios aspectos que los creyentes debemos cuidar en nuestro crecimiento en Cristo. Debemos continuamente examinar nuestra vida y decidir que con diligencia nos ocuparemos en mejorar en cada uno de esos.

¿Por qué es necesario el esfuerzo del cristiano para mejorar en los aspectos que menciona el Apóstol (2 Pedro 1:5–11)?

La persona es salva cuando pone su fe en Cristo. Aunque la salvación hace posible que vivamos piadosamente, con la ayuda de Dios, debemos desarrollar el carácter de Cristo, y cada rasgo de ese carácter se añade a lo que ya está en desarrollo.

- Virtud. A la fe, el creyente debe añadir virtud (v. 5), que tiene que ver con una excelencia moral.

- Conocimiento. Discernir entre el bien y el mal.

- Dominio propio. El creyente debe tener templanza, de manera que pueda hacer lo bueno y recto.

- Paciencia (v. 6). Imprescindible para soportar pruebas y dificultades.

- Piedad. Carácter santo, marcado por un profundo amor y un reverente temor a Dios.

- Afecto fraternal. Mostrar amor a las personas con palabras y gestos de amabilidad.

- Amor (v. 7). Actos de compasivo sacrificio a favor del prójimo.

IDEA 5. Distribuya la hoja de trabajo "¿Cuál fue el resultado de su suma?" Dé tiempo a los alumnos para que llenen cada uno se hoja de trabajo. Aunque esta es una actividad personal, deje tiempo para que algunos voluntarios lean sus respuestas a la clase.

El desarrollo de los rasgos de carácter que se mencionan en los versículos 5–7 son evidencia de una vida cristiana fructífera (v. 8). El cristiano que no crece en el Señor, podría caer de su experiencia original en Cristo (v. 9).

Por eso, Pedro exhorta a los creyentes a que procuren el crecimiento espiritual (v. 10). A través del continuo crecimiento en el Señor, los creyentes hacemos "firme nuestra vocación y elección" (v. 10). El versículo 11 describe la recompensa definitiva al desarrollo del carácter piadoso como una gloriosa entrada a la eternidad. Esto añade aún más valor al desarrollo de un carácter el de Cristo. Por lo tanto, dediquémonos a crecer en en Señor.

Discipulado en acción

Para que haya cambios en nuestra vida debemos plantearnos metas y debemos esforzarnos para alcanzarlas. Sea perder peso, sea suprimir un mal hábito o cambiar de actitud, todo paso al éxito requiere de nuestro esfuerzo. Un elemento clave al hacer decisiones es que también consideremos los cambios necesarios. El medio en que vivimos ofrece muchas opciones para que supuestamente mejoremos nuestra vida, pero el mundo no es nuestro guía. Nuestro guía es Dios, y sólo con la ayuda y la dirección del Espíritu Santo, podremos ser como Él. Por medio de la oración, el estudio de la Palabra, y los sabios consejos cristianos, dejaremos que el Espíritu Santo haga los cambios que necesitemos para asemejarnos más a Cristo.

Haga una lista de los aspectos bosquejados en este estudio, y úsela para hacer una evaluación de su vida. Después, prepare un plan para mejorar los aspectos débiles, y fortalecer su vida cristiana. Durante todo este proceso confíe que el Espíritu Santo será su guía, y lo ayudará a tomar decisiones sabias que lo acercarán más a Cristo.

Ministerio en acción

Hay personas que no sirven a Cristo por temor a fallar. Use la información que ha aprendido hoy para animar al inconverso con las noticias de que convertirse en un cristiano firme es un desarrollo paulatino. El desarrollo como un creyente firme en la fe no se produce en un instante; tenemos toda una vida para crecer y tenemos también la ayuda de Dios para hacerlo.

Si ha decidido usar el examen de la Unidad durante la próxima clase, deje un momento de la clase para que los alumnos lo contesten y para revisar sus respuestas. El examen de la Unidad puede ser una buena manera de reforzar las verdades de la palabra de Dios que los alumnos han aprendido.

Lectura devocional

Lunes
Un testimonio de justicia.
2 Samuel 22:21–30

Martes
Manténgase íntegro.
Job 27:1–6

Miércoles
Dios protege al justo.
Proverbios 2:1–11

Jueves
Camine en novedad de vida.
Romanos 6:3–14

Viernes
Despójese del hombre viejo.
Colosenses 3:5–9

Sábado
Revístase del hombre nuevo.
Colosenses 3:10–15

La mayordomía en la vida del creyente

Verdad central

El cristianismo comprende la vida entera.

Vesículo clave: 1 Corintios 10:31

Si, pues, coméis o bebéis, o hacéis otra cosa, hacedlo todo para la gloria de Dios.

Introducción

La conservación y el reciclaje de los recursos son dos asuntos importantes para esta generación. La gran preocupación del mundo en nuestro tiempo es desarrollar un sistema y educar a las personas en el manejo de los recursos que no son renovables.

Dios ha dado dones a la iglesia que son de utilidad mientras vivamos en esta tierra. Tenemos la responsabilidad de usar nuestro cuerpo, el tiempo, los recursos, las capacidades, y el llamado de manera que honren a Dios. El uso de los recursos que Dios nos ha dado, no sólo afecta nuestra vida, también influye en la vida de las personas con quienes nos relacionamos cada día.

Objetivos del aprendizaje

Al terminar esta lección, sus alumnos podrán

1. explicar por qué es importante que el cristiano cuide su cuerpo.
2. pensar en la manera en que Dios considera el uso de su tiempo y dinero.
3. decidir que aplicarán sus capacidades y talentos a la obra de Dios.

Fundamento bíblico
Mateo 25:14–29;
1 Corintios 6:12–20;
Efesios 4:28; 5:15–17;
1 Timoteo 6:17–19

Enfoque
Comprender que todos nuestros recursos son don de Dios, y usarlos para su gloria.

Bosquejo
I. Respete el cuerpo físico
   A. Practique el dominio propio
   B. Manténgase físicamente puro
II. Use sabiamente su tiempo y sus tesoros
   A. Aproveche bien el tiempo
   B. Sea generoso
III. Aproveche su llamado y sus capacidades
   A. Use lo que tiene
   B. Desarrolle una vida de generosidad***

Preparación
❑ Escoja las preguntas, las actividades, y los artículos del *Folleto de ayudas y recursos* que lo ayuden a alcanzar sus objetivos en la lección.

❑ Llene la hoja "Planificación de la clase".

❑ Copie las hojas de trabajo "Usted no se pertenece", "Tiempo y dinero", "Dones y capacidades", "Para un estudio más amplio 13", y el examen de la Unidad 2.

1 Corintios 6:12. Todas las cosas me son lícitas, mas no todas convienen; todas las cosas me son lícitas, mas yo no me dejaré dominar de ninguna.

13. Las viandas para el vientre, y el vientre para las viandas; pero tanto al uno como a las otras destruirá Dios. Pero el cuerpo no es para la fornicación, sino para el Señor, y el Señor para el cuerpo.

16. ¿O no sabéis que el que se une con una ramera, es un cuerpo con ella? Porque dice: Los dos serán una sola carne.

17. Pero el que se une al Señor, un espíritu es con él.

18. Huid de la fornicación. Cualquier otro pecado que el hombre cometa, está fuera del cuerpo; mas el que fornica, contra su propio cuerpo peca.

19. ¿O ignoráis que vuestro cuerpo es templo del Espíritu Santo, el cual está en vosotros, el cual tenéis de Dios, y que no sois vuestros?

20. Porque habéis sido comprados por precio; glorificad, pues, a Dios en vuestro cuerpo y en vuestro espíritu, los cuales son de Dios.

Efesios 5:15. Mirad, pues, con diligencia cómo andéis, no como necios sino como sabios,

16. aprovechando bien el tiempo, porque los días son malos.

1 Timoteo 6:17. A los ricos de este siglo manda que no sean altivos, ni pongan la esperanza en las riquezas, las cuales son inciertas, sino en el Dios vivo, que nos da todas las cosas en abundancia para que las disfrutemos.

18. Que hagan bien, que sean ricos en buenas obras, dadivosos, generosos.

Mateo 25:14. Porque el reino de los cielos es como un hombre que yéndose lejos, llamó a sus siervos y les entregó sus bienes.

15. A uno dio cinco talentos, y a otro dos, y a otro uno, a cada uno conforme a su capacidad; y luego se fue lejos.

19. Después de mucho tiempo vino el señor de aquellos siervos, y arregló cuentas con ellos.

Efesios 4:28. El que hurtaba, no hurte más, sino trabaje, haciendo con sus manos lo que es bueno, para que tenga qué compartir con el que padece necesidad.

Comentario bíblico

I. Respete el cuerpo físico
A. Practique el dominio propio
1 Corintios 6:12–14

Esta carta del apóstol Pablo está dirigida a la iglesia de Corinto, que aparentemente se había dejado dominar por sus apetitos físicos. Gran parte de la adoración a los ídolos en Corinto consistía en prácticas inmorales. Puesto que muchos creyentes habían crecido en ese ambiente idolátrico, algunos habían incorporado a su vida cristiana las prácticas impías que habían aprendido en aquellos cultos paganos. Los creyentes de Corinto estaban inmersos en una cultura en la que no sólo practicaba la inmoralidad sexual y la gula, sino que las glorificaba. La tentación de

regresar a ese estilo de vida debe haber sido muy poderosa.

Pablo escribe que aunque las cosas sean lícitas, no todas "convienen" (1 Corintios 6:12). Muchos pecados nacen de una necesidad natural que, o bien ha sido corrompida, o se ha llevado al extremo. Con frecuencia, es posible que el acto en sí no sea pecaminoso si se mantiene dentro de los límites debidos. Las relaciones sexuales no son pecaminosas en el matrimonio; sin embargo, fuera del contexto matrimonial, este tipo de relación constituye un adulterio. Comer es necesario para nuestro sustento. Sin embargo, si se lleva al extremo, se convierte en gula.

Según lo que Pablo afirma (v. 13), al parecer había algunos creyentes que habían decidido que como el cuerpo es temporal, lo que hicieran con el cuerpo no tendría consecuencias eternas. Pablo responde a este error enseñando la relación que hay entre el cuerpo y una vida santa, sobre todo en el aspecto de la inmoralidad sexual. Para ilustrar el concepto, afirma que el Señor resucitó de entre los muertos, y que Dios también nos resucitará a nosotros (v. 14).

¿Por qué algo que hacemos con nuestro cuerpo, como la conducta sexual inmoral, repercute en nuestra vida espiritual?

Hay a quienes se tranquilizan al pensar en que hay una división radical entre el ámbito físico y el ámbito mental—el espíritu y las emociones. En realidad, el ser humano es un todo integrado. La santa unión de un creyente con Cristo se corrompe cuando éste se involucra en una unión impía de inmoralidad sexual.

Los creyentes necesitamos desarrollar el dominio propio, para abstenernos de lo que nos arrastra al pecado. El Señor nos quiere usar para nuestro bien y para su gloria. Si "nos dejamos dominar" por alguno de estos tipos de conducta, no podremos servirle como Él desea.

B. Manténgase físicamente puro
1 Corintios 6:15–20

¿Por qué Dios considera que la pureza física es esencial para el cristiano?

Pablo insiste en que nuestro cuerpo es miembro del cuerpo de Cristo (1 Corintios 6:15). A causa de esa unión, somos uno con Él. Cuando nos unimos sexualmente con otra persona, nos convertimos en una sola carne. Es inconcebible que tomemos los miembros del cuerpo de Cristo y los unamos a otra persona en un acto sexual inmoral (vv.16,17).

Además, Pablo enseña que el pecado sexual tienen efecto directo en el cuerpo (v. 18). Y la razón de la pureza sexual se hace más clara aún cuando entendemos el punto de vista bíblico respecto al cuerpo de los creyentes: son templos del Espíritu Santo (v. 19). Puesto que el Espíritu habita en nosotros, debemos mantener nuestro cuerpo puro y santo, dedicado al servicio de Dios.

Pablo añade una razón más a su razonamiento a favor del respeto al cuerpo físico y de su propósito de honrar a Dios. Pertenecemos a Cristo. Puesto que nos compró por medio de su muerte en la cruz, Él es nuestro señor y dueño (v. 20). Y considerando que le pertenecemos, no debemos usar nuestro cuerpo para la inmoralidad sexual, sino para glorificar a Dios.

IDEA 1. Distribuya la hoja de trabajo "Usted no se pertenece". Úsela para dirigir a sus alumnos en un comentario acerca de la manera en que los cristianos debemos respetar nuestro cuerpo y usarlo para honrar al Señor.

II. Use sabiamente su tiempo y sus tesoros
A. Haga que su tiempo sea provechoso
Efesios 5:15–17

La práctica de una mayordomía en toda área de la vida se basa en la premisa de que el cristianismo abarca todo en ella. Esto significa que el cristiano honra a Dios y se debe reconocer por la manera en que aprovecha su tiempo y los recursos.

El apóstol Pablo exhorta a los

creyentes a vivir con sabiduría, de manera que nuestra vida influya de manera positiva en otros. Debemos aprovechar al máximo cuanta oportunidad se nos presente de dar testimonio de Dios (Efesios 5:15,16).

¿Hace falta hoy que se nos advierta a los creyentes que no vivamos como necios, sino como sabios? Explique su respuesta.

El consejo de Pablo también es para nosotros. Vivimos en días de maldad, y es muy importante que conozcamos la voluntad de Dios para nosotros. El tiempo es corto y lo desperdiciamos siguiendo modas y tendencias, y haciendo cosas superfluas, sin trascendencia alguna. La Iglesia debe depender de la dirección y el poder que tiene para ella el Espíritu Santo, de manera que cumpla lo que Dios quiere de ella (v. 17).

¿Es indebido que los cristianos tengan momentos de diversión, o que hagan cosas que no tienen un propósito específicamente espiritual? Explique su respuesta.

IDEA 2. Distribuya la hoja de trabajo "Tiempo y dinero". Indique a sus alumnos que contesten la primera sección, y después comente las respuestas.

B. Sea generoso
1 Timoteo 6:17–19

¿Por que el hecho de alguien tenga demasiado dinero podría desviarlo de la fe?

Pablo escribe a Timoteo para decirle que nadie debe considerarse superior a los demás por el hecho de tener riquezas (1 Timoteo 6:17). Quien tienen riquezas facílmente puede pensar que esas riquezas lo han hecho más sabio o mejor que los demás. El dinero no lava los pecados ni hace perfecto a nadie. Las riquezas se limitan a este mundo y sus sistemas. El dinero puede dar a algunas personas poder sobre otras, pero no influye en la posición de esas personas ante Dios (véase Santiago 1:17). Las riquezas son inciertas. Aun quienes gozan de una gran fortuna pudieran, por una razón u otra, quedar en la pobreza. Tanto para esta vida, como para la vida futura, nuestra confianza debe cimentarse únicamente en Dios.

¿Qué se nos dice en 1 Timoteo 6:18,19 respecto al buen uso del dinero?

Hay quienes se aferran a sus riquezas, diciendo: "Dios ayuda al que se ayuda a sí mismo". Lo que espera Dios de quienes ha bendecido con riquezas de este mundo, es que las usen con sabiduría. Principalmente en el caso de quienes son parte de la familia de la fe. En las Escrituras, Dios expresa con claridad que para vivir piadosamente es esencial la confianza en Él como proveedor de todo lo que somos y tenemos.

Pablo dice que hay tres aspectos que debemos considerar al administrar su provisión:

1. No debemos poner nuestras esperanzas en las riquezas, sino en Dios.

2. Debemos hacer el bien y ser generosos con nuestas riquezas.

3. Al hacerlo, almacenamos tesoros en el cielo para la vida eterna. Esto nos debe motivar a los creyentes a que usemos las riquezas pasajeras y terrenales para acumular en el cielo un tesoro inagotable e imperecedero.

III. Aproveche su llamado y sus capacidades
A. Use lo que tiene
Mateo 25:14–29

Si aceptamos que todos nuestros recursos son don de Dios, también debemos tener en cuenta cómo usamos nuestras capacidades. ¿Somos fieles en cuanto a usar lo que Dios nos ha dado para aquello que Él nos ha llamado a hacer? Jesús enseñó una parábola acerca de la necesidad de ser mayordomos fieles; la conocemos como la parábola de los talentos (Mateo 25:14–29).

El trasfondo de esta parábola es una costumbre de los tiempos del Nuevo Testamento. Los ricos que visitaban otra ciudad, como Roma por ejemplo, muchas veces encomendaban sus negocios a sus siervos más capaces.

En esta parábola, el amo encomendó cinco talentos al primer siervo, dos al segundo y uno al último de los tres siervos, a cada uno de acuerdo con su capacidad (v. 15). Un talento equivalía al salario que habría recibido un trabajador en el espacio de unos veinte años. Es decir, que aun el siervo que recibió un talento tenía suficiente dinero para invertir. El amo esperaba lo mismo de los tres siervos: que usaran lo que tenían y lo que habían recibido —capacidades y recursos— para obtener una mayor ganancia para su amo.

El amo estuvo fuera durante mucho tiempo (v. 19). Cuando regresó, llamó a sus siervos para que dijeran qué habían hecho con lo que les había confiado. Los dos primeros eran personas trabajadoras y durante el tiempo que el amo estuvo ausente, habían duplicado los talentos que él les había entregado. El amo los recompensó generosamente por su trabajo y su fidelidad. Les dio autoridad sobre mucho (vv. 18–23). El tercer siervo no usó el tiempo ni el talento para obtener ganancias para su amo. En vez de esto, simplemente devolvió lo que había tenido desde el principio (vv. 18,26–28).

¿Por qué hubo una diferencia tan grande en cuanto al resultado que produjeron los siervos?

La diferencia no estuvo en las oportunidades, ni tampoco en sus capacidades. Lo que realmente hizo que hubiera esa diferencia, fue el carácter de los siervos. Los dos primeros hombres eran "buenos y fieles" (vv. 21, 23). Eran hombres íntegros que trabajaron para producir lo que se esperaba de ellos. El tercero era "malo y negligente" (v. 26). Habría podido hacer mucho con aquel único talento, si lo hubiera invertido de inmediato o lo hubiera usado para negociar. Sin embargo, decidió no hacer nada. No quiso aceptar la responsabilidad que se le encomendó, aunque sabía muy bien lo que se esperaba de él.

¿Por qué Jesús le prestó tanta atención al hombre que había recibido un solo talento?

Jesús quería que sus oyentes entendieran que nadie tiene excusa alguna para no ser fiel. Aquel hombre no tenía ninguna razón válida. No pudo decir que le faltó tiempo, ni tampoco que era muy poco el dinero que se le había dado para trabajar, o que no tenía capacidad para hacerlo. Sólo pudo culpar a su amo, dijo que había tenido miedo porque éste era severo y exigente (vv. 24, 25).

Nuestro Amo nos ha encomendado una gran responsabilidad. La Palabra contiene sus instrucciones y debemos obedecerlas. También debemos tener en cuenta las capacidades y los recursos con que nos ha bendecido. Y así podremos invertir la medida de capacidad, talento, y verdad que Él nos ha confiado. Lo maravilloso de todo esto es que Jesús no exige de nosotros más de lo que Él sabe que podemos manejar. No nos exige que produzcamos los mismos resultados que otros, ni tampoco espera que tengamos las mismas capacidades que otros; sencillamente nos pide que hagamos nuestro mejor esfuerzo con aquello que tenemos. En fin de cuentas, aunque los dones no sean iguales, la oportunidad sí lo es.

¿Cuáles son los tipos de dones o capacidades que Dios da a las personas para que los usen?

> **IDEA 4.** Distribuya la hoja de trabajo "Dones y capacidades". Use las respuestas de los alumnos para ampliar el comentario sobre la pregunta anterior.

Dios quiere dar dones a los hombres. No obstante, esta parábola enseña que Dios pedirá cuenta de lo que nos ha dado. Espera que todos los dones y las capacidades que hemos recibido, las usemos para beneficio de su obra. La enseñanza de la historia tiene que ver con la manera en que se usan o no se usan los dones y las capacidades. Nosotros podemos invertir nuestros dones y capacidades para Dios de tal

manera que ayuden en la extensión de su Reino.

Cada uno de nosotros puede agradar a nuestro Señor, si somos fieles y usamos de manera productiva lo que Él nos ha dado. Y aunque tal vez no queramos reconocerlo, es probable que la mayoría de nosotros nos encontremos en la categoría del que recibió dos talentos. Muchas veces, la gente de los dos talentos pasa inadvertida, sin que nadie lo reconozca ni cante sus proezas. Es posible que tengamos que trabajar con más ahínco que otras personas que tienen más dones y capacidades, hasta para lograr una pequeña cantidad de éxito. Sin embargo, si somos fieles y usamos lo que tenemos, podremos oír esta declaración de labios de nuestro Señor: "Bien, buen siervo y fiel" (v. 23).

B. Desarrolle una vida de generosidad
Efesios 4:28

En su carta a los Efesios, Pablo enseña que los que han creído en Cristo deben vivir para honrar a Dios. Uno de los dilemas que enfrenta es la manera en que los creyentes se ganaban la vida. Robar —despojar a otros de lo que les pertenece— no es una opción para el discípulo de Cristo (Efesios 4:28). En vez de robar, deben trabajar, usando las capacidades que Dios les ha dado para ganarse la vida.

Sin embargo, Dios quiere que trabajemos por algo más que la satisfacción de nuestras propias necesidades. Debemos usar las capacidades que Dios nos ha dado para nuestro sustento, pero también para tener "qué compartir con el que padece necesidad". El hecho de ser dadivosos nos recuerda que todo cuanto tenemos viene de Dios.

La buena administración es más que llevar la cuenta de los ingresos y los egresos. El administrador maneja todo lo que le ha sido confiado. En este sentido, los cristianos necesitamos buscar continuamente las maneras de usar aquello que Dios nos ha dado. Debemos pedir al Señor que nos dé oportunidad de usar nuestros talentos y dones para su Reino.

El estudio de hoy se refirió a tres aspectos en los que debemos honrar a Dios con nuestra manera de vivir. ¿Lo estamos honrando con el cuidado de nuestro cuerpo físico? ¿Tratamos nuestro cuerpo como templo del Espíritu Santo? ¿Hacemos buen uso de las oportunidades que Dios nos da para servirle? ¿Estamos haciendo buen uso de nuestro dinero y nuestros recursos, de manera que bendigan a otras personas que estén necesitadas? ¿Somos fieles en el uso de las capacidades que Dios nos ha dado para la extensión de su Reino? Tome la decisión de vivir de acuerdo con 1 Corintios 10:31: "Si, pues, coméis o bebéis, o hacéis otra cosa, hacedlo todo para la gloria de Dios".

Hay muchas cosas que la mayoría de las organizaciones de caridad podrían hacer para satisfacer necesidades en la comunidad si dispusieran de más recursos. Investigue las oportunidades de invertir su tiempo, recursos y capacidades en una labor que produzca un cambio en la vida de la gente. Mateo 5:16 exhorta a los creyentes a glorificar a Dios con buenas obras que reflejen su luz y su amor a un mundo necesitado de Él.

Esta semana, dedique un tiempo a revisar las lecciones del próximo trimestre. Ponga especial atención en el enfoque, la verdad central, y los objetivos del aprendizaje. Comience a orar para que Dios use esas lecciones de manera, que lo ayuden a usted y también a sus alumnos a crecer en la gracia y el conocimiento del Señor.

Lunes
Dotados de creatividad.
Éxodo 36:1–5

Martes
Los diezmos le pertenecen a Dios.
Levítico 27:30–33

Miércoles
Ayude a los pobres.
Deuteronomio 15:11–15

Jueves
Deposite sus tesoros en el cielo.
Mateo 6:19–21

Viernes
Dé con generosidad y con gozo.
2 Corintios 9:6–15

Sábado
Use su tiempo con sabiduría.
Colosenses 4:2–6

Verdades de la vida cristiana
1,2,3 Juan y Judas

Tres de las epístolas que estudiamos en esta Unidad, son la respuesta del apóstol Juan a quienes atacaban el Evangelio. A las iglesias llegaban falsos maestros, con enseñanzas que no estaban de acuerdo con lo que Jesús y los apóstoles habían enseñado. Apelaban a las debilidades humanas para conseguir seguidores: el deseo de estar al día con la corriente de pensamiento, de "saber cosas ocultas", o de ostentar espiritualidad. Tanto Juan como Judas escribieron para combatir a estos falsos maestros y exhortar a los creyentes a mantenerse firmes en la auténtica fe del Evangelio de Jesucristo.

Hay ciertos temas que se mencionarán en estos estudios, porque son fundamentales para el cristianismo. El primero es la comunión con Dios. La única manera de tener comunión con Dios es a través de la fe en Cristo.

Otro tema es andar en la verdad. Los que conocen la verdad y tienen comunión con Dios, deben vivvir para complacerle. Quien afirma que conoce a Dios, y no vive como su hijo, en realidad no le conoce.

Muy unido a este andar en la verdad encontramos el amor a los demás. Este tema aparece en todas las epístolas de Juan. Es un mandamiento de Cristo, y tan integral para la vida cristiana, que quien dice que ama a Dios pero no ama a los demás es un mentiroso.

Otro tema es el conocimiento de la verdad. Los falsos maestros enseñaban que las personas espirituales eran la que conocían misterios. Juan rechaza ese pensamiento y proclama que acerca de Dios nos viene por el conocimiento de Jesucristo, quien es el Verbo hecho carne, que vino a este mundo para salvar. Por la fe en Jesucristo el creyente tiene la seguridad de que es hijo Dios y que tiene vida eterna.

El tema principal de Judas es la lucha por la fe. Debemos estar alerta contra quienes convierten la gracia de Dios en una licencia para autocomplacerse, y al mismo tiempo niegan la persona y la obra de Cristo.

El reto de vivir para Dios y ser fieles a la verdad es tan real hoy como lo fue para los primeros creyentes. Pedimos al Señor que estos estudios nos ayuden a mantenernos firmes en la fe, por medio de su gracia y su verdad.

La comunión con Dios

Verdad central

El cristiano tiene comunión con Dios, con Cristo y con los demás creyentes.

Versículo clave: 1 Juan 1:7

Si andamos en luz, como él está en luz, tenemos comunión unos con otros, y la sangre de Jesucristo su Hijo nos limpia de todo pecado.

Introducción

 ¿Influyen las creencias de una persona en su estilo de vida? Explique su respuesta.

Hasta cierto punto, lo que una persona cree influye en su manera de vivir. El grado de influencia lo determina la convicción. Lo triste es que muchas veces las personas dicen creer algo cuando les conviene, o cuando les cuesta poco hacerlo.

El apóstol Juan escribió su primera carta consciente de que nuestras creencias definen nuestra manera de vivir. En ella refuta algunas falsas doctrinas que infectaban a la Iglesia e interrumpían la comunión de Dios y los creyentes. Este estudio analiza el dinamismo de la comunión con Dios.

Objetivos del aprendizaje

Al terminar esta lección, sus alumnos podrán:

1. examinar la conexión que hay entre lo que creen y la manera en que viven.
2. reconocer la necesidad de vivir en santidad.
3. regocijarse en Cristo, quien perdona nuestros pecados.

Fundamento bíblico

1 Juan 1:1—2:2

Enfoque

Meditar en la naturaleza y la dinámica de nuestra comunión con Dios y habitar en esa comunión con Él.

Bosquejo

I. La comunión con el Padre y con el Hijo

  A. Tenemos vida gracias a Jesús

  B. Recibimos vida por la fe en Jesús

II. La comunión en la Luz

  A. Dios es Luz

  B. Caminar en la Luz

III. La comunión por medio de la purificación

  A. El perdón prometido

  B. El Abogado prometido

Preparación

☐ Escoja las preguntas, las actividades de aprendizaje, y los artículos del *Folleto de ayudas y recursos* que lo ayuden a alcanzar sus objetivos en la lección.

☐ Llene la hoja "Planificación de la clase".

☐ Prepare las transparencias "Ver y oír" y "Si decimos".

☐ Copie el estudio de caso "Enganchado" y la hoja de trabajo "Para un estudio más amplio 14".

1 Juan 1:1. Lo que era desde el principio, lo que hemos oído, lo que hemos visto con nuestros ojos, lo que hemos contemplado, y palparon nuestras manos tocante al Verbo de vida

2. (porque la vida fue manifestada, y la hemos visto, y testificamos, y os anunciamos la vida eterna, la cual estaba con el Padre, y se nos manifestó);

3. lo que hemos visto y oído, eso os anunciamos, para que también vosotros tengáis comunión con nosotros; y nuestra comunión verdaderamente es con el Padre, y con su Hijo Jesucristo.

4. Estas cosas os escribimos, para que vuestro gozo sea cumplido.

5. Este es el mensaje que hemos oído de él, y os anunciamos: Dios es luz, y no hay ningunas tinieblas en él.

6. Si decimos que tenemos comunión con él, y andamos en tinieblas, mentimos, y no practicamos la verdad;

7. pero si andamos en luz, como él está en luz, tenemos comunión unos con otros, y la sangre de Jesucristo su Hijo nos limpia de todo pecado.

8. Si decimos que no tenemos pecado, nos engañamos a nosotros mismos, y la verdad no está en nosotros.

9. Si confesamos nuestros pecados, él es fiel y justo para perdonar nuestros pecados, y limpiarnos de toda maldad.

10. Si decimos que no hemos pecado, le hacemos a él mentiroso, y su palabra no está en nosotros.

2:1. Hijitos míos, estas cosas os escribo para que no pequéis; y si alguno hubiere pecado, abogado tenemos para con el Padre, a Jesucristo el justo.

2. Y él es la propiciación por nuestros pecados; y no solamente por los nuestros, sino también por los de todo el mundo.

Comentario bíblico

I. La comunión con el Padre y con el Hijo

A. Tenemos vida gracias a Jesús

1 Juan 1:1,2

En su primera epístola, el apóstol Juan enfrenta de inmediato el falso concepto de que Jesucristo es menos que el Hijo de Dios. Jesús no sólo es plenamente Dios, sino que también es plenamente hombre. Éste es el misterio de la encarnación (véase 1 Timoteo 3:16).

Juan mencionó tres de los cinco sentidos para referirse a su interacción con Jesús: oído, vista, y tacto (1 Juan 1:1). Lo hizo para aclarar que Jesucristo fue verdaderamente un ser humano, con quien la gente pudo interactuar, y con quien era posible tener una relación personal. Jesucristo, el Verbo de vida, fue visto con toda claridad en el mundo (v. 2).

❓ ¿Por qué es significativo que el apóstol se refiriera a Jesús, como "el Verbo de vida" (vv. 1,2)?

En su condición de Verbo de vida, Jesús es la expresión viva de la mente, los pensamientos, y las palabras de Dios. La expresión de Juan nos señala al comienzo de su evangelio, en el cual proclama que Jesús es el Verbo, que en Él hay vida (Juan 1:1–4). Dios se ha dado a conocer por medio de Jesucristo, el Verbo de vida. Jesús dijo: "El que me ha visto a mí, ha visto al Padre" (14:9). Además, Jesús es la viva expresión de Dios mismo (Hebreos 1:3).

Jesucristo, el Hijo de Dios, reveló cómo se debe vivir en la comunión con su Padre celestial. Juan pudo decir que él había sido testigo de la vida de Jesús, podía dar testimonio de la manera en que había vivido y proclamarlo ante los demás, porque había estado con Jesús mientras estuvo en la tierra (1 Juan 1:2). Juan como "la vida eterna" (1 Juan 1:2). Jesús se presenta también como "la vida". Esa vida es eterna, no sólo por la extensión de nuestra existencia en el cielo, sino también por la calidad de nuestra vida como creyentes aquí en el mundo. El apóstol Juan escribió para decir que la única manera de conocer la vida eterna es por un encuentro y una relación personal con Cristo (1 Juan 5:11–13). Esta calidad de vida, sólo la encontramos a través del Hijo de Dios.

B. Recibimos la vida por medio de la fe en Jesús
1 Juan 1:3

Los apóstoles fueron fieles, y anunciaron al mundo la verdad de la vida eterna por medio de Jesucristo. Juan señala que la razón de que ellos proclamaban esta verdad, era que todos pudiéramos tener comunión con Dios y con los demás creyentes (1 Juan 1:3).

¿Cuáles son las características de alguien que tiene comunión con Dios?

IDEA 1. Pida a sus alumnos que sugieran características que esperarían ver en una persona que tiene comunión con Dios. Escriba sus respuestas en la pizarra.

Es posible que Juan expresara aquí que Dios comparte su vida con quienes creen en Jesús. La palabra griega que traducimos como "comunión" se usaba para describir a los socios de negocios, los accionistas de una propiedad, o los que tenían alguna experiencia en común. Los escritores del Nuevo Testamento al parecer añadieron a la palabra la idea de la vida sobrenatural que compartimos los cristianos. Es la vida que vivimos en la constante compañía de Dios, tal como la manifestó Jesucristo durante su vida terrenal.

¿Considera usted que testificar —proclamar las buenas nuevas acerca de Jesús— es invitar a la gente a tener comunión con Dios? Explique su respuesta.

Hay cristianos que evitan hablar de Jesús a los inconversos, porque sienten que los están presionando a que acepten un conjunto de creencias religiosas, o para que se comprometan a cumplir una serie de reglas. En realidad, Jesús vino a abrir el camino para que el hombre conociera a Dios y tuviera comunión con Él y con otros que también le conocen. La buena noticia es que Dios nos invita a conocerle y a aprender que la comunión con Él debe ser evidente en cada área de nuestra vida. Esta clase de relación sólo se experimenta por medio de la fe en su Hijo Jesucristo.

¿Cómo explicaría usted a un inconverso de qué manera puede tener comunión con Dios?

IDEA 2. Presente la transparencia "Ver y oír". Escriba en la transparencia las respuestas de los alumnos.

II. La comunión en la Luz
A. Dios es Luz
1 Juan 1:4, 5

La idea de que tenemos comunión con nuestro Padre celestial y con su Hijo Jesucristo debe convertirse en una fuente de gozo para todo creyente. El gozo que nos da el Espíritu Santo es un gran motivo de fortaleza para nosotros, cuando comprendemos el gran amor que Dios nos tiene, y creemos en él (1 Juan 1:4). Aun cuando estemos pasando por los momentos más tenebrosos de la vida, podremos mantener este gozo del Señor, que es inefable e inagotable. Las pruebas de la vida no deben robarnos el gozo, porque tenemos comunión con Dios por medio de la fe en Jesús.

Juan presentó una clara descripción de cómo es Dios. Las palabras "Dios es luz, y no hay ningunas tinieblas en él" (v. 5) son centrales en el mensaje que él proclamó. La luz se refiere al esplendor y la gloria de Dios, su verdad y su pureza. El hecho de que Dios es luz tiene se repercusión en la manera en que debemos vivir quienes tenemos comunión con Él.

B. Andar en la Luz
1 Juan 1:6,7

En parte, la razón por la que Juan escribió esta epístola, fue para rechazar las falsas enseñanzas que estaban amenazando a la Iglesia. Un aspecto en que los falsos maestros estaban confundiendo a la gente, tenía que ver con la naturaleza del pecado y la manera en que éste afectaba la comunión con Dios. Juan identifica tres de esas falsas enseñanzas, usando la expresión "si decimos" (1 Juan 1:6,8,10).

> **IDEA 3.** Presente la transparencia "Si decimos". Úsela para mostrar los falsos conceptos acerca del pecado que Juan pone al descubierto.

 ¿Qué relación hay entre la comunión con Dios y el hecho de que Él es luz y no hay tinieblas en Él?

Los falsos maestros propagaban la idea de que era posible tener comunión con Dios y al mismo tiempo, andar en tinieblas, practicando un estilo de vida pecaminoso (v. 6). Juan quería que los creyentes comprendieran que las tinieblas del pecado separan de Dios al hombre. Andar en la luz es señal de que no hay tal separación de Dios. La comunión en la luz no es posible cuando la persona tiene en su interior las tinieblas del pecado.

La falsa creencia de que nuestra conducta no influye en nuestra relación con Dios todavía persiste en nuestras iglesias. Nuestra conducta sin duda alguna influye en nuestra relación con el Señor. Es absurdo pensar de otra manera. Si declaramos que tenemos comunión con Jesucristo, y andamos en las tinieblas de una vida de pecado, tal confesión sencillamente es una mentira (v. 6).

Por otra parte, la comunión con Dios florece cuando vivimos piadosamente. Por decirlo con palabras de Juan, cuando andamos en la luz (y no en las tinieblas) tenemos comunión con Dios, quien es Luz (v. 7).

¿De qué manera "andamos en luz, como él está en luz" (1 Juan 1:7)?

Andar en luz significa andar en humilde obediencia a la palabra de Dios (Salmo 119:105). Dios es luz, y también lo es su Palabra. Andar en luz significa obedecer la palabra de Dios con toda devoción.

El hecho de andar en luz es evidente en nuestra comunión con Dios y con otros creyentes. Cuando andamos en luz, la sangre de Jesús nos limpia continuamente de nuestros pecados. (1 Juan 1:7).

III. La comunión por medio de la purificación

A. El perdón prometido
1 Juan 1:8,9

Los falsos maestros también enseñaban que como ellos eran tan espirituales, ya el pecado no era una preocupación para ellos (1 Juan 1:8). Aunque sea cierto que recibimos el perdón de nuestros pecados cuando aceptamos a Cristo como Salvador, todavía tenemos que enfrentar la realidad del pecado y aceptar que somos vulnerables a las tentaciones. Es posible que en algún momento cedamos a la tentación, pero no debemos dejar que el pecado nos esclavice. Cuando nos sintamos tentados a pecar, debemos resisitir y tomar la decisión de obedecer a la verdad del Evangelio. Podemos hacer esto a través del poder de la sangre de Jesús.

Si no reconocemos esta verdad, nos engañamos a nosotros mismos. Este es un peligroso engaño, porque nos adormece con un falso sentido de nuestra propia justicia.

El antídoto contra esta mentira es la confesión de nuestros pecados (v. 9). No debemos cubrirlos con excusas ni negaciones, sino confesarlos al Señor con toda sinceridad. Si negamos y cubrimos nuestros pecados, sólo agudizamos el problema (véase Proverbios 28:13). No obstante, debemos evitar el abuso respecto a la promesa de que seremos perdonados, porque el Hijo de Dios pagó un alto precio para que tuviéramos ese perdón. Debemos reconocer nuestro pecado ante Dios, y hacernos responsables de él, pedir perdón al Señor, y apartarnos del mal.

La promesa que leemos en el versículo 9 afirma que cuando confesemos nuestros pecados a Dios,

Él hará dos cosas maravillosas a nuestro favor. En primer lugar, nos perdonará. Cuando Dios perdona, sencillamente se olvida de que hubo una deuda, la condona, no la vuelve a recordar (véase Isaías 43:25). Después de haber confesado nuestros pecados, tenemos que olvidarnos de ellos, porque Dios mismo ya los olvidó, para Él han desaparecido.

En segundo lugar, cuando confesamos nuestros pecados Dios nos purifica de toda injusticia. Cuando nos arrepentimos y pedimos perdón, el Señor no nos atormenta con el recuerdo de algo por lo cual ya hemos pedido perdón. Sencillamente nos ayuda a comenzar de nuevo, de manera que vivamos para agradarle.

? Un creyente que realmente anda en la luz, ¿puede ceder a la tentación y ser víctima de un pecado recurrente en su vida? Explique su respuesta.

> **IDEA 4.** Distribuya el estudio de caso "Enganchado". Comente las respuestas de sus alumnos.

La vida no es fácil, y sería absurdo pensar que nunca seremos víctimas del pecado, o de algún hábito que no nos conviene. Siempre debemos estar alerta respecto a sutiles tentaciones y hábitos pecaminosos que fácilmente podrían introducirse en nuestra vida. No debemos entretener la idea del pecado de manera alguna. Y siempre debemos recordar que no estamos solos. Dios está siempre con nosotros y nos ayuda si nos apoyamos en Él.

B. El Abogado prometido
1 Juan 1:10 a 2:2

La tercera falsedad es muy parecida a la segunda, pero es más abierta y desafiante. Los falsos maestros llegaban incluso a decir: "No hemos pecado" (1 Juan 1:10). Esto iba más allá de la negación de que los creyentes pudieran pecar, sugería que ellos jamás habían pecado (Romanos 3:23). Ésa es la razón de que Jesús viniera: para ser el sacrificio expiatorio por nuestros pecados. Si no aceptamos que el pecado es un problema en nuestra vida, impedimos que la palabra de Dios nos muestre la solución a ese problema.

¿Cuál es el remedio para este último error? El remedio consiste en comprender la persona de Jesucristo, y la obra que Él realizó a favor nuestro. En primer lugar, Él es nuestro abogado ante el Padre (1 Juan 2:1), el que habla a favor nuestro.

Juan no quería que los creyentes pecaran. Ésa debe ser la meta de todos los creyentes. Lamentablemente, hay ocasiones en que erramos el blanco, porque aún somos vulnerables al pecado.

Cuando fallemos a Dios, debemos saber que en Jesús tenemos un abogado. Lo que hace de Él un abogado eficaz es el hecho de que muriera por nosotros. Jesús es "la propiciación por nuestros pecados" (v. 2). Los expió cuando murió en la cruz, y nos reconcilió con el Padre. No hay nada que podamos añadir ni quitar a la cruz. El sacrificio voluntario de Jesús fue la ofrenda única y eterna por el pecado, y es lo que compró el perdón a todos los que creemos en Él.

> **IDEA 5.** Lea Hebreos 9:26–28 y 10:10–14. Explique qué significa el sacrificio de Jesús por aquellos que creemos en Él.

¿Por qué hay personas a las que les cuesta creer que Dios quiere perdonar sus pecados?

Hay personas que en el pasado han vivido una profunda vida de pecado, y posiblemente temen que sus pecados son demasiado grandes como para que Dios los perdone. Hay quienes se sienten abrumados por sus sentimientos de culpa, y temen sucumbir una y otra vez ante el mismo pecado. Sin embargo, la palabra de Dios nos asegura que si pecamos, Jesús es nuestra propiciación, y tenemos perdón de nuestros pecados gracias a su sacrificio.

Después de entender que cuando confesamos nuestros pecados Dios nos perdona y olvida, podemos comenzar una vida cristiana positiva, en vez de atormentarnos con nuestros errores del pasado. Vivamos conforme a su promesa de que "si andamos en luz, como él está en luz, tenemos comunión unos con otros, y la sangre de Jesucristo su Hijo nos limpia de todo pecado" (1:7).

Discipulado en acción

Hay una vital conexión entre lo que creemos y la manera en que vivimos. A la inestimable experiencia de la comunión con el Señor, debemos entrar de acuerdo a sus términos, y no a los nuestros. Los falsos maestros de los tiempos de Juan querían tener comunión con el Padre, y al mismo tiempo llevar una vida de pecaminoso placer. No hay relación alguna entre estos dos estilos de vida. Nunca estará demás decir cuán necesario es vivir piadosamente si queremos tener una buena relación con el Señor.

El apóstol advierte claramente: no podemos juguetear con el pecado y después pensar que tenderemos una buena relación con el Señor Jesús. Los que conocen realmente al Señor, no quieren vivir de una manera que lo entristezca, ni quieren tomar a la ligera la obra que Él hizo a favor nuestro. Jesús dio su vida para que tuviéramos comunión con Él.

Ministerio en acción

El Señor nos ha llamado a hablar a otros de la comunión que pueden tener con Él. Jesús murió en la cruz para hacer posible esa comunión. Ore para que esta semana Dios le dé una oportunidad de hablar a un inconverso acerca de la comunión que podría tener con Dios. Confíe que el Espíritu Santo lo guiará y lo ayudará cuando usted se presente al Señor como su mensajero.

Si aún no lo ha hecho, dedique esta semana un tiempo a leer uno de los artículos para los maestros, que aparecen en las últimas páginas de este libro. Pida a Dios que lo ayude a convertirse en un mejor maestro.

Gospel Publishing House ofrece en excelente recurso para ayudar a sus alumnos definir metas para el crecimiento espiritual: "Plan de la salud espiritual con Evaluación de mi salud espiritual". Se sugiere que comience a usarlo con sus alumnos en la sección *Discipulado en acción* de la próxima clase.

Lectura devocional

Lunes
Dios conversaba con Adán.
Génesis 2:15–19

Martes
Enoc caminó con Dios.
Génesis 5:21–24

Miércoles
Dios tuvo comunión con Abraham.
Génesis 18:16–33

Jueves
Dios está con nosotros.
Mateo 1:18–23

Viernes
Permanecer en Cristo.
Juan 15:1–11

Sábado
La confraternidad cristiana.
Romanos 15:1–7

Vivamos como discípulos de Cristo

Verdad central

El discipulado cristiano es vivir en obediencia a Cristo.

Versículo clave: 1 Juan 2:6

El que dice que permanece en él, debe andar como él anduvo.

Introducción

 ¿Qué términos son sinónimo de la palabra 'discípulo'?

Escriba las respuestas en la pizarra. Posiblemente encontrará las palabras seguidor, estudiante, aprendiz, alumno, adepto, partidario, y otras. Un discípulo era un aprendiz que se unía de tal manera a su maestro, que además de recibir sus enseñanzas, veía la manera en que las aplicaba a su vida diaria.

La esencia misma del discipulado cristiano es seguir a Cristo con una tierna obediencia. Nosotros creemos que Él es el Hijo de Dios, nuestro Salvador, y mostramos esa convicción con nuestra obediencia.

Objetivos del aprendizaje

Al terminar esta lección, sus alumnos podrán:

1. explicar cómo el discipulado cristiano abarca la obediencia en cada aspecto de nuestra vida.
2. reconocer los peligros que enfrentan los creyentes cuando se enredan en el sistema de valores del mundo.
3. tomar la firme decisión de mantenerse cerca del Señor, con el fin de protegerse del engaño.

3. Y en esto sabemos que nosotros le conocemos, si guardamos sus mandamientos.

4. El que dice: Yo le conozco, y no guarda sus mandamientos, el tal es mentiroso, y la verdad no está en él;

5. pero el que guarda su palabra, en éste verdaderamente el amor de Dios se ha perfeccionado; por esto sabemos que estamos en él.

6. El que dice que permanece en él, debe andar como él anduvo.

7. Hermanos, no os escribo mandamiento nuevo, sino el mandamiento antiguo que habéis tenido desde el principio; este mandamiento antiguo es la palabra que habéis oído desde el principio.

8. Sin embargo, os escribo un mandamiento nuevo, que es verdadero en él y en vosotros, porque las tinieblas van pasando, y la luz verdadera ya alumbra.

9. El que dice que está en la luz, y aborrece a su hermano, está todavía en tinieblas.

10. El que ama a su hermano, permanece en la luz, y en él no hay tropiezo.

15. No améis al mundo, ni las cosas que están en el mundo. Si alguno ama al mundo, el amor del Padre no está en él.

16. Porque todo lo que hay en el mundo, los deseos de la carne, los deseos de los ojos, y la vanagloria de la vida, no proviene del Padre, sino del mundo.

17. Y el mundo pasa, y sus deseos; pero el que hace la voluntad de Dios permanece para siempre.

24. Lo que habéis oído desde el principio, permanezca en vosotros. Si lo que habéis oído desde el principio permanece en vosotros, también vosotros permaneceréis en el Hijo y en el Padre.

25. Y esta es la promesa que él nos hizo, la vida eterna.

27. Pero la unción que vosotros recibisteis de él permanece en vosotros, y no tenéis necesidad de que nadie os enseñe; así como la unción misma os enseña todas las cosas, y es verdadera, y no es mentira, según ella os ha enseñado, permaneced en él.

28. Y ahora, hijitos, permaneced en él, para que cuando se manifieste, tengamos confianza, para que en su venida no nos alejemos de él avergonzados.

Comentario bíblico

I. Obedezca los mandamientos de Cristo
A. La obediencia y la desobediencia
1 Juan 2:3-6

Juan sabía qué era el discipulado cristiano. El discípulo de Cristo se caracteriza por la obediencia a los mandamientos de Cristo (1 Juan 2:3). Juan habla de la falsedad de quienes decían conocer a Dios, pero no obedecían a Cristo. Los identifica con la expresión "El que dice" (vv. 4,6,9).

> **IDEA 1.** Presente la transparencia "El que dice". Utilícela para poner de relieve las falsas pretensiones de conocer a Dios y las evidencias del verdadero conocimiento de Dios a las que se refiere Juan.

Una de las dinámicas facetas del discipulado cristiano es conocer al Señor Jesús cada vez mejor. Los creyentes crecen y maduran espiritualmente cuando obedecen lo que aprenden. Por eso Juan señala con tanta severidad a los impostores espirituales (v. 4). Eran personas que afirmaban conocer al Señor, pero se descubrían como impostores, porque no obedecían a Dios.

Lo triste es que todavía en nuestros días hay muchos impostores en el mundo, y también en la iglesia. Personas que dicen que conocen a Jesucristo, pero su estilo de vida lleno de pecado revela que su confesión es una falsedad (vv. 5,6). Sea que deliberadamente vivan un cristianismo falsificado, o que estén definitivamente apartados de la verdad, los resultados son los mismos. Su hipocresía es una afrenta al nombre de Cristo. Debemos asegurarnos de que a diario vivimos como verdaderos seguidores de Jesucristo.

B. El amor y el odio
1 Juan 2:7–11

La obediencia a los mandamientos de Cristo es la primera evidencia de que la persona conoce realmente a Dios. El amor al prójimo es la segunda evidencia (1 Juan 2:7–11).

Las palabras de Juan en los versículos 7 y 8 podrían parecer contradictorias. Primero dice que no escribe un nuevo mandamiento. Temprano en su experiencia como discípulos de Cristo, se les había enseñado que debían amarse mutuamente. Sin embargo, el mandamiento de amar a los demás es nuevo porque Cristo lo redefinió. En la víspera de su crucifixión, cuando estaba con sus discípulos, les dijo: "Un mandamiento nuevo os doy: Que os améis unos a otros; como yo os he amado, que también os améis unos a otros" (Juan 13:34).

Es todo un reto que amemos a quienes nos rodean como Cristo nos amó. Desde el punto de vista humano, esto es imposible. Sólo es posible, gracias a la salvación que hemos recibido a través de Cristo. Los creyentes somos ahora hijos de luz, y ya no vivimos en tinieblas (1 Juan 2:8). Cuando una persona está en Cristo, y deja que el Espíritu Santo obre a través de él o ella, podrá amar como ama Cristo.

Sin embargo, a los falsos maestros no les preocupaba mucho amar al prójimo. Las personas que están obsesionadas con una vida de autocomplacencia, generalmente no se preocupan por los demás. Ellos afirmaban estar en la luz, pero en realidad estaban en tinieblas, porque no amaban a los demás creyentes (v. 9).

La realidad de la experiencia con Cristo siempre sale a la superficie en el carácter y el estilo de vida de la persona (v. 10). Los que realmente no creían en Cristo, estaban en tinieblas, porque tampoco amaban al prójimo. Ni siquiera sabían a dónde iban; no tenían rumbo fijo (v. 11).

En cambio, con los verdaderos discípulos sucede lo contrario (v. 10). Cuando andamos en amor, también andamos en luz. Podemos ver el camino, y también podemos guiar a otros. Debemos obedecer el mandamiento de Jesús de que amemos como Él nos amó. No lo hacemos porque los demás sean siempre dignos de nuestro amor, sino porque debemos amar como Él nos amó. El amor a los demás es una evidencia de que conocemos realmente a Dios.

II. No ame al mundo
A. El crecimiento espiritual
1 Juan 2:12–14

En 1 Juan 2:12–14, el apóstol escribe con un estilo poético y se dirige a tres grupos de personas en la Iglesia: los niños, los padres, y los jóvenes. Hay quienes ven estas palabras como dirigidas a las diversas edades que había entre los lectores originales de la epístola. Sin embargo, más probable es que se refiriera a los niveles de madurez espiritual que había entre ellos. De una manera u otra, Juan estaba hablando a toda la Iglesia acerca del crecimiento espiritual.

¿Cuáles son las cosas que influyen en el crecimiento espiritual de un discípulo?

Uno de los factores que influye en el crecimiento espiritual es el tiempo. No hay madurez espiritual instantánea; el crecimiento espiritual necesita tiempo. Sin embargo, el tiempo por sí solo no produce madurez. Otro de los factores es el nivel de decisión de la persona. Hay quienes están más decididos que otros a profundizar en lo espiritual. Practican a diario disciplinas espirituales como la oración y el estudio bíblico. Otro factor es el fervor espiritual. ¿Hasta qué punto sentimos la imperiosa necesidad de conocer mejor a Jesús y parecernos más a Él?

Juan se dirige primero a los niños. Es probable que éstos fueran los recién convertidos. Su conocimiento del perdón de sus pecados había sido hasta ese momento la base de su experiencia cristiana (v. 12). El conocimiento de que Cristo perdona los pecados es una fuente inestimable de seguridad para todos los creyentes, cual sea el tiempo que tenga como hijo de Dios.

Estos creyentes que eran jóvenes en el Señor, no sólo sabían que sus pecados habían sido perdonados, sino que también conocían al Padre (v. 13). El conocimiento personal de Dios es uno de los aspectos más maravillosos de la vida cristiana. Ese conocimiento de Dios es la razón de que Jesús viniera a dar su vida por nosotros. Dios quiere tener comunión con la humanidad. Esa comunión es posible a través de su Hijo.

En segundo lugar, se dirige a los padres (vv. 13,14). Es posible que estos fueran los creyentes espiritualmente maduros. En ambos versículos, Juan afirma que ellos han conocido a Cristo, quien es desde el principio. Igual que los niños, ellos también conocían a Dios. La diferencia está en que su conocimiento de Dios era más profundo, y tenía sus raíces en la experiencia que se obtiene con los años de conocer personalmente a Cristo.

Después, Juan menciona a los hombres jóvenes (vv. 13,14). Su primer lauro era que habían vencido al maligno. Eran creyentes que habían luchado la buena batalla de la fe. Con la ayuda del Espíritu Santo, habían vencido, porque eran fuertes en la palabra de Dios.

De estos tres grupos que forman la Iglesia, podemos aprender algunas valiosas lecciones. Los creyentes que valoran el perdón de sus pecados, conocen y aman la palabra de Dios, y buscan tenazmente el conocimiento del Padre, son fuertes en el ámbito espiritual. Las falsas enseñanzas no los desvían. No ceden con facilidad a las tentaciones. Por último, pueden crecer hasta convertirse en líderes de la Iglesia. Este patrón de crecimiento debería ser evidente en la vida de todos los que quieren ser discípulos de Cristo.

B. El fervor espiritual
1 Juan 2:15–17

Tal vez nos preguntemos qué quiso decir Juan cuando escribió: "No améis al mundo" (1 Juan 2:15). En las Escrituras el vocablo "mundo" se usa en tres sentidos diferentes. El primero es para describir el orden creado del mundo natural (Juan 1:10). La segunda, para describir a la humanidad (3:16). Cuando Juan escribió: "No améis al mundo", no se refirió a los dos significados anteriores. Mas bien se refirió al sistema de valores del mundo, que es opuesto a Cristo y a su Reino, y que se halla bajo el control de Satanás. Nosotros no debemos amar al mundo, porque no podemos amar lo que el mundo ofrece, y al mismo tiempo, amar a Dios.

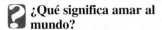

¿Qué significa amar al mundo?

IDEA 2. Presente la transparencia "No améis al mundo". Úsela mientras presenta el comentario que sigue.

En 1 Juan 2:16 se describe la mundanalidad como "los deseos de la carne, los deseos de los ojos, y la vanagloria de la vida". Los deseos de la carne son las debilidades y los apetitos humanos que se oponen a la voluntad de Dios, como la sensualidad, o el amor a los placeres inmorales. Exagera los impulsos naturales que Dios nos ha dado, y los corrompe por medio de una conducta de pecado. Por ejemplo, el hambre es un impulso natural, pero la gula es pecaminosa, porque consiste en una satisfacción excesiva e innecesaria de un apetito normal. Todos necesitamos dormir para reponernos, pero el que se pasa la vida durmiendo sin motivo, o es perezoso, ha dejado que se corrompa esa necesidad natural.

¿Cómo nos protegemos de los deseos de la carne?

Debemos ser cuidadosos en cuanto a las cosas con que entramos en contacto, y debemos practicar el dominio propio. Podemos aprender a decir un "no" definitivo a las tentaciones y a el pecado (véase Tito 2:11,12). El precio de la complacencia pecaminosa siempre es demasiado alto.

El segundo componente de la mundanalidad es los deseos de los ojos. Esto tiene que ver con la codicia, y la obsesión de acumular cosas. Podemos pensar en este componente como materialismo, o amor a las cosas.

¿Es malo tener o desear cosas que tal vez aún no tenemos?

Dios no está en contra de que tengamos cosas buenas y las disfrutemos. El problema surge cuando nos centramos en la adquisición de esas cosas, y descuidamos las cosas más importantes de la vida, como la práctica de la generosidad. No debemos perder de vista la promesa: "Poderoso es Dios para hacer que abunde en vosotros toda gracia, a fin de que, teniendo siempre en todas las cosas todo lo suficiente, abundéis para toda buena obra" (2 Corintios 9:8). Cuando perdemos de vista la realidad de que Dios es nuestra fuente, podemos confundirnos y caer en la trampa del materialismo.

El tercer elemento de la mundanalidad es "la vanagloria de la vida" (1 Juan 2:16), esto es el alarde que muchas veces hacemos de las posesiones o los lauros que alcanzamos. Esto habla de quienes se glorían en ellos mismos. La vanagloria exalta las obras del hombre que atribuye a su propio esfuerzo, en vez de adorar a Dios.

El orgullo es un pecado sutil. Debemos reconocer que cuanto talento tenemos y cuanta bendición hemos recibido, viene de nuestro Padre celestial (véase Santiago 1:17). Ciertamente, no tenemos nada de qué jactarnos, sino el hecho de que conocemos al Señor (Jeremías 9:23,24).

¿Cómo evitamos el amor al mundo?

En primer lugar, necesitamos comprender cuán vano es amar al mundo (1 Juan 2:17). El mundo y sus deseos pasan. Como discípulos de Cristo, debemos comprometernos a hacer la voluntad de Dios. Los que hagan esto, vivirán para siempre.

Amar a Dios es lo contrario de amar al mundo. Entregarnos por completo al cumplimiento de la voluntad de Dios es la mejor manera de asegurar una recompensa cuando comparezcamos un día ante su presencia.

III. Permanezca en Cristo
A. Crea la verdad acerca de Jesús
1 Juan 2:18-23

Juan describió a los que confundían a los creyentes, como poseedores del espíritu del anticristo. Él veía sus engaños como evidencia de que habían llegado los últimos tiempos (1 Juan 2:18). También hizo notar que demostraron su falsedad como maestros cuando se separaron de la comunión con los verdaderos discípulos (v. 19).

El apóstol señaló también que la unción (v. 20) que recibían los cristianos era suficiente para ayudarlos a discernir la verdad espiritual. Además de esto, los creyentes ya habían recibido las enseñanzas esenciales respecto a la fe (v. 21). No necesitaban nuevas revelaciones. Lo que necesitaban era asirse con firmeza de la verdad que ya conocían.

Los falsos maestros atacaban la realidad de la naturaleza y la obra de Jesús (v. 22).

¿Qué hace que las falsas doctrinas respecto a Jesús y por lo cual debemos considerarlas nocivas para la fe?

La palabra de Dios indica con claridad que negar a Jesús es también negar al Padre (v. 23). Los que niegan que Jesús es el Cristo, el Hijo del Dios viviente, no pueden tener una relación con Dios Padre. Por eso no nos debe extrañar que el enemigo dirija siempre sus errores doctrinales a la persona de Jesús, porque él sabe que Jesús es el camino, la verdad y la vida, y que tenernos acceso al Padre sólo por medio de Él (véase Juan 14:6).

B. Manténgase firme en la verdad de Jesús
1 Juan 2:24-29

Puesto que aún en el mundo hay muchos falsos maestros y doctrinas, y sectas, ¿cómo podemos guardarnos de ser arrastrados por ellos?

Necesitamos poner en nuestra mente y en nuestro corazón la palabra de Dios, y mantenerla allí, para que nos haga fuertes en nuestra fe. Juan exhortaba a los creyentes a conocer las verdades de Dios y guardarlas en el corazón, para mantenerse firmes contra las falsas enseñanzas que podrían alejarlos de su fe en Dios y en su Hijo Jesús. Sólo por la fe en Jesús y su obra, podemos tener vida eterna (1 Juan 2:24, 25).

Juan advirtió a los creyentes que Satanás, se vale del mundo y de los que están en el mundo; siempre está tratando de alejar a los creyentes de la fe en Jesús. La unción —el Espíritu Santo— vive en los creyentes y los ayuda a conocer y seguir la verdad (vv. 26,27). Los creyentes que guarden la verdad de la palabra de Dios en su corazón y se mantengan fieles a Cristo hasta que Él vuelva, tendrán la seguridad de poder comparecer ante Él sin ser avergonzados (vv. 28,29).

Discipulado en acción

El apóstol Juan identificó ciertos elementos clave al caminar por la senda del discipulado. Nos vendría muy bien evaluar qué tal nos va en esos aspectos: obedecer los mandamientos de Cristo, no amar al mundo, y permanecer en Cristo. Si estamos dispuestos a escuchar al Espíritu Santo, Él nos ayudará a identificar aquellos aspectos en que podemos mejorar, de manera que nos acerquemos más al Señor y le sirvamos con fidelidad. Dios nos ha prometido que "el que hace la voluntad de Dios permanece para siempre" (1 Juan 2:17).

> **IDEA 3.** Distribuya la hoja de trabajo "Evaluación del discipulado". Anime a los alumnos a usarla para evaluarse, de manera que encuentren maneras de convertirse en discípulos de Cristo más fieles y firmes. También podría usar el "Plan de la salud espiritual con Evaluación de mi salud espiritual", que puede ordenar de Gospel Publishing House.

Ministerio en acción

Le sugerimos que concluya la clase con un momento de oración. Invite a todo aquel alumno que aún no sea seguidor de Cristo, a tomar la decisión de serlo, aceptando a Cristo como su Salvador y Señor. Ofrézcase para orar con cualquier persona de la clase que esté luchando en su andar con Dios. Anime a los alumnos que oren para pedir un crecimiento constante como discípulos de Cristo.

Como preparación para la **Idea 5** de la próxima lección, sería útil que averiguara antes de la clase lo que pueden hacer (y están haciendo) los creyentes de manera individual, la iglesia local y otras organizaciones para ayudar a personas necesitadas. Hable con su pastor y con otras personas que le puedan ayudar a encontrar la información que necesita.

Lectura devocional

Lunes
Reconozca a Dios en todo.
Proverbios 3:5–12

Martes
Manifieste reverencia hacia Dios.
Eclesiastés 12:6–14

Miércoles
Viva para agradar a Dios.
Miqueas 6:6–8

Jueves
Venza al mal con el bien.
Romanos 12:9–21

Viernes
Actúe con justicia en todas las cosas.
2 Timoteo 2:19–26

Sábado
Siga el ejemplo de Cristo.
1 Pedro 2:18–25

Somos hijos de Dios

Verdad central

Al convertirnos en hijos de Dios, nuestra vida es transformada.

Versículo clave: 1 Juan 3:2

Amados, ahora somos hijos de Dios, y aún no se ha manifestado lo que hemos de ser; pero sabemos que cuando él se manifieste, seremos semejantes a él, porque le veremos tal como él es.

Introducción

Hay quienes han nacido en una familia acaudalada, de renombre, influyente, y conocida. Esas personas tienen privilegios que la mayoría de las personas ni siquiera imagina.

Cuando nacemos de nuevo y nos convertimos en hijos de Dios, nacemos en medio de unas bendiciones mucho mayores que la riqueza, la fama y los privilegios. En el estudio de hoy, analizaremos lo que significa ser hijos de Dios y por qué debemos expresar la gratitud que sentimos hacia Él.

Objetivos del aprendizaje

Al terminar esta lección, sus alumnos podrán:

1. valorar el privilegio de ser hijos de Dios.
2. esforzarse por vivir a la altura de la responsabilidad que implica ser hijo de Dios.
3. ser modelo de un estilo de vida piadoso para quienes aún no pertenecen a la familia de Dios.

Fundamento bíblico
1 Juan 3:1–24

Enfoque
Analizar los resultados prácticos que tiene el hecho de ser hijos de Dios, y expresar nuestra gratitud a Él.

Bosquejo
I. Vivimos en justicia
   A. La esperanza que purifica
   B. El pecado es vencido
II. Vivimos en amor
   A. El amor y el odio
   B. El amor en acción
III. Tenemos seguridad respecto a Dios
   A. Un corazón confiado delante de Dios
   B. La seguridad en la oración

Preparación
☐ Escoja las preguntas, las actividades de aprendizaje, y los artículos del Folleto de ayudas y recursos que lo ayuden a alcanzar sus objetivos en la lección.
☐ Llene la hoja "Planificación de la clase".
☐ Prepare las transparencias "Esta esperanza" y "El amor en acción"
☐ Copie la hoja de información "Orar con confianza" y la hoja de trabajo "Para un estudio más amplio 16".

1. Mirad cuál amor nos ha dado el Padre, para que seamos llamados hijos de Dios; por esto el mundo no nos conoce, porque no le conoció a él.

2. Amados, ahora somos hijos de Dios, y aún no se ha manifestado lo que hemos de ser; pero sabemos que cuando él se manifieste, seremos semejantes a él, porque le veremos tal como él es.

3. Y todo aquel que tiene esta esperanza en él, se purifica a sí mismo, así como él es puro.

7. Hijitos, nadie os engañe; el que hace justicia es justo, como él es justo.

10. En esto se manifiestan los hijos de Dios, y los hijos del diablo: todo aquel que no hace justicia, y que no ama a su hermano, no es de Dios.

11. Porque este es el mensaje que habéis oído desde el principio: Que nos amemos unos a otros.

14. Nosotros sabemos que hemos pasado de muerte a vida, en que amamos a los hermanos. El que no ama a su hermano, permanece en muerte.

15. Todo aquel que aborrece a su hermano es homicida; y sabéis que ningún homicida tiene vida eterna permanente en él.

16. En esto hemos conocido el amor, en que él puso su vida por nosotros; también nosotros debemos poner nuestras vidas por los hermanos.

17. Pero el que tiene bienes de este mundo y ve a su hermano tener necesidad, y cierra contra él su corazón, ¿cómo mora el amor de Dios en él?

18. Hijitos míos, no amemos de palabra ni de lengua, sino de hecho y en verdad.

21. Amados, si nuestro corazón no nos reprende, confianza tenemos en Dios;

22. y cualquiera cosa que pidiéremos la recibiremos de él, porque guardamos sus mandamientos, y hacemos las cosas que son agradables delante de él.

23. Y este es su mandamiento: Que creamos en el nombre de su Hijo Jesucristo, y nos amemos unos a otros como nos lo ha mandado.

24. Y el que guarda sus mandamientos, permanece en Dios, y Dios en él. Y en esto sabemos que él permanece en nosotros, por el Espíritu que nos ha dado.

Comentario bíblico

I. Vivimos en justicia

A. *La esperanza que purifica*
1 Juan 3:1–3

En 1 Juan 1:3, el apóstol nos dice qué movió a Dios a traernos al seno de su familia y adoptarnos como hijos: su amor. Aunque nosotros no lo merecemos, Dios nos ha dado su amor de forma gratuita y con una inmensurable generosidad.

Por ser hijos de Dios, el mundo no nos conoce, puesto que tampoco lo conoce a Él (véase Juan 5:37; 7:28; 16:3).

¿En qué sentido el mundo no reconoce a los hijos de Dios?

Identificarnos con Jesús como hijos de Dios significa que la actitud del mundo hacia nosotros será la misma que tuvo hacia Él. El mundo generalmente menosprecia a los cristianos y a aquellas cosas que creemos y sostenemos.

> **IDEA 1.** Pida a los alumnos que lean los siguientes versículos de 1 Juan para aprender lo que revelan acerca de los que se convierten en hijos de Dios: 2:29; 3:9,18; 4:7; 5:1,4. Todas las personas que han aceptado a Cristo y han nacido en la familia de Dios deberían mostrar estos rasgos.

Así como el mundo no nos entiende como hijos de Dios, nosotros no entendemos a cabalidad cómo serán las cosas en el futuro.

Sin embargo, esperamos anhelantes la aparición del Señor Jesucristo (3:2). Entonces seremos como Él es, porque lo veremos tal como es. En ese glorioso momento, viviremos una maravillosa transformación (véase 1 Corintios 15:51,52). Nuestro cuerpo transformado será incorruptible, glorioso, poderoso, y espiritual, como el cuerpo de Cristo glorificado (15:42–44). Así tendremos comunión con el Señor por toda la eternidad.

¿Cómo debe influir en nuestra manera de vivir la esperanza de la segunda venida del Señor?

IDEA 2. Presente la transparencia "Esta esperanza". Pida a los alumnos que lean las citas bíblicas. Después, escriba los comentarios en cuanto a la manera en que cada pasaje responde a la pregunta anterior.

Juan hace la observación de que quienes esperamos el regreso del Señor, debemos mantenernos puros, y debemos esforzarnos por vivir como Él vivió en este mundo (1 Juan 3:3). Otros textos de las Escrituras revelan que quienes tenemos la esperanza de que Cristo un día volverá por nosotros, debemos ser constantes en nuestra fe y en nuestra labor para el Señor (1 Corintios 15:51–58). Esta esperanza nos anuncia nuestra propia resurrección (véase1 Tesalonicenses 4:13–18). Tito 2:11–13 nos dice a los creyentes que por esta esperanza debemos mantenernos sobrios, justos, y piadosos. No debemos peder de vista la venida del Señor. ¡Qué promesa tan gloriosa! "Seremos semejantes a él, porque le veremos tal como él es" (1 Juan 3:2).

B. El pecado es vencido
1 Juan 3:4–9

En la primera epístola de Juan encontramos una clara definición del pecado. Pecado es desobedecer la Ley de Dios. Hablando en términos generales, pecamos cuando decidimos hacer lo que nos complace, en vez de hacer lo que Dios quiere. Esas decisiones siempre tienen su consecuencia. La desobediencia a la Ley de Dios es anarquía; esto es, rebelión contra Él. Según el versículo 6, los que continúan en su pecado no conocen a Jesús.

Dios, a través de su Hijo resolvió el problema del pecado y la rebelión de la humanidad (v. 5). Jesús, al no tener pecado alguno, pudo morir por nuestros pecados, cargándolos sobre sí mismo. Gracias a su muerte por nuestros pecados, Él puede perdonarnos. En vista del sufrimiento del Señor por el perdón de nuestros pecados, lo que nos corresponde es decidir con toda firmeza que no volveremos a someternos al yugo del pecado.

En su humanidad, Jesús fue tentado tal como nosotros somos tentados; no obstante, nunca se dejó vencer por esas tentaciones (véase Hebreos 4:15). Él quiere que también nosotros seamos libres de pecado. Conforme crecemos espiritualmente, debemos también fortalecernos para resistir las tentaciones, gracias a la ayuda del Espíritu Santo. Cuando cerramos la puerta al pecado —y hacemos lo bueno a los ojos de Dios—, nos asemejamos a Jesús, quien es totalmente justo (1 Juan 3:7).

Jesús vino a destruir las obras del diablo (v. 8). Aunque Satanás sigue activo todavía en este mundo, no tiene poder alguno sobre los hijos de Dios.

En el versículo 6, Juan escribe que aquellos que viven en Cristo no pecan. En el versículo 9, escribe que todo aquél que nace de Dios no peca. Esto pareciera una contradicción si consideramos los capítulos 1 y 2 de esta misma epístola dónde leemos que los cristianos si pecan.

? Si los creyentes, que viven para Dios, pecan, ¿cuál es la solución?

Según 1 Juan 1:6 a 2:2, los creyentes sí pecamos, pero Dios nos perdona cuando confesamos nuestro pecado y pedimos perdón. El cristiano que peca, pero se siente realmente arrepentido de lo que ha hecho y pide perdón a Dios, no vive en un estado habitual de pecado, que es la manera en que viven quienes no tienen a Cristo. Juan aclara que aquellos que han nacido realmente de Dios, no prectican el pecado.

II. Vivimos en amor
A. El amor y el odio
1 Juan 3:10–15

Dos características de los hijos de Dios son que hacen lo recto y que se aman unos a otros (1 Juan 3:10). De hecho, el que no hace lo bueno ni ama a su hermano revela que es hijo del diablo, y no hijo de Dios.

? ¿Cómo se compara la manera en que Juan define a un cristiano (1 Juan 3:10) y la manera en que lo definimos hoy?

> **IDEA 3.** Señale las dos medidas que nos enseña Juan: vivir en justicia y amar a su hermano. En la pizarra, haga una lista de los criterios que usan muchos cristianos para decidir si alguien vive como cristiano (la asistencia a la iglesia,

el pago de los diezmos, el que no fume ni beba licor, etc.). Comente las diferencias existentes entre esta lista y la de Juan.

La expectativa de que los discípulos de Cristo se amarían mutuamente es muy antigua (v. 11). Si los hijos de Dios no se aman unos a otros de corazón y con sinceridad, entonces no sirve que sean oradores elocuentes, ni que tengan una gran inteligencia, que tengan fe para hacer grandes cosas, o que den todo lo que tienen a los pobres (véase 1 Corintios 13:1–3).

Juan se refiere a la historia de Caín y Abel como ejemplo del odio entre hermanos (1 Juan 3:12).

> **IDEA 4.** Sería útil que un voluntario leyera la historia de Caín y Abel en Génesis 4:1–15 para re-frescar la memoria a los alumnos en cuanto a este incidente y ayudarlos a entender mejor el pasaje.

Caín pertenecía al maligno, a Satanás, y asesinó a su hermano.

? ¿Qué razón tuvo Caín para matar a Abel?

Abel era un hombre justo, que vivía para agradar al Señor. Caín no sentía inclinación alguna a obedecer a Dios. Lo quería servir, pero conforme a sus propias condiciones.

No es de extrañarse el que todos los hijos del diablo actúen como Caín (1 Juan 3:13). El mundo odia a los verdaderos cristianos, por la misma razón que Caín odiaba a Abel. El estilo de vida cristiano enfrenta a quienes no creen en Cristo y revela lo que son en realidad. De hecho, cuanto más cerca estemos de Cristo, tanta más posibilidad hay de que los que inconversos nos detesten (véase Juan 15:18,19).

Una de las principales pruebas de si somos hijos de Dios o no, es nuestro amor por los demás creyentes (1 Juan 3:14). La manera en que amamos a los demás revela si nuestra fe es genuina o no. Los que aman están espiritualmente vivos. Los que no aman están espiritualmente muertos. Juan hace eco después de las enseñanzas de Jesús acerca del homicidio: El odio a alguien es tan moralmente malo como el acto mismo de asesinarlo (v. 15; véase Mateo 5:21, 22).

B. El amor en acción
1 Juan 3:16–18

¿Cómo debe ser el verdadero amor cristiano?

Encontramos la respuesta 1 Juan 3:16: "En esto hemos conocido el amor, en que él puso su vida por nosotros". No estamos inventando nada en cuanto a la amanera en que definimos el amor, ni en la manera en que el amor se debe manifestar, puesto que lo podemos ver en Jesucristo. ¿Acaso hay una manifestación de amor más grande que la de entregar nuestra vida por otra persona?

La muerte de Cristo no fue accidental. Él sacrificó su vida voluntariamente para al hombre (véase Juan 10:17,18; 15:13). Cristo no era una víctima indefensa que se había visto atrapada en una serie de sucesos fuera de su control. Su muerte fue un acto de amor.

Como una manera de expresar amor, el apóstol afirma que los creyentes también deberíamos estar dispuestos a dar la vida si fuera necesario por nuestros hermanos en la fe (1 Juan 3:16).

¿De qué manera se supone que nosotros podríamos dar la vida por otros creyentes?

A veces se nos exigirá que lo hagamos en todo el sentido de la expresión: muriendo. No obstante, esto también nos indica que nos debemos sacrificar para ayudar a los demás. Tal vez debamos dar de nuestro tiempo, talentos, y economía, para ministrar a nuestros hermanos en la fe.

Juan presenta un ejemplo negativo de lo que es no dar la vida por los hermanos (v. 17). El ejemplo consiste en ver que alguien está necesitado, tener los recursos necesarios para satisfacer esa necesidad, y no hacerlo. En las Escrituras se nos ordena que ayudemos a los necesitados cada vez que nos sea posible (véase Gálatas 6:10). Tenemos un especial deber hacia nuestros hermanos en la fe. Las buenas intenciones y las palabras bondadosas no alivian las necesidades de nadie (1 Juan 3:18). El amor por los hermanos y nuestra entrega a favor de ellos exigen acción y sacrificio.

¿Qué cosas podemos hacer para ayudar a otros cristianos que se encuentren en necesidad?

> **IDEA 5.** Presente la transparencia "El amor en acción". Pida a los alumnos que le sugieran ejemplos de maneras en que el cristiano personalmente, la iglesia local, y otras organizaciones, pueden ayudar a los necesitados.

Las diversas situaciones exigen también diversas acciones. Lo importante es que una vez que nos demos cuenta de que existe una necesidad en la familia de Dios, hagamos cuanto podamos por resolverla. Tal vez se necesite una ayuda económica, o posiblemente sólo escuchar a alguien, o la persona tal vez necesita que se hagan reparaciones en su casa o que se la acompañe en algún trámite. La vida nos dará muchas oportunidades de mostrar nuestro amor por los hermanos, si dedicamos tiempo para observar las necesidades de las personas que nos rodean.

III. Tenemos seguridad respecto a Dios
A. Un corazón confiado delante de Dios
1 Juan 3:19–21

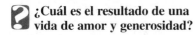

¿Cuál es el resultado de una vida de amor y generosidad?

Los actos continuos de amor y generosidad de un creyente tienen por consecuencia en él un sentido de pertenencia respecto a Dios, un corazón en paz, y una conciencia limpia (1 Juan 3:19–21). Cuando hacemos algo que sabemos es malo, nos sentimos culpables e incómodos. Lo bueno es que "mayor que nuestro corazón es Dios, y él sabe todas las cosas" (v. 20). Dios conoce nuestras motivaciones, nuestros pensamientos, nuestras palabras y todas nuestras acciones. A veces nos sentimos culpables sin que haya razón alguna. Es posible que nuestra conciencia esté excesivamente activa, y se precipite a condenarnos. Pero Dios sabe todo esto, y nos ha dado su Palabra para que nos guíe cuando la conciencia nos atribula. Cuando Él nos ayuda, podemos sentir que se renueva nuestra seguridad ante Él.

Dios quiere que tengamos una conciencia limpia ante su presencia. El enemigo quiere cargarnos con sentimientos de culpa y de condenación que nos hagan sentir que no queremos presentarnos ante la presencia de Dios.

B. La seguridad en la oración
1 Juan 3:22–24

La necesidad de una conciencia limpia nos lleva directamente al asunto de la oración. Juan señala la relación que hay entre la conciencia limpia y la seguridad al orar (1 Juan 3:21,22). La obediencia a los mandamientos de Dios nos debe llevar a sentirnos seguros al orar (v. 22).

También debemos creer en el nombre de Jesucristo, su Hijo (v. 23). Puesto que se nos indica que oremos en su nombre, es razonable que creamos en el poder de ese nombre (véase Juan 14:13,14; 16:23–26). Cuando creemos y oramos en el nombre de Jesús, ponemos nuestra fe en su autoridad y su capacidad para responder a nuestras oraciones.

Además de creer en su nombre, debemos amarnos unos a otros para que nuestras oraciones tengan respuesta (1 Juan 3:23). Esto también es lógico. ¿Cómo podríamos esperar que Dios responda a nuestras oraciones si sentimos amargura y odio en el corazón contra un hermano nuestro en la fe, o contra cualquier otra persona? Juan insistió en nuestro deber de amarnos unos a otros. Nuestra fe en Jesús y nuestro amor por los demás constituyen el fundamento necesario para la eficacia en la oración.

> **IDEA 6.** Distribuya la hoja de información "Orar con confianza". En la hoja hay textos bíblicos en los que se nos muestra cómo podemos sentir confianza al orar.

Obedecer los mandamientos de Dios, creer la verdad acerca de Jesús, y amar a los creyentes son responsabilidades en las que no deberíamos pensar como si fueran una lista de requisitos que debemos cumplir para conseguir de Dios lo que queramos.

Debemos considerarlas como pasos conectados entre sí en el camino a una relación más vital y satisfactoria con el Señor Jesús. Conocerlo personalmente a Él, es nuestra meta más importante y, al mismo tiempo, la mayor de las recompensas (v. 24).

Discipulado en acción

En la vida no hay privilegio mayor que el de ser hijo de Dios, pero tal vez nos preguntemos de qué manera podremos vivir como hijos de Dios en un mundo tan impío.

Necesitamos la justicia que nos viene del Señor Jesús por medio de la fe. Conforme escuchemos y obedezcamos la palabra de Dios y lo que nos dice el Espíritu Santo, creceremos en esa justicia y podremos afectar a los que nos rodean. Debemos dar importancia a nuestros lazos familiares como hijos de Dios. Nuestro amor por nuestra familia cristiana muestra con claridad que somos discípulos del Señor (véase Juan 13:35).También debemos hacer uso de nuestro acceso al Padre celestial a través de la oración. Podremos acercarnos confiados a su presencia cuando vivamos y amemos como Él nos enseñó.

Ministerio en acción

Presente de nuevo la transparencia "El amor en acción". Anime a los alumnos a reflexionar sobre la manera en que se pueden atender las necesidades de otras personas a través de la iglesia local y de las organizaciones comunitarias. Explíqueles de qué manera su participación podría ayudar a otros a ver lo que significa ser hijos de Dios.

La lección de Navidad le dará una buena oportunidad de invitar a los alumnos que no son salvos a que acepten a Cristo. Sea sensible a la dirección del Espíritu mientras prepara y presenta el estudio de la próxima semana.

Lectura devocional

Lunes
Hijos de Dios porque Él nos ha creado.
Génesis 1:26–31

Martes
Apartados de Dios por el pecado.
Génesis 3:17–24

Miércoles
Dios siente lástima de sus hijos.
Salmo 103:8–14

Jueves
Nuestro Padre celestial.
Mateo 6:26–34

Viernes
¿Quién es su Padre?
Juan 8:39–47

Sábado
Un Dios, el Padre.
1 Corintios 8:1–6

La Encarnación

Verdad central

En la Encarnación, Dios tuvo el propósito de revelarse a través de Cristo.

Versículo clave: Juan 1:14

Y aquel Verbo fue hecho carne, y habitó entre nosotros (y vimos su gloria, gloria como del unigénito del Padre), lleno de gracia y de verdad.

Introducción

¿Ha estado usted alguna vez en una clase en que el maestro explicó un concepto, y después de mucho esfuerzo descubre que éste ha sido inútil? Sin embargo, es posible que en algún momento usara una ilustración con la que sus alumnos se identificaron, y entonces pudieron captar el concepto.

Dios sabía que la humanidad no podría entender realmente cómo es Él. Por eso, envió a su Hijo al mundo como un niño más. Jesús vino para revelar al hombre quién es Dios. Esto es lo que afirma el apóstol Juan: "Y aquel Verbo fue hecho carne, y habitó entre nosotros".

Objetivos del aprendizaje

Al terminar esta lección, sus alumnos podrán:

1. reconocer que Jesús siempre ha existido con el Padre.
2. sostener que Jesús vino para traerles la salvación a todos los que lo quieran recibir a Él.
3. regocijarse porque Dios se hizo hombre y vino al mundo, con el propósito de revelarse plenamente a la humanidad.

1:1. En el principio era el Verbo, y el Verbo era con Dios, y el Verbo era Dios.

2. Este era en el principio con Dios.

3. Todas las cosas por él fueron hechas, y sin él nada de lo que ha sido hecho, fue hecho.

4. En él estaba la vida, y la vida era la luz de los hombres.

5. La luz en las tinieblas resplandece, y las tinieblas no prevalecieron contra ella.

6. Hubo un hombre enviado de Dios, el cual se llamaba Juan.

7. Este vino por testimonio, para que diese testimonio de la luz, a fin de que todos creyesen por él.

8. No era él la luz, sino para que diese testimonio de la luz.

9. Aquella luz verdadera, que alumbra a todo hombre, venía a este mundo.

10. En el mundo estaba, y el mundo por él fue hecho; pero el mundo no le conoció.

11. A lo suyo vino, y los suyos no le recibieron.

12. Mas a todos los que le recibieron, a los que creen en su nombre, les dio potestad de ser hechos hijos de Dios;

13. los cuales no son engendrados de sangre, ni de voluntad de carne, ni de voluntad de varón, sino de Dios.

14. Y aquel Verbo fue hecho carne, y habitó entre nosotros (y vimos su gloria, gloria como del unigénito del Padre), lleno de gracia y de verdad.

15. Juan dio testimonio de él, y clamó diciendo: Este es de quien yo decía: El que viene después de mí, es antes de mí; porque era primero que yo.

16. Porque de su plenitud tomamos todos, y gracia sobre gracia.

17. Pues la ley por medio de Moisés fue dada, pero la gracia y la verdad vinieron por medio de Jesucristo.

18. A Dios nadie le vio jamás; el unigénito Hijo, que está en el seno del Padre, él le ha dado a conocer.

Comentario bíblico

I. El Verbo eterno
A. *El Verbo con Dios*
Juan 1:1,2

Los escritores del Evangelio enfocan el tema de diversas maneras al describir quién es Jesús. Mateo comienza con su genealogía desde Abraham. Marcos presenta a Jesús ante sus lectores cuando es bautizado por Juan en el río Jordán. Lucas comienza con la visitación del ángel a María para anunciarle que Dios la ha escogido como madre de Jesús. En cambio, Juan lleva a sus lectores de vuelta a la creación de todas las cosas con las palabras "En el principio" (Juan 1:1), las mismas con que comienza el Antiguo Testamento en Génesis 1:1.

Juan 1:1 presenta al Verbo, a Jesucristo, con Dios en el principio. Sin embargo, también deja claro que "el Verbo era Dios". El apóstol refuerza la verdad de que Jesús es Dios, aludiendo a la naturaleza inmutable. El Verbo viviente fue en el principio exactamente el mismo que es ahora (v. 2). Jesús no fue otro ser creado, sino que es uno de los miembros eternos de la deidad.

En el Antiguo Testamento, Dios se dio a conocer y reveló su voluntad específica a su pueblo escogido, y se reveló de manera general a todos los hombres, por medio de los profetas. Finalmente, a través de la Encarnación, nos entregó una revelación aún mayor en la persona de su Hijo (véase Hebreos 1:1–3).

¿Qué relación hay entre la Palabra escrita de Dios y Jesús, la Palabra viva?

Ambas son expresiones de Dios para el hombre. La Palabra escrita "permanece para siempre" (Isaías 40:8) y da a conocer la vida eterna (Juan 5:39). Tenemos el deber de estudiarla y aplicarla a nuestra propia vida. La debemos aceptar como inspirada por Dios, y como nuestra norma para saber de cómo amar a Dios y obedecerle.

Jesús es la Palabra, el Verbo que estaba con Dios (1:1). Jesús y la Palabra escrita armonizan a la perfección; no hay contradicción entre ellas. Jesús, el Verbo, siempre ha existido, y existirá siempre con Dios Padre. Y por medio de la fe en Jesús, el hombre puede recibir vida eterna (1 Juan 5:13).

Podemos sentir la grandeza del amor y la compasión de Dios por nosotros, en el hecho de que enviara a su Hijo a que como hombre ocupara nuestro lugar y muriera por nuestros pecados. Desde su humilde nacimiento hasta el sufrimiento de la cruz y el poder de su resurrección, la vida de Jesús fue la expresión máxima de la voluntad de Dios de que le conozcamos.

B. El Verbo en la creación
Juan 1:3–5

Todo lo que ha sido creado, comenzó a existir por medio de Jesús, el Verbo. Juan refuerza esta verdad, y la proclama de una manera positiva —"Todas las cosas por él fueron hechas"— y otra negativa: "Sin él nada de lo que ha

sido hecho, fue hecho" (Juan 1:3). El autor de Hebreos también da testimonio del poder creador de Jesús, declarando que no sólo el universo fue creado por Él, sino que también sostiene todas las cosas por medio de su poderosa palabra (Hebreos 1:1–3).

El poder creador del Verbo también se revela como vida, y esa vida "es la luz de los hombres" (v. 4). La luz de Dios hizo lo que la luz siempre hace: disipó las tinieblas de un mundo lleno de pecado.

¿Cómo disipa la palabra de Dios las tinieblas del pecado?

IDEA 1. Presente la transparencia "La luz de la palabra de Dios". Úsela para dirigir el comentario sobre la pregunta anterior.

La Biblia declara su poder para dar luz espiritual, o dirección, a quien cree su mensaje y obedece (véase el Salmo 119:105). Así como la luz revela lo que las tinieblas ocultan, también la luz de la palabra de Dios revela el pecado que hay en nuestra vida (Juan 3:19–21). La corrupción del mundo, las estratagemas de Satanás y las conspiraciones de los hombres malos son puestas al descubierto tal como son en realidad, cuando permitimos que la palabra de Dios las ilumine. Nada se puede esconder de la palabra de Dios, porque esa Palabra saca a la luz los pensamientos y las intenciones que hay en lo más profundo del corazón (véase Hebreos 4:12).

Juan afirma que las tinieblas no prevalecieron contra la luz (Juan 1:5). El verbo que se traduce como "prevalecer" indica el uso de la fuerza, y puede aplicarse a la fuerza física. Conlleva la idea de que las tinieblas no tienen poder sobre la luz, ni la pueden dominar. Era necesario vencer las tinieblas de este mundo, para que la salvación estuviera al alcance de toda la humanidad. Jesús, la Luz del mundo, prevaleció en victoria sobre las tinieblas de la maldad y el pecado. Una vez que somos libres del pecado y de la incredulidad que hay en el mundo de las tinieblas, debemos andar en la luz de la Palabra viva.

II. La Luz verdadera
A. Dé testimonio de la Luz
Juan 1:6–9

Juan describe a dos enviados de Dios para llamar a los hombres a Él. Uno de ellos fue Jesús, el unigénito Hijo de Dios. El otro fue Juan el Bautista, que vino como precursor, o testigo de Jesús.

¿Qué sabemos acerca de Juan el Bautista? ¿Qué importancia tuvo su ministerio?

> **IDEA 2.** Distribuya la hoja de información "Juan el Bautista". Úsela para hablar de la vida y el ministerio de Juan.

El apóstol Juan afirma que Juan el Bautista no era la luz del mundo, sino que había venido como testigo de la Luz verdadera (Juan 1:6–8). Su testimonio preparó el camino para la entrada de Jesús al mundo. El ser humano necesitaba que se lo guiara a la verdad. El propósito de Dios al enviar a Juan como mensajero, y a Jesús como Salvador, era que todos tuviéramos la oportunidad de encontrar la salvación en Jesús.

¿De qué manera prepara Dios hoy al ser humano para que reciba su mensaje de salvación?

En los días anteriores al ministerio público de Jesús, Juan llamó al pueblo a arrepentirse de sus pecados y a ser bautizado, con el fin de preparar su corazón para recibir al Mesías (Juan 1:24–27). Nuestra generación, sigue un modelo parecido. Los cristianos llevan a otros a Cristo. Bajo la dirección del Espíritu Santo, las personas comparten su fe con sus familiares, amigos y conocidos. El Espíritu Santo usa el testimonio de los creyentes para acercar a estas personas a Jesús.

B. Reciba la Luz
Juan 1:10–13

Aunque casi todos hemos experimentado alguna clase de rechazo en algún momento de su vida, no hay ninguno que sea tan notable como lo que Jesús enfrentó cuando vino a los suyos (Juan 1:10,11). Los que vivían en las tinieblas no reconocieron a quien los había creado. El pecado los cegó, y no pudieron reconocer a su Creador.

Sin embargo, no todos rechazaron a Jesús. Hubo quienes le recibieron, y a ellos, Él les concedió el derecho de ser hijos de Dios (v. 12).

El evangelio de Juan dice con claridad que convertirse en miembro de la familia de Dios no es lo mismo que nacer físicamente. El nacimiento espiritual no es lo mismo que nacer físicamente. Mientras que los seres humanos toman la iniciativa de procrear hijos, es el Espíritu Santo quien tiene la iniciativa en el nacimiento espiritual (v. 13). Los hijos de Dios reciben el Espíritu de adopción, quien los capacita para llamar Padre a Dios (véase Romanos 8:15,16). Es el Espíritu Santo quien proclama que los cristianos somos hijos de Dios al dar testimonio con el espíritu de ellos, de que han nacido de nuevo en Cristo.

A pesar de que muchos rechazaron a Jesús durante su ministerio público, y de que hoy muchos aún no lo aceptan, Él todavía da "potestad de ser hechos hijos de Dios" a aquellos que creen (Juan 1:12). Su muerte en la cruz fue más que suficiente para expiar los pecados de toda la humanidad. Jesús sigue llamando a los que están trabajados y cargados, para que acudan a Él y encuentren descanso para su alma (véase Mateo 11:28). Jesús está listo para aceptar a todo aquel que acuda a Él con un corazón arrepentido.

III. El Verbo se hizo carne
A. Lleno de gracia y de verdad
Juan 1:14–16

En Juan 1:14 se afirma: "Y aquel Verbo fue hecho carne, y habitó entre nosotros". La verdad de que el Verbo se hizo carne y habitó entre los hombres es fundamental para el Evangelio. A fin de redimir a la humanidad, el Hijo de Dios se convirtió en Hijo del hombre. Es imposible comprender cómo pudo Dios hacer esta gran obra, pero Jesús fue plenamente hombre y plenamente Dios. Sus actividades cotidianas nos recuerdan que Él se convirtió en un ser humano igual que nosotros. Sin embargo, cuando contemplamos sus milagros de poder, y su poder para perdonar pecados, tenemos que reconocer que también mostró su divino poder.

Cuando Juan afirmó: "Y vimos su gloria, gloria como del unigénito del Padre" (v. 14), es posible que estuviera recordando aquel momento que pasaron en el monte, y en el cual vio junto con Pedro y Jacobo cómo Jesús se transfiguró. No obstante, tanto Juan como los demás, contemplaron también la gloria de Jesús mientras duró su ministerio en la tierra, a partir de su primer milagro (2:11).

¿Por qué fue necesario que Jesús viviera en la tierra como hombre?

En dos aspectos prácticos de nuestra vida vemos la verdadera importancia de que Jesús fuera completamente hombre. En primer lugar, el hecho de que Jesús tuviera una vida sin pecado y agradable a los ojos de Dios como hombre, hace posible el que nosotros seamos justificados (véase 2 Corintios 5:21). En segundo lugar, porque Él experimentó la vida de un hombre, nosotros tenemos la seguridad de que puede identificarse con nuestras debilidades (véase Hebreos 2:14–18). Cuando oramos, sabemos que Él entiende todas las frustraciones de vivir sobre esta tierra. El hecho de que conoce nuestras necesidades nos da la gracia y el poder que necesitamos cada día a fin de vivir para Dios (Juan 1:16). Los que le han consagrado su vida a Cristo, descubren que Él es suficiente para ellos en todos los aspectos de su vida.

B. La fuente de toda bendición
Juan 1:16–18

Juan regresa al concepto de la gracia y la verdad, al afirmar que hemos recibido abundantes bendiciones de la plenitud de gracia de Cristo (Juan 1:16). Ciertamente, los que somos de Dios hemos sido muy bendecidos.

El derramamiento de las bendiciones que recibimos de Dios es resultado de su bondad. Toda la raza humana merece su ira. El pecado nos separa de Él al punto que no nos podemos acercar con nuestro propio esfuerzo. Sólo su bondadosa expresión de amor que se produjo en el Calvario pudo echar abajo la pared de separación que había entre Él y la humanidad. Sin merecerlo en absoluto, recibimos "gracia sobre gracia" (v. 16); una gracia tras otra por medio de la fe en Cristo.

Tanto Moisés como Jesús fueron enviados por Dios para dar un mensaje al mundo (v. 17). Moisés trajo la Ley. Jesús trajo la gracia y la verdad. Moisés vino a los israelitas, al pueblo de Dios. Jesús vino a los suyos primero (a la nación judía) y después a toda la humanidad. Él reveló la gracia y la verdad que Dios siempre quiso dar a su pueblo. En Cristo fueron vencidas todas las debilidades de la Ley. Así, finalmente, el hombre pudo obtener perdón del pecado. Los sacrificios del pasado fueron sustituidos por un solo gran sacrificio, suficiente para realizar por completo la necesaria obra de restaurar a todos los hombres a la comunión con el Padre celestial. Jesús vino a proclamar quién es Dios, y hacer posible que nosotros le conozcamos (Juan 1:18).

La Ley que Dios entregó a través Moisés, ¿tiene vigencia en nuestro tiempo? Explique su respuesta.

Pablo escribió a los Gálatas que la Ley fue dada con el fin de llevar al hombre a Cristo, para que por medio de Él pudiera ser justificado por la fe (váse Gálatas 3:24). Aunque los creyentes ya no estamos bajo su supervisión, la Ley sirve para recordarnos la santidad de Dios y nuestra incapacidad para cumplir con las normas de justicia que Él estableció, sin aceptar la obra que Jesús consumó en la cruz (v. 22). Jesús nos trajo la gracia y la verdad, pero aun así, su misión no fue abolir la Ley, sino cumplirla (véase Mateo 5:17).

El mensaje de la Navidad es que Jesús vino al mundo para revelar al Padre a toda la humanidad. Cuando demos y recibamos regalos, recordemos el mayor Regalo que hemos recibido: Dios envió a Jesús a este mundo para que fuera el Salvador. Si hay alguien que aún no le ha recibido como Salvador, hoy es el día en que puede convertirse en hijo de Dios.

> **IDEA 3.** Distribuya el estudio de caso "Celebremos a Cristo en la Navidad". Pida a los alumnos que sugieran ideas sobre diversas maneras de que mantengamos a Cristo, y la razón de su venida, como el centro de las celebraciones navideñas. Pídales también que compartan con los demás la manera en que su propia familia, u otras familias celebran el nacimiento de Cristo.

Discipulado en acción

Después de la desobediencia de Adán y Eva en el huerto del Edén, todos los seres humanos hemos necesitado que se nos restaure a la comunión con Dios. La respuesta de Dios a este dilema fue venir a la tierra como hombre. Su entrada en la familia humana como un niño recién nacido hizo posible que se revelara de una manera más comprensible para el hombre.

Deje que el verdadero significado de la Navidad guíe sus pensamientos y sus acciones. Piense en el significado de ser hijo de Dios, en especial en su responsabilidad de ser testigo de Jesús. Ore para que por medio de su testimonio, muchas personas abran la mente a la gracia y la verdad que nos vienen de Él.

Ministerio en acción

Medite en diversas maneras en que usted puede ser reflejo de la Luz de Dios a los demás. Aunque el nacimiento de Jesús nos recuerda el amor de Dios, todavía hay muchos que viven en tinieblas. Pida a Dios que lo use para ministrar a aquellos que necesiten la salvación que Cristo vino a dar a todos los que creen en Él.

Como preparación para la Idea 2 de la próxima semana, junte para llevar a clase diversas revistas y periódicos del momento.

Lectura devocional

Lunes
Dios con nosotros.
Isaías 7:10–16
Martes
El Reino eterno.
Isaías 9:1–7
Miércoles
La predicción del mensaje.
Isaías 40:1–5

Jueves
Se anuncia el lugar de su nacimiento.
Miqueas 5:2–4
Viernes
Nace Cristo.
Lucas 2:1–7
Sábado
Los pastores adoran a Jesús.
Lucas 2:8–20

La certeza del creyente

Fundamento bíblico
1 Juan 4:1–21

Enfoque
Comprender que podemos tener certeza de la verdad, de Dios, y de nuestra relación con Él, y vivir de manera consecuente.

Bosquejo
I. Conozca lo verdadero
  A. Pruebe los espíritus
  B. El espíritu de verdad
II. Conozca a Dios a través del amor
  A. El amor viene de Dios
  B. El amor fluye a través de nosotros
III. Conozca que usted permanece en Dios
  A. La seguridad en el amor de Dios
  B. La prueba del amor

Preparación
⬛ Escoja las preguntas, las actividades, y los artículos del *Folleto de ayudas y recursos* que lo ayuden a alcanzar sus objetivos en la lección.

⬛ Llene la hoja "Planificación de la clase".

⬛ Copie la hoja de información "La herejía gnóstica y los escritos de Juan", y las hojas de trabajo "Amaos unos a otros", "Una carta para Dios" y "Para un estudio más amplio 18".

Verdad central

Por la fe en Cristo, podemos conocer con certeza las realidades más importantes.

Versículo clave: 1 Juan 4:13

En esto conocemos que permanecemos en él, y él en nosotros, en que nos ha dado de su Espíritu.

Introducción

Benjamín Franklin afirmaba que "no hay nada de lo que podamos tener seguridad, con excepción de la muerte y los impuestos". Ciertamente nos encontramos en una época en la que casi todo se considera relativo, y son pocas las cosas a las que se les reconoce autoridad o veracidad. Es frecuente que las personas hagan estas dos preguntas: ¿cómo podemos saber qué es la verdad? y ¿cómo podemos estar seguros de que Dios es real? Aunque la vida misma es incierta, los cristianos tenemos la certeza de la verdad que encontramos en Dios, como la revela la Biblia.

Objetivos del aprendizaje

Al terminar esta lección, sus alumnos podrán:

1. reconocer la necesidad del discernimiento espiritual.
2. comprometerse a amar al prójimo como Dios los ama a ellos.
3. aceptar que el amor a Dios se manifiesta en directa relación con el amor al prójimo.

4:1. Amados, no creáis a todo espíritu, sino probad los espíritus si son de Dios; porque muchos falsos profetas han salido por el mundo.

2. En esto conoced el Espíritu de Dios: Todo espíritu que confiesa que Jesucristo ha venido en carne, es de Dios;

3. y todo espíritu que no confiesa que Jesucristo ha venido en carne, no es de Dios; y este es el espíritu del anticristo, el cual vosotros habéis oído que viene, y que ahora ya está en el mundo.

7. Amados, amémonos unos a otros; porque el amor es de Dios. Todo aquel que ama, es nacido de Dios, y conoce a Dios.

8. El que no ama, no ha conocido a Dios; porque Dios es amor.

9. En esto se mostró el amor de Dios para con nosotros, en que Dios envió a su Hijo unigénito al mundo, para que vivamos por él.

10. En esto consiste el amor: no en que nosotros hayamos amado a Dios, sino en que él nos amó a nosotros, y envió a su Hijo en propiciación por nuestros pecados.

11. Amados, si Dios nos ha amado así, debemos también nosotros amarnos unos a otros.

12. Nadie ha visto jamás a Dios. Si nos amamos unos a otros, Dios permanece en nosotros, y su amor se ha perfeccionado en nosotros.

13. En esto conocemos que permanecemos en él, y él en nosotros, en que nos ha dado de su Espíritu.

14. Y nosotros hemos visto y testificamos que el Padre ha enviado al Hijo, el Salvador del mundo.

15. Todo aquel que confiese que Jesús es el Hijo de Dios, Dios permanece en él, y él en Dios.

16. Y nosotros hemos conocido y creído el amor que Dios tiene para con nosotros. Dios es amor; y el que permanece en amor, permanece en Dios, y Dios en él.

18. En el amor no hay temor, sino que el perfecto amor echa fuera el temor; porque el temor lleva en sí castigo. De donde el que teme, no ha sido perfeccionado en el amor.

19. Nosotros le amamos a él, porque él nos amó primero.

20. Si alguno dice: Yo amo a Dios, y aborrece a su hermano, es mentiroso. Pues el que no ama a su hermano a quien ha visto, ¿cómo puede amar a Dios a quien no ha visto?

Comentario bíblico

I. Conozca lo verdadero
A. Pruebe los espíritus
1 Juan 4:1–3

IDEA 1. Distribuya la hoja de información "La herejía gnóstica y los escritos de Juan". Pida a los alumnos que la lean para que se familiaricen con algunos de los asuntos que Juan trata en su epístola.

La iglesia primitiva sufrió persecución tanto que provenía de la cultura en que estaba inmersa y también de algunos miembros de su propio grupo. Entre los falsos maestros que había dentro de ella, había quienes negaban que Cristo era realmente Dios y realmente hombre. (Sus falsas enseñanzas fueron el inicio de la herejía que conocemos como "gnosticismo").

¿Cómo puede discernir un cristiano entre la verdad y la falsedad en una sociedad que cada vez es más hostil a Cristo?

Muy parecida a la enseñanza de Moisés acerca de los falsos profetas (Deuteronomio 18:20–22), Juan escribió que no debemos creer ingenuamente a todo espíritu o toda enseñanza. Los creyentes debemos discernir entre la verdad y la falsedad, porque son muchos los que tratan de engañar por medio de falsas doctrinas (1 Juan 4:1). La información, tanto buena como mala, se difunde ahora con gran rapidez en el mundo a través de los medios noticiosos y de la internet. Siempre debemos juzgar si lo que leemos y escuchamos es cierto.

Podemos reconocer estos espíritus con la ayuda del Espíritu Santo, y examinando sus enseñanzas acerca de Jesús. Si alguien enseña que Jesús vino de Dios y apareció en la carne, esto bastaría para distinguirlo de los que propagan falsas doctrinas (vv. 2,3). Los falsos maestros de los tiempos de Juan afirmaban que el espíritu de Cristo (el Cristo divino) había descendido sobre el hombre llamado Jesús. Enseñaban que había muerto sólo ese hombre llamado Jesús, y que el espíritu de Cristo lo había dejado cuando estaba en la cruz. Juan veía que la fuerza que los impulsaba a exponer esos puntos de vista era el espíritu del anticristo (v. 3).

¿Por qué la encarnación tiene tanta importancia?

Aceptar la doctrina bíblica de la encarnación significa creer que Jesucristo es verdaderamente Dios y hombre. Si Él fuera un hombre solamente, su muerte en la cruz habría sido sólo un martirio ineficaz para dar salvación. Si no hubiera sido verdaderamente hombre, no habría podido morir en nuestro lugar y convertirse en nuestro Salvador. Aunque no sea ésta la única prueba de que un maestro es digno de confianza, es la principal de todas. La doctrina de la encarnación revela la gran diferencia que hay entre Jesucristo y todos los demás líderes religiosos, mártires, y profetas. Si un maestro

no acepta esta verdad de la encarnación, ¿cómo puede proclamar que están enseñando verdades bíblicas?

Muchas falsas doctrinas han invadido a la Iglesia a lo largo de su historia. Algunas de las falsas enseñanzas que encontramos hoy son las mismas doctrinas del pasado revestidas de una nueva terminología. El pueblo de Dios, por medio del poder del Espíritu Santo, debe analizar toda enseñar y rechazar toda que sea contraria a su Palabra, y vivir conforme a la verdad. Las falsas doctrinas aparecen y desaparecen, pero la palabra de Dios permanece para siempre. Hagamos cuanto esfuerzo sea necesario por conocer la Biblia, de manera que no creamos una mentira sólo porque suena bien.

B. El espíritu de verdad
1 Juan 4:4–6

¿Por qué es cada vez más difícil separar la verdad de la mentira?

> **IDEA 2.** Lleve revistas y periódicos de actualidad a la clase para pasarlos entre los alumnos, o sencillamente, para presentarlos como ejemplos. Explique lo difícil que puede ser, con tanta información a nuestro alcance, discernir qué es realmente cierto. Permita que los alumnos compartan varios ejemplos que han vivido durante la semana.

Con la llegada de la internet, las ideas y las creencias se difunden con mucha rapidez en el mundo. Casi cualquier persona que tiene una computadora puede presentarse como un seudoexperto en cualquier tema. Los llamados "blogueros" escriben su perspectiva respecto a cualquier asunto, e inundan el mundo con ideas conflictivas basadas en sus subjetivas opiniones, sin tener que responder a nadie, ni ofrecer justificación alguna de lo que dicen. La información instantánea no es mala en sí, pero ciertamente puede provocar situaciones espiritualmente peligrosas para las personas que no aplican el discernimiento.

El apóstol Juan sabía que la iglesia primitiva estaba en constante lucha, debido a los sistemas de creencia que había en la sociedad y que se oponían al Dios de las Escrituras. Sin embargo, el apóstol ejerció el dominio propio, y sugirió a aquellos primeros creyentes que hicieran lo mismo. Les explicó que quienes han nacido de Dios han vencido al mundo y a sus falsas enseñanzas, porque el Espíritu que hay en ellos es mayor que el espíritu del mundo (1 Juan 4:4). Esta es una gran verdad. Los que creemos en el Cristo de la Biblia, ya tenemos la victoria.

Los falsos maestros de los tiempos de Juan habían sido engañados por quien estaba en el mundo; es decir, el diablo. Seguirían escuchando sus mentiras y propagándolas, porque esa era la enseñanza que ellos habían decidido creer (v. 5).

Hoy todavía hay muchos que siguen las falsas doctrinas, y creen que recibirán iluminación espiritual y paz. Rechazan el exclusivo mensaje del cristianismo que enseña que Jesucristo es el único camino para conocer a Dios. Mientras no estén dispuestos a responder con fe a la palabra de Dios y a lo que afirma el espíritu de verdad, seguirán al "espíritu de error" (v. 6). Los que oyen lo que Dios ha dicho en la Biblia y responden positivamente, muestran que pertenecen a Dios.

II. Conozca a Dios a través del amor
A. El amor viene de Dios
1 Juan 4:7–11

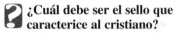 **¿Cuál debe ser el sello que caracterice al cristiano?**

Tanto el Antiguo Testamento como el Nuevo Testamento hablan del amor. En su carta, Juan afirma que el amor viene de Dios. Se origina en Él y, como hijos suyos, también debe ser una característica esencial en nuestra vida (1 Juan 4:7). Los que no aman no son de Dios, porque no lo conocen (v. 8). Este pensamiento debería aterrar a quienes creen que pueden hacer lo que les complace, y que aún así se les reconocerá como cristianos.

> **IDEA 3.** Distribuya la hoja de trabajo "Amaos unos a otros". Lea en alta voz cada uno de los pasajes que contiene y dé tiempo a los alumnos para que comenten sus respuestas.

Dios no se limita a esperar de nosotros que amemos, sino que nos mostró su amor de la forma más asombrosa (vv. 9,10): "envió a su Hijo unigénito al mundo". Esta fue una obra sumamente costosa, lo cual nos mostró lo mucho que Dios nos ama. Muchas veces, la generosidad del ser humano se origina en el exceso, en el intento de despojarse de algo que no necesita ni quiere tener. La generosidad de Dios fue diferente. Nosotros nada hemos hecho para merecer el regalo del Hijo de Dios; al contrario, lo que merecemos es el castigo de Dios. Sin embargo, Él envió a su Hijo a morir por nuestros pecados (v. 10). El mismo extraordinario amor que movió a Dios es el que está al alcance de sus seguidores.

Cuando amamos, realmente estamos respondiendo al amor de Dios, que nos mostró a través del sacrificio de Cristo en la cruz. Ésa fue la manera en que Dios nos mostró su amor a pesar de que nosotros no le amábamos a Él. Ahora, todo el que acude al Señor, por gracia puede recibir su vida y su amor. Conocer a Dios y vivir en su amor significa que también debemos amar a los demás (v. 11).

> **IDEA 4.** Pida que dos o tres de los alumnos hablen de algún momento en que alguien les mostró amor de una manera tangible, y si ese acto de amor les hizo pensar en el amor de Dios.

El amor no es sólo un sentimiento o una simple emoción. El amor también es acción; es dar de uno mismo para beneficio de otros. Juan quería que sus lectores reflexionaran sobre el sacrificio de Cristo, porque fue su mayor expresión de amor. Es lo que llama a todo el que cree en Él a una recta relación con Dios. Gracias al amor de Jesús, podemos mostrar amor a otros que de no ser así, tal vez nunca conocerían la gracia de Dios. El amor comienza con una actitud de bondad dirigida hacia quienes encontramos en nuestro andar, y que según nuestro criterio merezcan que se les ame o no. El amor no debe extinguirse sino mantenerse vivo toda la vida en una continua entrega.

B. El amor fluye a través de nosotros
1 Juan 4:12–14

El amor es una verdadera manifestación de la vida de Dios en nosotros, su pueblo. Aunque no podamos verlo, cuando dejamos que su amor fluya a través de nosotros a la vida de otras personas, ese amor de Dios cumple su propósito en nosotros (1 Juan 4:12). El mundo puede ver a Dios cuando su amor se expresa a través de nosotros, su pueblo. El amor mutuo debe ser la característica que mejor defina a los seguidores de Cristo (véase Juan 13:35).

El Espíritu de Dios nos guía y fluye a través de nosotros y nos da poder para cumplir el servicio que Dios nos ha encomendado. Sabemos que somos verdaderos hijos de Dios porque el Espíritu de Dios está en nosotros (1 Juan 4:13). Y el conocimiento y la certeza de la verdad del Evangelio nos da poder para testificar "que el Padre ha enviado a su Hijo, el Salvador del mundo" (v. 14).

¿Qué relación tiene la experiencia personal de un creyente con Dios con su responsabilidad de compartir el Evangelio?

Testificar de lo que Dios ha hecho a favor nuestro puede ser una eficaz manera de que otros sepan lo que Él puede hacer por ellos. No obstante, debemos dejar que nuestras experiencias reflejen lo que enseña la Biblia acerca de lo que significa tener una buena relación con Dios.

III. Conozca que usted permanece en Dios
A. La seguridad en el amor de Dios
1 Juan 4:15–18

> **IDEA 5.** La confianza en el amor de otra persona generalmente requiere de tiempo para que se desarrolle. Pida a varios alum-

> nos que han conocido al Señor por muchos años, que expliquen cómo el amor de Dios les ha dado seguridad para enfrentar las dificultades de la vida.

Cuando alguien acepta a Cristo como Salvador y reconoce que Él es el Hijo de Dios, se produce un cambio en su corazón. El Espíritu de Dios viene a morar en el creyente. En esta relación, aprendemos a conocer a Dios y a depender de su amor y de su gracia (1 Juan 4:15,16).

Aunque en la sociedad muchos tienen el concepto errado de que Dios está lleno de ira y que constantemente nos juzga, Juan nos enseña que Dios es amor (v. 16). Los que le siguen, deben mostrar también su amor, porque son suyos. El amor es lo que nos completa y nos ayuda a madurar en la fe. El amor de Dios también nos ayuda a hallar en Él nuestra seguridad respecto al día del juicio (v. 17). El amor de Dios, que se derrama abundantemente en nuestro corazón, es el que disipa nuestro temor.

¿Qué piensa la sociedad en general acerca del juicio de Dios?

El mundo refiere la palabra "juicio" con cierta ironía. La idea de que Dios juzga al hombre se maneja como un concepto obsoleto. No obstante, el juicio viene. Los que estamos en Dios no debemos temer, porque sabemos que nuestra seguridad tiene su fundamento en el amor de Dios. Su perfecto amor nos sana del temor al castigo, y nos da paz. El temor es señal de que no confiamos plenamente en el amor de Dios. Satanás lo usa para apartar al creyente del Señor. Pero el perfecto amor de Dios echa fuera el temor (v. 18). Es maravilloso que nos podamos acercar a Dios a través del conocimiento de su gracia y de su amor, y no por temor al juicio.

B. La prueba del amor
1 Juan 4:19–21

 ¿Cómo aprendemos a amar?

La mejor manera de aprender a amar, es por el ejemplo de otra persona. Los padres pueden enseñar a amar a sus hijos con sus expresiones de afecto y con una conducta que sea digna de imitar. Un buen amigo puede mostrar amor a través de la paciencia o la lealtad en una situación difícil. Juan escribe que nuestro amor a Dios es una respuesta a su amor para con nosotros (1 Juan 4:19). Su ejemplo de amor y su amoroso carácter nos capacitan para amar.

De hecho, la relación entre el amor de Dios y el amor que muestra el creyente están de tal manera ligadas, que Juan enseña que quienes dicen que aman a Dios, pero odian a otros creyentes, son unos mentirosos (v. 20). El amor es la característica que define al cristiano.

En una ocasión le preguntaron a Jesús cuál era el mayor de los mandamientos (Mateo 22:35–39). Él contestó que debemos amar a Dios con todo nuestro ser, y amar a nuestro prójimo como a nosotros mismos. Juan expresa su propia paráfrasis de ese mandamiento. Los que dicen que aman a Dios, también deben amar a sus hermanos (1 Juan 4:21). El amor no es sólo algo que anhelamos, sino algo que debemos buscar.

Discipulado en acción

¿Ha oído alguna vez a un cristiano que dice: "Estoy completamente seguro de lo que digo o creo"? En realidad todos deberíamos en algún momento expresar nuestras convicciones de una manera parecida, con la plena certeza de que Dios existe y de que tenemos una buena relación con Él. Ciertamente, "saber" es una palabra favorita del apóstol Juan. Él fue quien afirmó que los creyentes pueden saber la verdad; pueden conocer a Dios por medio del amor; y pueden saber que permanecen en Él.

¿Sabemos lo que creemos acerca de Jesús? ¿Podemos explicar a otras personas por qué creemos que "Jesucristo ha venido en carne" (1 Juan 4:2), y por qué esta convicción es fundamental para que tengamos una buena relación con Dios?

¿Conocemos a Dios? Si lo conocemos, amaremos a los demás creyentes. Y nuestro amor por ellos también servirá como evidencia de que somos verdaderos seguidores de Cristo.

¿Sabemos que permanecemos en Dios? Lo sabemos cuando confesamos "que Jesús es el Hijo de Dios" (v. 15) y vivimos en amor (v. 16). Vivamos en fe y amor, para que podamos decir que estamos completamente seguros de que somos hijos de Dios.

Ministerio en acción

Busque momentos propicios esta semana para compartir la verdad en amor con sus parientes vecinos, amigos, o compañeros de trabajo. Cuando compartimos la verdad con amor, el Espíritu de Dios obrará con poder. ¡Ésta es otra verdad de la que podemos tener plena seguridad!

En su preparación para la próxima clase, escriba algunas ideas que lo ayuden a guiar el comentario que se pide en la Idea 4 de la próxima lección. O bien, pida a uno de los alumnos que se prepare para que guíe el comentario.

Lectura devocional

Lunes
La pérdida del conocimiento de Dios.
Jueces 2:6–13

Martes
La necesidad de conocer la verdad.
Proverbios 1:20–30

Miércoles
Conocemos a Dios al recibir la salvación.
Isaías 12:1–6

Jueves
La verdad nos hace libres.
Juan 8:25–32

Viernes
El testimonio del Espíritu Santo.
Romanos 8:12–17

Sábado
Conocer y obedecer la verdad.
1 Pedro 1:18–25

Las convicciones del creyente

Fundamento bíblico
1 Juan 5:1–21

Enfoque
Conocer las convicciones del creyente en Cristo, y tener victoria gracias a ellas.

Bosquejo

I. Convicción de que la fe vence en todo
   A. Renacidos por la fe
   B. Vencedores por la fe
II. Convicción de la vida eterna
   A. El testimonio de Dios
   B. El don de la vida eterna
III. Convicción de la fidelidad de Dios
   A. Dios escucha a sus hijos
   B. Dios guarda a sus hijos

Preparación

❏ Escoja las preguntas, las actividades de aprendizaje, y los artículos del *Folleto de ayudas y recursos* que lo ayuden a alcanzar sus objetivos en la lección.

❏ Llene la hoja "Planificación de la clase".

❏ Copie las hojas de trabajo "La fe que vence", "Pero Dios", "La confianza en Dios" y "Para un estudio más amplio 19".

Verdad central

Las convicciones del cristiano le son suficientes para esta vida, la muerte, y la eternidad.

Versículo clave: 1 Juan 5:11

Y este es el testimonio: que Dios nos ha dado vida eterna; y esta vida está en su Hijo.

Introducción

Los noticieros nos informan de la alarmante situación del mundo. Historias de secuestros, tormentas devastadoras, y caos en la economía nos hacen sentir indefensos. La preocupación por la situación del mundo puede ser abrumadora, particularmente cuando las noticias dejan de ser algo que sucede a otras personas en otro lugar y se convierten en algo personal.

¿Qué papel cumple nuestra fe ante el caos que impera en el mundo? En toda circunstancia, quienes seguimos a Cristo podemos vivir seguros y en paz. Los discípulos de Cristo tenemos una seguridad que es suficiente para la vida, la muerte, y la eternidad.

Objetivos del aprendizaje

Al terminar esta lección, sus alumnos podrán:

1. proclamar la necesidad de nacer de nuevo con el fin de vencer por medio de la fe.
2. aceptar la vida eterna que está a nuestro alcance a través de Cristo.
3. apoyarnos en el poder de Dios que nos guarda para la vida eterna.

1. Todo aquel que cree que Jesús es el Cristo, es nacido de Dios; y todo aquel que ama al que engendró, ama también al que ha sido engendrado por él.

2. En esto conocemos que amamos a los hijos de Dios, cuando amamos a Dios, y guardamos sus mandamientos.

3. Pues este es el amor a Dios, que guardemos sus mandamientos; y sus mandamientos no son gravosos.

4. Porque todo lo que es nacido de Dios vence al mundo; y esta es la victoria que ha vencido al mundo, nuestra fe.

5. ¿Quién es el que vence al mundo, sino el que cree que Jesús es el Hijo de Dios?

7. Porque tres son los que dan testimonio en el cielo: el Padre, el Verbo y el Espíritu Santo; y estos tres son uno.

8. Y tres son los que dan testimonio en la tierra: el Espíritu, el agua y la sangre; y estos tres concuerdan.

9. Si recibimos el testimonio de los hombres, mayor es el testimonio de Dios; porque este es el testimonio con que Dios ha testificado acerca de su Hijo.

10. El que cree en el Hijo de Dios, tiene el testimonio en sí mismo; el que no cree a Dios, le ha hecho mentiroso, porque no ha creído en el testimonio que Dios ha dado acerca de su Hijo.

11. Y este es el testimonio: que Dios nos ha dado vida eterna; y esta vida está en su Hijo.

12. El que tiene al Hijo, tiene la vida; el que no tiene al Hijo de Dios no tiene la vida.

14. Y esta es la confianza que tenemos en él, que si pedimos alguna cosa conforme a su voluntad, él nos oye.

15. Y si sabemos que él nos oye en cualquiera cosa que pidamos, sabemos que tenemos las peticiones que le hayamos hecho.

17. Toda injusticia es pecado; pero hay pecado no de muerte.

18. Sabemos que todo aquel que ha nacido de Dios, no practica el pecado, pues Aquel que fue engendrado por Dios le guarda, y el maligno no le toca.

20. Pero sabemos que el Hijo de Dios ha venido, y nos ha dado entendimiento para conocer al que es verdadero; y estamos en el verdadero, en su Hijo Jesucristo. Este es el verdadero Dios, y la vida eterna.

Comentario bíblico

I. Convicción de que la fe vence en todo

A. Renacidos por la fe
1 Juan 5:1–3

El apóstol Juan sostiene que la base para una relación con Dios consiste en creer que Jesús es el Cristo, el Hijo de Dios. Todo el que cree esto, "es nacido de Dios" (1 Juan 5:1).

¿Cómo explicaría el significado de "ser nacido de Dios" (nacer de nuevo) a alguien que no está familiarizado con el concepto?

El Espíritu de Dios hace que la palabra de Dios cobre vida en nuestro corazón por la fe, y nos hace conscientes de que necesitamos la salvación que Cristo nos ofrece (véase 1 Pedro 1:3,23). El Espíritu obra para que la palabra de Dios por la fe cobre vida en nuestro corazón y produzca un cambio, a fin de que seamos hijos de Dios (véase Juan 3:3–8).

Este corazón transformado comprende el amor a Dios y el amor a los hermanos en la fe (1 Juan 5:1). El amor y la fe obran juntos en nuestra comunión con los hermanos y en la obediencia a Dios (v. 2). La obediencia es mostrar la fe en obras de amor. Esto implica que deberíamos estar dispuestos a hacer más de lo que se espera de nosotros. Dios recompensará a quienes muestren amor como resultado de su fe en Él.

Este amor que se produce por la fe es abierto y generoso; es la victoria sobre nuestra tendencia a centrarnos en nosotros mismos y en nuestros apetitos egoístas. No se compara con ninguna manifestación de amor humano, porque va acompañado y fortalecido por el amor a Dios; un amor que se muestra en la obediencia de los mandamientos y las enseñanzas de Cristo. Nadie es perfecto, pero se reconoce a quienes han nacido de Dios por su amor y su obediencia a Él (v. 2).

Cuando oímos hablar de "mandamientos", normalmente pensamos en rigurosas y opresivas reglas que nos dicen qué podemos hacer y qué no podemos hacer (y son muy pocas las cosas que podemos hacer). No vemos utilidad ni amor en los mandamientos. Sin embargo, nosotros mostramos nuestro amor a Dios al obedecer sus mandamientos, y las Escrituras dicen claramente que sus mandamientos "no son gravosos" (v. 3); no son una carga. Tal vez en ese momento Juan estuviera pensando en una invitación de Jesús: "Llevad mi yugo sobre vosotros, y aprended de mí, que soy manso y humilde de corazón; y hallaréis descanso para vuestras almas; porque mi yugo es fácil, y ligera mi carga" (Mateo 11:29,30). Aquello que el inconverso podría considerar una pesada carga, para el creyente es una carga ligera y fácil de llevar gracias a la ayuda del Señor.

B. Vencedores por la fe
1 Juan 5:4,5

Juan recuerda a los creyentes por qué vivir en obediencia a los mandamientos de Dios no es gravoso: ellos han nacido de Dios (1 Juan 5:4). Por su fe en Dios, los creyentes en Cristo han vencido al mundo.

¿Cuál es su propia definición de la fe?

Con frecuencia se usan las palabras "confianza", "creencia" y "seguridad" para expresar qué es la fe. Esta palabra denota acción.

> **IDEA 1.** Distribuya la hoja de trabajo "La fe que vence". Comente las respuestas de los alumnos.

Juan afirma que quienes han nacido de Dios pueden vencer al mundo, al espíritu que impera, los valores, y la filosofía de la cultura y de la sociedad. El mundo se opone a Dios y a su santa verdad. Los que vencen han puesto su fe y su confianza en Jesús, el Hijo de Dios (v. 5). Los que conocen la cruz pueden pararse firmes ante las destructoras enseñanzas del mundo, porque están asidos de Dios y de sus valores eternos, en vez de asirse a los efímeros valores del mundo.

II. Convicción de la vida eterna
A. El testimonio de Dios
1 Juan 5:6–9

Juan afirma que quienes vencen al mundo son los que creen que Jesús es el Hijo de Dios (1 Juan 5:5). Además afirma que Jesús es quien vino "mediante agua y sangre" (v. 6). El Espíritu Santo, el Espíritu de Verdad, testifica —confirma en el espíritu de quienes creen— que Jesús es el Hijo de Dios, que vino como Salvador. El Espíritu confirmó la identidad y el propósito de la vida de Jesús cuando testificó que Él vino mediante agua (cuando fue bautizado, Mateo 3:13–17) y sangre (cuando fue crucificado, 27:24–37).

El texto de 1 Juan 5:7 ha despertado controversia, porque no aparece en algunos de los primeros manuscritos. No obstante, la verdad que enseña armoniza con las Escrituras. La Trinidad en su integridad da testimonio de la persona y la obra del Hijo. En el escenario terrenal, el Espíritu Santo da testimonio, y también lo da la obra del propio Jesús, que se resume en dos grandes acontecimientos: su bautismo y su sacrificio en la cruz.

Tenemos seguridad de vida eterna cuando creemos que Jesús vino como Salvador. Su presencia en nuestra vida es un testimonio y una seguridad superior a cualquier argumento humano se levante en su contra (v. 9).

Nosotros reconocemos que la Biblia es la palabra de Dios y que su verdad nos transforma cuando la aceptamos y dejamos que el Espíritu Santo la haga eficaz en nuestra vida. De hecho, en nosotros mismos tenemos el testimonio de Dios. El Espíritu Santo usa las enseñanzas de Jesús para iluminar nuestro corazón y nuestra mente. El poder de Cristo transforma nuestra vida. El Espíritu Santo da testimonio de que somos hijos de Dios, y por eso clamamos a Él, y le llamamos Padre (véase Romanos 8:15,16).

> **IDEA 2.** Pida a uno o más de los estudiantes que compartan brevemente su testimonio acerca de la manera en que Dios los cambió por medio de su Hijo.

Todos los que hemos puesto nuestra fe en Cristo, tenemos un testimonio acerca de lo que Él ha hecho en nuestra vida. Cuando los creyentes testificamos, alabamos a Dios por su obra y dejamos que otros vean que Él es real. Un testimonio no debe exaltar lo malo que hubo en nuestra vida, sino en la grandeza de nuestro

Dios y en lo que Él hizo para que fuéramos salvos y recibiéramos la vida eterna.

> **IDEA 3.** Distribuya la hoja de trabajo "Pero Dios". Haga que los alumnos trabajen juntos en pequeños grupos para realizar esta actividad. Después pida que un vocero de cada grupo informe acerca de las respuestas.

B. El don de la vida eterna
1 Juan 5:10–13

Como acostumbra en sus escritos, Juan contrasta dos realidades (1 Juan 5:10). Es posible que una persona decida seguir a Cristo y que por fe viva en sometimiento y servicio a Él. En cambio, otra podría rechazar deliberadamente el testimonio de Dios respecto a su Hijo.

¿Por qué el cristianismo es diferente a las religiones del mundo?

Una de las preguntas que tal vez tenga que responder al compartir su testimonio con los inconversos es: "¿Por qué el cristianismo?" La respuesta está en Cristo. La salvación —el perdón de los pecados y la vida eterna— sólo nos llega a través de la fe en Cristo (v. 11). Sólo en Cristo tenemos esperanza de vida eterna que recibimos por la abundante gracia de Dios. Otras religiones exigen que se hagan ciertas obras a fin de alcanzar la salvación, o una posición de exaltación.

Jesucristo, el Hijo de Dios, es vida para todo el que le busque. Sólo los que han nacido de Dios encuentran la vida eterna (v. 12). No hay esfuerzo alguno de nuestra parte, por medio de obras de servicio o actos de humanidad, que nos pueda dar vida eterna. La esperanza de salvación por medio de buenas obras sólo termina en desilusión. Si la salvación dependiera de nuestras obras, siempre tendríamos la duda de haber hecho lo suficiente para salvarnos a nosotros mismos. ¡Y no podemos! Nuestra seguridad y nuestra esperanza de perdón y vida eterna están sólo en Dios, quien nos salva por su gracia y su misericordia.

Juan escribió esta epístola a los creyentes para que tuvieran seguridad de que habían recibido la vida eterna por medio de la fe en Cristo (v. 13). Consciente de que había muchas voces que ofrecían la vida eterna, Juan quería que ellos supieran que la fe en Jesús, el Hijo de Dios, es el único camino que el hombre debe andar para obtener la vida eterna.

? **¿Cómo respondería usted si alguien le pregunta cómo alguien puede tener la seguridad de que va al cielo?**

> **IDEA 4.** Dirija a toda la clase en un comentario sobre esta pregunta. Termine la actividad con una lectura de 1 Juan 5:11–13.

III. Convicción de la fidelidad de Dios

A. Dios escucha a sus hijos
1 Juan 5:14–17

En sus observaciones finales, Juan nuevamente dice a los creyentes que las seguridad que tienen en Dios es gracias a la fe en Cristo. Les escribe que pueden acercarse con confianza a Dios, sabiendo que cuando le pidan algo que esté dentro de su voluntad, Él los oirá. Y si Él oye la oración de los creyentes, éstos pueden tener la seguridad de que responderá (1 Juan 5:14,15). La convicción de que Dios ama a sus hijos y escucha sus oraciones debe motivarlos a buscar una relación más profunda con Él.

? **¿Qué ejemplos podríamos poner de oraciones conforme a la voluntad de Dios, y de oraciones que no lo son?**

Es voluntad de Dios que crezcamos en la fe, que seamos generosos ante la necesidad de otros, que instruyamos a nuestros hijos en la fe, que tengamos un buen matrimonio, que seamos llenos del Espíritu Santo, que cultivemos en nuestra vida el fruto del Espíritu, y que las almas perdidas se entreguen a Cristo. Dios no quiere que los creyentes lo manipulen ni que sean egoístas. Los que oran conforme a la voluntad de Dios pueden estar seguros de que Él escucha y responde a sus oraciones.

En los versículos 16 y 17, Juan identifica otras razones de que los creyentes deben orar. Dice que oren por quienes han cometido un pecado "que no sea de muerte" (v. 16), pero no por aquellos que están en "pecado de muerte" (v. 16).

? **¿Cuál es la diferencia entre un pecado que lleva a la muerte y un pecado que no lleva a la muerte?**

Juan no define la diferencia entre ambas clases de pecado. El "pecado de muerte" podría ser el de una persona que persiste en hacer lo malo al punto de que Dios lo juzga con la muerte física (Hechos 5:1–11; 1 Corintios 11:27–31; 1 Juan 3:6,9). También podría referirse a quienes caen en apostasía; los que rechazan la verdad, perpetúan el error. y viven en la inmoralidad. Esto no es lo mismo que sucede al que cree la verdad, pero tropieza con el pecado. Los creyentes deben orar por el hermano que tropieza, pero no por aquel que constantemente y de manera consciente escoge rechazar la verdad de Dios. Como no podemos conocer la condición del corazón de una persona, debemos orar por ella hasta que Dios nos diga que dejemos de hacerlo.

Cuando alguien que conocemos ha pecado, lo primero que debemos hacer es buscar la ayuda y la gracia de Dios. No debemos juzgar a la persona, ni hablar de su pecado con otros, sino pedir a Dios que lo ayude. Que la oración sea nuestra primera reacción ante un hermano o hermana que ha pecado, y que así pongamos nuestra seguridad en la amorosa intervención de Dios.

B. Dios guarda a sus hijos
1 Juan 5:18–21

❓ **¿Cómo ayuda Dios a los cristianos a enfrentar a un mundo enemistado con Él?**

Vivimos en un mundo donde abunda el pecado, pero los cristianos podemos apoyarnos con confianza en la gracia de Dios, sabiendo que su voluntad prevalecerá. Los que son nacidos de Dios no viven en el pecado (1 Juan 5:18). Los creyentes tienen protección espiritual por medio de "Aquél que fue engendrado por Dios" (v. 18); este es Jesús. Los que perseveran en la gracia de Dios en el Señor Jesús encuentran protección del enemigo.

Los sistemas y las filosofías del mundo están mayormente controlados por el maligno, quien los usa para socavar la verdad de Dios. Nosotros tenemos la seguridad de que somos hijos de Dios, y por eso no debemos temer (v. 19). Lo sabemos, porque Dios está en nosotros; porque Jesús vino, y en este mundo donde abunda el pecado, nos ayuda a saber qué es lo bueno y lo verdadero. Nosotros conocemos a Dios, que es fiel y eterno, y en Él está nuestra seguridad (v. 20).

Juan termina su epístola con una tierna advertencia a los hijos de Dios, les dice que se alejen de los ídolos (v. 21). La adoración de los ídolos no es sólo el culto a un trozo de madera tallado con una cierta forma. Es también todo aquello que ocupa la prioridad que debemos dar a nuestra relación con Dios. Para que nuestra seguridad sea sólo Dios, no debemos dejar que nada en nuestra vida sea más importante que el Señor. Debemos buscar la sabiduría y la fortaleza de Dios, para mantenernos fieles a Él en un mundo que se deja gobernar por el pecado y que no vive conforme a su voluntad.

IDEA 5. Distribuya la hoja de trabajo "La confianza en Dios". Comente las respuestas de los alumnos.

La seguridad es algo maravilloso para el cristiano, cuando tiene en Dios su fundamento. Cuando vemos todas las cosas que Juan señala que los creyentes "conocemos", nos damos cuenta de que servimos a un gran Dios que nos ha hecho sus hijos, nos da la victoria sobre el mundo, y nos permite disfrutar con Él la vida eterna.

Hoy, cuando se habla de tolerancia casi en todo lo que se enseña, los cristianos debemos mantenernos firmes en nuestra manera de ver el mundo y sus falsas filosofías. En la palabra de Dios encontramos enseñanzas y muchos ejemplos de cómo nuestras decisiones pueden afectar nuestro futuro. Si escogemos la salvación, tenemos la seguridad de que la vida de Cristo está en nosotros, y la esperanza de una eternidad con Él, mientras andemos en su gracia y su verdad.

¿Cómo se vive en victoria? Comience cada día con la palabra de Dios. Céntrese en la verdad de Dios y prepare su corazón y su mente para hacer su voluntad. No es fácil vivir para Dios en un mundo que es sistemáticamente contrario a todo lo que Él quiere de nosotros. Sin embargo, Dios nos da todo lo que necesitamos para vivir de la manera que Él espera.

Ministerio en acción

La seguridad respecto a la vida eterna se tiene sólo por la fe en Cristo. Los creyentes debemos proclamar el Evangelio a las personas que no conocen al Señor, para que también tengan la oportunidad de poder su fe en Él. Pida a Dios que nos abra puertas esta semana para compartir el Evangelio con otras personas, y que aquellos a quienes hablemos tengan el corazón bien dispuesto para responder con fe.

Como maestro, medite en las siguientes palabras: "Sólo el amor nos mueve a que nos preocupemos de las pequeñas necesidades de las personas… Cuando comenzamos a amar a alguien, también nos interesaremos en su bienestar". Pida a Dios que le ayude a amar a las personas que Él ha llevado a su clase, y a mostrar ese amor al interesarse en los detalles de la vida.

Lectura devocional

Lunes
Dios es nuestro refugio.
Deuteronomio 33:24–29
Martes
El Señor es nuestro pastor.
Salmo 23:1–6
Miércoles
El amor de Dios es eterno.
Jeremías 31:1–7

Jueves
El cuidado del Buen Pastor.
Juan 10:11–16,27–30
Viernes
La confianza en Dios produce paz.
Filipenses 4:4–9
Sábado
Gracia cuando la necesitamos.
Hebreos 4:14–16

Sea fiel a Cristo

Verdad central

Lo mejor en la vida es la fidelidad a Cristo.

Versículo clave: Juan 15:10

Si guardareis mis mandamientos, permaneceréis en mi amor; así como yo he guardado los mandamientos de mi Padre, y permanezco en su amor.

Introducción

> **IDEA 1.** Distribuya papel y lápiz entre los alumnos. Pídales que escriban su respuesta a esta pregunta: ¿Qué significa ser fiel a Cristo? Comente las respuestas.

La fidelidad a Cristo fue uno de los énfasis del apóstol Juan. Esta fue la razón de que escribiera sus cartas a los creyentes. En su segunda carta, comenta la necesidad de vivir para Dios o de andar en la verdad, ser obedientes a Él, y mantenerse firmes en la verdad de Jesucristo. Aprendamos por medio de este estudio la mejor manera de vivir fieles al Señor.

Objetivos del aprendizaje

Al terminar esta lección, sus alumnos podrán:

1. reconocer la relación entre el conocimiento de la verdad y una vida fiel.
2. tomar la decisión de servir fielmente a Cristo.
3. explicar lo que creen acerca de Jesucristo.

Fundamento bíblico
2 Juan 1–13

Enfoque
Estudiar y obedecer las exhortaciones de la Biblia que nos instan a ser fiel a Cristo.

Bosquejo
I. Ande en la verdad
   A. En la vrerdad hay amor
   B. Gracia para nosotros
II. Ande en obediencia
   A. Se nos ha ordenado amar
   B. Obedezca los mandamientos de Dios
III. Manténgase firme en la doctrina de Cristo
   A. Acepte la verdad
   B. Persevere en la verdad

Preparación
❏ Escoja las preguntas, las actividades de aprendizaje, y los artículos del *Folleto de ayudas y recursos* que lo ayuden a alcanzar sus objetivos en la lección.
❏ Llene la hoja "Planificación de la clase".
❏ Copie el estudio de caso "El amor a los demás" y las hojas de trabajo "Los puntos esenciales de la fe", "Propague la Palabra" y "Para un estudio más amplio 20".

1. El anciano a la señora elegida y a sus hijos, a quienes yo amo en la verdad; y no sólo yo, sino también todos los que han conocido la verdad,

2. a causa de la verdad que permanece en nosotros, y estará para siempre con nosotros:

3. Sea con vosotros gracia, misericordia y paz, de Dios Padre y del Señor Jesucristo, Hijo del Padre, en verdad y en amor.

4. Mucho me regocijé porque he hallado a algunos de tus hijos andando en la verdad, conforme al mandamiento que recibimos del Padre.

5. Y ahora te ruego, señora, no como escribiéndote un nuevo mandamiento, sino el que hemos tenido desde el principio, que nos amemos unos a otros.

6. Y este es el amor, que andemos según sus mandamientos. Este es el mandamiento: que andéis en amor, como vosotros habéis oído desde el principio.

7. Porque muchos engañadores han salido por el mundo, que no confiesan que Jesucristo ha venido en carne. Quien esto hace es el engañador y el anticristo.

8. Mirad por vosotros mismos, para que no perdáis el fruto de vuestro trabajo, sino que recibáis galardón completo.

9. Cualquiera que se extravía, y no persevera en la doctrina de Cristo, no tiene a Dios; el que persevera en la doctrina de Cristo, ése sí tiene al Padre y al Hijo.

10. Si alguno viene a vosotros, y no trae esta doctrina, no lo recibáis en casa, ni le digáis: ¡Bienvenido!

11. Porque el que le dice: ¡Bienvenido! participa en sus malas obras.

12. Tengo muchas cosas que escribiros, pero no he querido hacerlo por medio de papel y tinta, pues espero ir a vosotros y hablar cara a cara, para que nuestro gozo sea cumplido.

13. Los hijos de tu hermana, la elegida, te saludan. Amén

Comentario bíblico

I. Ande en la verdad
A. *En la verdad hay amor*
2 Juan 1,2

¿Cómo empezó su última carta? Si fue una nota electrónica, un mensaje de texto, posiblemente no comenzó con un: "Querido amigo".

Las cartas que hay en la Biblia tienen un saludo todavía más elaborado. Las primeras palabras de 2 Juan no son tan detalladas como las de muchas de las epístolas de Pablo, pero incluyen ciertos detalles clave acerca del autor, los destinatarios, y los lazos que había entre ambos. No se menciona el nombre del autor, quien se identifica sencillamente como "el anciano" (v. 1). La tradición identifica al apóstol Juan como el autor. El vocabulario y los temas de esta carta se repiten en la primera carta Juan y en el evangelio de Juan.

Para los judíos, la palabra "anciano" identificaba a alguien que tenía autoridad y que era miembro del concilio. En la iglesia del primer siglo, posiblemente se refería a alguien que supervisaba una o más iglesias. El contexto de las epístolas de Juan indica que el anciano era el líder de un grupo de iglesias. Los expertos consideran que había un grupo de iglesias que tenía el evangelio de Juan como su principal fuente de conocimiento acerca de Jesús. Estas fueron iglesias que existieron a fines del primer siglo. En ese tiempo se escribieron las tres epístolas de Juan.

La segunda epístola de Juan está dirigida a una dama y a sus hijos (v. 1). Hay quienes afirman que la expresión "señora elegida" es una manera figurada de referirse a una iglesia o a un grupo de iglesias. Sin embargo, es más probable que la epístola fuera destinada a una familia cristiana que Juan respetaba y amaba por su sobresaliente testimonio.

En los versículos 1 y 2 aparece tres veces la palabra "verdad". Esto tendrá relevancia para el contenido de toda la epístola. ¿Cómo debe usarse la verdad? El autor amaba "en la verdad" (v. 1). Los cristianos comparten una creencia en cuanto a lo que es verdadero. Conforme crecemos en la comprensión de la palabra de Dios y aprendemos a ponerla en práctica, se forman lazos más fuertes entre los creyentes.

El amor por Cristo y por su pueblo es lo que une a los creyentes. La verdad de Jesús que está en nosotros, también crea lazos que unen a los cristianos. "A causa de la verdad" (v. 2), amamos. Gracias a la relación de familia que Dios ha gestado en nosotros a través del amor de Jesús, podemos amarnos mutuamente.

B. Gracia para nosotros
2 Juan 3

La segunda epístola de Juan es un saludo. En su saludo, en primer lugar Juan escribe acerca de la gracia. Éste es el don con que Dios nos favorece. Significa que nada de lo que recibimos de Dios, es por nuestra propia bondad. Todas las bendiciones de Dios son dones gratuitos suyos.

Juan también escribe acerca de la misericordia. La recibimos cuando Dios perdona nuestros pecados. Estábamos separados de Dios, y Él restauró esa relación, al enviar a su Hijo a morir por nuestros pecados.

El apóstol también escribe acerca de la paz. Esta palabra se usa con frecuencia en las epístolas del Nuevo Testamento así como también hoy se usan palabras como "shalom", o "aloha", como una manera general de expresar el deseo de que los destinatarios reciban una bendición. Sin embargo, en este contexto, se refiere específicamente a la bendición de la paz que tenemos al tener una buena relación con Dios.

Dios es la fuente de toda bendición. En obediencia al Padre, el sacrificio del Hijo por nuestra salvación hace posible que recibamos la gracia salvadora de Dios. Aunque parezca sólo un saludo general, Juan afirma de manera específica que sus lectores recibirán gracia, misericordia, y paz "en verdad y en amor" (v. 3). La verdad y el amor no se pueden separar.

Las personas que dicen tener la verdad, pero no aman, también están en un grave error. Si la verdad que profesamos viene de Dios Padre y de Jesús, debe tener como resultado el amor. Cuando vivimos en la verdad y en el amor de Dios, recibimos las bendiciones de la gracia, la misericordia, y la paz.

II. Ande en obediencia
A. Se nos ha ordenado amar
2 Juan 4,5

Juan expresa su gozo porque algunos de los hijos de la dama andaban en la verdad (2 Juan 4). Señala que el Padre espera de sus hijos que vivan de acuerdo a la verdad.

Aunque se regocijaba porque aquellos creyentes andaban en la verdad, Juan quería tener la seguridad de que realmente se amaban y se preocupaban los unos por los otros

(v. 5). El mandamiento de amarnos mutuamente no era nuevo; había sido parte de la vida cristiana "desde el principio" (v. 5).

¿Qué porciones de las Escrituras registran este mandamiento de que amemos al prójimo?

La misma noche que fue arrestado, Jesús dio a sus discípulos el mandamiento de que se amaran unos a otros (Juan 15:12). El amor al prójimo es parte central del Evangelio y es anterior al mismo Evangelio. Jesús resumió en dos mandamientos la ley que Dios entregó a Moisés: amar a Dios y amar al prójimo (Mateo 22:37–39).

IDEA 1. Comente las relaciones que hay entre andar en la verdad y amar a los demás. ¿Es posible hacer una cosa sin hacer la otra? Si así fuera, ¿cuál sería el resultado de andar en la verdad, aunque no amáramos a los demás? ¿Cuál sería el resultado de amar a los demás, aunque no andemos en la verdad? ¿Cuál sería el resultado si hacemos ambas cosas?

B. Obedezca los mandamientos de Dios
2 Juan 6

Juan escribe que el amor es andar "según sus mandamientos [los de Dios]" (2 Juan 6). De manera que, cuando amamos como Dios ama, obedecemos sus mandamientos, y cuando obedecemos sus mandamientos, mostramos nuestro amor a Dios y al prójimo.

Aunque este argumento de Juan es algo circular, lo es a propósito. ¿Por qué? Los Diez Mandamientos son el fundamento de la Ley que

Dios entregó a Moisés. Son los que definen la manera en que mostramos que amamos a Dios y a nuestro prójimo. El apóstol Pablo sostiene que "toda la ley en esta sola palabra se cumple: Amarás a tu prójimo como a ti mismo" (Gálatas 5:14). Es decir, que si obedecemos los mandamientos de Dios, mostraremos nuestro amor a Él y a los demás. Amar a los demás no es siempre fácil. Pero si el amor nos guía a procurar el bienestar de otros, esa será nuestra obediencia a los mandamientos de Dios.

¿De qué manera el amor al prójimo nos ayuda a presentar la verdad de Cristo al mundo?

IDEA 2. Distribuya el estudio de caso "El amor a los demás". Esta actividad se puede realizar en pequeños grupos, o individualmente. Comente las respuestas de los alumnos.

III. Manténgase firme en la doctrina de Cristo
A. Acepte la verdad
2 Juan 7,8

Juan continúa su epístola alertando a los creyentes de los falsos maestros que los podrían alejar de la obediencia a Dios (2 Juan 7). Los creyentes debemos conocer la palabra de Dios y obedecerla, para que nadie nos engañe. Necesitamos conocer la verdad y aferrarnos a ella, para poder andar en ella.

Una de las enseñanzas falsas que Juan especialmente denuncia, tiene que ver con la naturaleza de Jesucristo. Los falsos maestros se habían propuesto convencer a quienes los escucharan que Jesucristo no había venido en la carne (v. 7). A raíz de esto, Juan proclama la verdad diametralmente opuesta: Jesucristo vino en carne. Él es Dios y hombre. Si Jesús no fuera hombre, no habría sido el perfecto Salvador que la humanidad necesitaba.

Por mucho que nos esforcemos, nunca podremos cumplir la ley de Dios a la perfección. Necesitamos un Salvador que nos perdone. Jesús vino al mundo como Dios y también como hombre, pero sin pecado. Así que, cuando dio su vida por nosotros en la cruz, se convirtió en el perfecto sacrificio expiatorio por nuestros pecados (véase 1 Juan 2:1,2).

La sana doctrina tiene trascendencia eterna. Si no creemos la verdad respecto a Cristo, no podremos tampoco seguirla. Si no obedecemos a la verdad no tenemos comunión con Dios ni la posibilidad de gozar de vida eterna (2 Juan 8).

Somos salvos gracias a la obra de Cristo, quien es plenamente hombre y plenamente Dios. Si no nos asimos fielmente de esa verdad, perderemos el fundamento de nuestra esperanza de vida eterna.

IDEA 3. Distribuya la hoja de trabajo "Los puntos esenciales de la fe". Comente las respuestas de los alumnos.

B. Persevere en la verdad
2 Juan 9–13

Juan estaba consciente de que muchas iglesias se habían dividido por causa de las falsas doctrinas. Afirmó que quienes enseñan estas falsedades pecan y se apartan de lo que enseña la Palabra (2 Juan 9).

Aun hoy encontramos maestros que no son fieles a las enseñanzas de la Biblia. Proclaman ser maestros que están en "vanguardia" cuando en realidad, han pasado por alto a Cristo, y el mensaje que realmente comunican es: "Síganme a mí en vez de seguir a Jesús y las simplezas de su evangelio". Piensan que no es necesario mantenerse firmes en las "viejas" verdades, puesto que tienen la capacidad de recibir de Dios "nuevos" conocimientos.

En la iglesia de nuestro tiempo hay quienes aceptan esta clase de enseñanza, que en realidad apela a lo más bajo de la naturaleza humana. Son enseñanzas que convencen a la gente de que se puede tener poder espiritual sin disciplina espiritual; o que con indulgencia permiten los placeres sensuales, distorcionando el claro significado de las Escrituras. En conclusión, estas doctrinas convencen a las personas de que pueden vivir como les parezca y seguir siendo cristianas. Lo cierto es que "cualquiera que se extravía, y no persevera en la doctrina de Cristo, no tiene a Dios" (v. 9).

En una sociedad en que los viajeros dependían de la hospitalidad de los habitantes de una localidad, los miembros de la iglesia local eran los que acogían a los predicadores itinerantes de aquel tiempo. Cuando éstos llegaban a una iglesia local para enseñar, necesitaban de la hospitalidad de estos creyentes.

Sin embargo, por causa de los falsos maestros, los creyentes no debían dejar que cualquier predicador itinerante tuviera pleno acceso a la iglesia y a los hogares. Juan instruye a los creyentes cómo debían tratar con los falsos maestros que llegaban a las iglesias (vv. 10,11). Apoyar el ministerio de un falso maestro los convertía en cómplices. Si lo hacían, compartirían la culpa por el daño que las falsas doctrinas provocaran en el alma de las personas.

Hoy, las credenciales ministeriales legítimas, como la ordenación que confiere una denominación o fraternidad reconocida, son de gran ayuda para la iglesia local en el momento de reconocer la legitimidad e idoneidad de un ministro. No obstante, y considerando las facilidades tecnológicas de nuestro tiempo, cada creyente responsablemente debe evaluar con diligencia la enseñanza reciba. Cristo es fundamento. ¿Acepta esa enseñanza que Jesucristo es plenamente Dios y plenamente hombre; que murió y resucitó y que es el Salvador? ¿Fomenta una vida piadosa y anima a las personas a "andar como él anduvo" (1 Juan 2:6)? ¿Enfatiza esta enseñanza la importancia de amar al prójimo (2 Juan 5,6)? Cristo es el fundamento, porque "el que persevera en la doctrina de Cristo, ése sí tiene al Padre y al Hijo" (v. 9).

¿Basta con que cada persona sea fiel a la verdad de la Palabra, o debemos todos estar atentos a las creencias de los demás creyentes de nuestra iglesia? Explique su respuesta.

La sana doctrina es de vital importancia en una iglesia. Si dejamos que alguien enseñe falsedades respecto a nuestras doctrinas fundamentales, peligra toda la iglesia. Ciertamente, siempre habrá diferencias de opinión respecto a ciertos asuntos, pero debemos estar de acuerdo en cuanto a las verdades fundamentales. Tal vez diferimos en la manera en que observamos esas verdades. Por ejemplo, puede haber diferencias en la manera en que los cristianos servimos la Santa Cena, o cómo celebramos el domingo de Resurrección. Aunque esos asuntos son importantes, no son fundamentales como lo que debemos creer acerca de Cristo (v. 9).

¿Qué podemos hacer en nuestra iglesia para crecer en la sana doctrina —la verdad de Dios— y también en el tierno trato para con los demás?

La sana doctrina (la verdad de Dios) y el trato amoroso son el plan de Dios para una iglesia saludable. Si alguien de nuestra iglesia enseña una doctrina que no refleja lo que dice la Biblia, debemos corregir tal error. Si no es posible corregir la enseñanza, la iglesia tampoco debe aceptar al maestro (v. 10) hasta que corrija su error. Si no impedimos que se enseñen falsedades, ponemos en peligro la salud y la solidez de la iglesia. Podríamos ser cómplices de que algunos tomen la triste decisión de rechazar la salvación (v. 11).

Juan habría escrito más, pero había asuntos que debía atender personalmente cuando los visitara (v. 12). Él sabía que nada sustituye el trato directo. Como Juan, cuando nos reunamos también debemos tener una relación en que podamos verdaderamente comunicar nuestra fe.

IDEA 4. Distribuya la hoja de trabajo "Propague la Palabra". Indique a los alumnos que la usen para expresar lo que han aprendido de este estudio sobre la Segunda epístola de Juan.

Discipulado en acción

Lo más importante que podemos alcanzar en la vida es la fidelidad a Cristo, tanto en nuestra fe como en nuestras acciones. Cristo, plenamente Dios y plenamente hombre, nació, murió por nosotros, y resucitó victorioso sobre el pecado. En nuestra vida personal, y de manera colectiva como iglesia, debemos creer fielmente la verdad, y vivir cada día conforme a ella.

También debemos ser fieles en el amor a los demás. Este es el mandamiento del Señor. Las obras de amor no se pueden separar de la fe en la verdad de Dios. Nuestra fe debe movernos a tratar con amor a las personas.

Al considerar retrospectivamente nuestra vida, querremos apreciar que hemos obedecido a Dios. Esta feliz evaluación dependerá de las decisiones que tomemos cada día. ¿Qué cambios podemos realizar para tener la certeza de que vivimos en fiel obediencia a Cristo?

Ministerio en acción

Los cristianos debemos defender el Evangelio, y exhortar a los creyentes a creer y a seguir a Cristo. Esto requiere que hablemos con amabilidad y respeto. Nuestra intención no debe ser probar en una conversación que tenemos la razón, sino ganar almas para Cristo.

Una de las preguntas que los maestros se hacen con mayor frecuencia es ésta: "¿Cómo puedo enfocar con eficacia la atención de mis alumnos en el tema de la lección apenas entren en el aula? Una buena idea es escribir en tarjetas de cartulina unas cuantas preguntas prácticas relacionadas con la lección. Use una tarjeta para cada pregunta. Ponga las tarjetas sobre las sillas. Conforme entren, diga a los alumnos comenten la pregunta que encuentren en su silla. Este es un método informal de dirigir la conversación hacia la lección.

Lectura devocional

Lunes
Andar en pacto con Dios.
Génesis 17:1–8

Martes
Obedecer los mandamientos de Dios.
Deuteronomio 6:17–25

Miércoles
Andar en integridad.
Salmo 26:1–12

Jueves
La importancia de la fidelidad.
Mateo 25:14–23

Viernes
Los administradores deben ser fieles.
1 Corintios 4:1–5

Sábado
Exhortaciones a la fidelidad.
Apocalipsis 2:7–11

Fundamento bíblico
3 Juan 1–14

Enfoque
Evaluar los buenos y malos ejemplos bíblicos, e imitar sólo los buenos.

Bosquejo
I. Gayo, hermano fiel y servicial
   A. Regocíjese en la fidelidad
   B. Siga el modelo del amor
II. Diótrefes, hombre pecador y ambicioso
   A. Cuídese de los líderes abusivos
   B. Imite los buenos ejemplos
III. Demetrio, hermano respetado por todos
   A. Una elogiable perseverancia
   B. Imite a los líderes piadosos

Preparación
❑ Escoja las preguntas, las actividades de aprendizaje, y los artículos del *Folleto de ayudas y recursos* que lo ayuden a alcanzar los objetivos de la lección.
❑ Llene la hoja "Planificación de la clase".
❑ Copie las hojas de información "La prosperidad" y "3 Juan 11" y las hojas de trabajo "Perfil de un líder abusivo" y "Para un estudio más amplio 21".

Buenos ejemplos y malos ejemplos

Verdad central
Los ejemplos piadosos nos enseñan a vivir de una manera que complazca a Dios.

Versículo clave: 3 Juan 11
Amado, no imites lo malo, sino lo bueno. El que hace lo bueno es de Dios; pero el que hace lo malo, no ha visto a Dios.

Introducción

IDEA 1. Conforme llegan al aula, distribuya entre los alumnos tarjetas de cartulina. Pídales que escriban un buen ejemplo y un mal ejemplo de trabajo en equipo. No es necesario que escriban su nombre en la tarjeta. Recójalas, mézclelas, y léalas a toda la clase. Explique por qué en muchos casos, el ejemplo es una eficaz manera de aprender.

En 3 Juan, el apóstol menciona tres personas: Gayo, Diótrefes, y Demetrio. Del ejemplo de estos hombres, sea bueno o sea malo, podemos aprender cómo complacer a Dios.

Objetivos del aprendizaje
Al terminar esta lección, sus alumnos podrán:
1. mencionar los tres hombres que aparecen en 3 Juan, y explicar el ejemplo de cada uno.
2. identificar en la Biblia o en la iglesia los buenos ejemplos que son dignos de imitar.
3. esforzarse por ser un buen ejemplo de una vida piadosa.

1. El anciano a Gayo, el amado, a quien amo en la verdad.

2. Amado, yo deseo que tú seas prosperado en todas las cosas, y que tengas salud, así como prospera tu alma.

3. Pues mucho me regocijé cuando vinieron los hermanos y dieron testimonio de tu verdad, de cómo andas en la verdad.

4. No tengo yo mayor gozo que este, el oír que mis hijos andan en la verdad.

5. Amado, fielmente te conduces cuando prestas algún servicio a los hermanos, especialmente a los desconocidos,

6. los cuales han dado ante la iglesia testimonio de tu amor; y harás bien en encaminarlos como es digno de su servicio a Dios, para que continúen su viaje.

7. Porque ellos salieron por amor del nombre de Él, sin aceptar nada de los gentiles.

8. Nosotros, pues, debemos acoger a tales personas, para que cooperemos con la verdad.

9. Yo he escrito a la iglesia; pero Diótrefes, al cual le gusta tener el primer lugar entre ellos, no nos recibe.

10. Por esta causa, si yo fuere, recordaré las obras que hace parloteando con palabras malignas contra nosotros; y no contento con estas cosas, no recibe a los hermanos, y a los que quieren recibirlos se lo prohíbe, y los expulsa de la iglesia.

11. Amado, no imites lo malo, sino lo bueno. El que hace lo bueno es de Dios; pero el que hace lo malo, no ha visto a Dios.

12. Todos dan testimonio de Demetrio, y aun la verdad misma; y también nosotros damos testimonio, y vosotros sabéis que nuestro testimonio es verdadero.

13. Yo tenía muchas cosas que escribirte, pero no quiero escribírtelas con tinta y pluma,

14. porque espero verte en breve, y hablaremos cara a cara.

15. La paz sea contigo. Los amigos te saludan. Saluda tú a los amigos, a cada uno en particular.

Comentario bíblico

I. Gayo, hermano fiel y servicial
A. Regocíjese en la fidelidad
3 Juan 1–4

El "anciano" que escribió esta epístola fue el apóstol Juan (3 Juan 1). Escribió a un creyente llamado Gayo. Más allá de lo que se dice en la epístola, no tenemos información acerca de esta persona. Al parecer, era líder de la iglesia local, pero no era el único que ocupaba una posición de autoridad.

Es probable que la iglesia a la que pertenecía Gayo estaba en el Asia Menor, a las que Juan escribió su evangelio. Algunas de esas iglesias habían sufrido a consecuencia de falsas enseñanzas. Juan escribió su tercera epístola para reforzar la sana doctrina y sacar del error a las iglesias que habían recibido enseñanzas falsas. También envió buenos maestros a la región donde vivía Gayo. Éste los recibió y los apoyó en su trabajo. En cambio, Diótrefes, otro líder de la iglesia, procuró mantenerlos alejados.

¿Cuáles son los tres aspectos de la vida de Gayo que se mencionan en 3 Juan 2?

El anciano ora que Gayo prospere, tenga salud, y crezca espiritualmente. Estos son para Dios los aspectos importantes de nuestra vida, y es bueno que oremos los unos por los otros, como Juan oraba por Gayo.

Debemos tener presente que hay

palabras como "prosperar" han cambiado de significado con el tiempo. En este versículo, la palabra griega que se traduce como "prosperar" tiene más relación con un viaje exitoso que con las riquezas materiales. La idea es que en el camino de la vida, es bueno para nosotros que nos mantengamos fieles a la fe, hasta que muramos físicamente y vayamos al cielo.

> **IDEA 2.** Distribuya la hoja de información "La prosperidad", y úsela para explicar la manera en que 3 Juan 2 se aplica a los creyentes.

Juan celebró la fidelidad de Gayo a Cristo, tanto en su fe, como en su manera de vivir (v. 3). Su fidelidad era una fuente de gran gozo para el apóstol (v. 4).

Los creyentes podemos identificarnos con el gozo que sintió Juan como consecuencia de saber que había otros que andaban en la verdad. Nada nos debería hacer más felices, que saber que nuestra familia y nuestros amigos viven para Dios, y nada nos debería entristecer más que saber que no lo hacen.

¿Qué podemos hacer para apoyar a los cristianos que están tristes porque las personas más cercanas a ellos no viven para Dios?

> **IDEA 3.** Dirija a sus alumnos en un comentario sobre la pregunta anterior. Exhórtelos a evitar las frases repetidas y las respuestas superficiales. Diríjalos en una oración por sus seres amados que no son creyentes, o que se han apartado de la fe, y ore que ellos puedan presentarles el Evangelio.

B. Siga el modelo del amor
3 Juan 5–8

Como recordará, en el estudio de 2 Juan vimos que la solidez de la fe y las obras de amor son inseparables. Así que, cuando leemos que Gayo andaba en la verdad, sabemos que se mantenía fiel a la buenas enseñanzas. También sabemos que trataba con amor a los demás.

En 3 Juan 5, Juan habla de manera más específica acerca de la fidelidad de Gayo. Los maestros itinerantes habían llegado a la ciudad donde él vivía. Gayo no los conocía, pero sí sabía que venían con el propósito de enseñar la sana doctrina a los creyentes.

Ellos habían comentado con otros creyentes de cuán bondadoso era Gayo. La palabra que se traduce como "amor" en el versículo 6 es el vocablo griego agape, que se usa para describir el amor de Jesús. Se trata del amor dispuesto a ofrecer la vida por el prójimo que Cristo practicó, y que enseñó como mandamiento a sus discípulos: debían amarse unos a otros.

La buena disposición de Gayo y su ayuda hacía posible que los maestros hicieran la obra de Dios sin preocuparse de tener que trabajar para mantenerse. Así podían dedicar todo su tiempo y su esfuerzo al desarrollo de la iglesia. Cuando llegara el momento de ir a otros lugar, sabían que podrían contar con la ayuda de Gayo para cubrir el costo de su viaje (vv. 6,7).

A los creyentes se nos exhorta a mostrarar amor a quienes ministran para el Señor (v. 8).

¿Cómo podemos ayudar a los que ministran el Evangelio?

Podemos animarlos con nuestras palabras, con nuestras finanzas, y nuestra fidelidad a Dios y a la iglesia. Cuando agradecemos al ministro y a su familia en días especiales puede ser muy significativo para quien nos ministra. También de vez en cuando podemos decirles que estamos orando por ellos. Cuando ayudamos a los que ministran, participamos en la propagación del Evangelio.

II. Diótrefes, hombre pecador y ambicioso

A. Cuídese de los líderes abusivos
3 Juan 9,10

Gayo es un buen ejemplo de fe y conducta cristianas, pero Diótrefes es un ejemplo de la forma en que no deben actuar los creyentes (3 Juan 9). Juan le había escrito a la iglesia para que recibiera a los maestros itinerantes, pero Diótrefes abusaba de su posición como líder en esa iglesia, para combatir la ayuda que les daba el anciano.

> **IDEA 4.** Distribuya la hoja de trabajo "Perfil de un líder abusivo". Pida a los alumnos que sugieran cuáles serían las características de un líder abusivo, conforme a lo que se dice en 3 Juan 9,10.

Diótrefes resistió la autoridad del anciano, y al hacerlo, perjudicó a la iglesia. ¿Por qué lo hizo? El anciano aclara que a Diótrefes "le gusta tener el primer lugar entre ellos" (v. 9). Le gustaba mandar a los demás, y tenía suficiente influencia para excluir de la iglesia a ciertas personas (v. 10).

Hay quienes se sienten más cómodos en posiciones de liderazgo que otros. Esto no es lo mismo que ejercer control sobre las personas. Diótrefes quería dictar lo que la gente debía hacer, por eso resistía a quienes pudieran desafiar su autoridad.

Para mostrar su rechazo de la ayuda que Juan había enviado, Diótrefes se propuso difamar a Juan y a quienes trabajaban con él. Habló palabras maliciosas acerca de ellos, para manchar su carácter ante los creyentes (v. 10).

Diótrefes no apoyó a los maestros que envió el anciano. Además de rechazarlos, quiso asegurarse de que los maestros enviados por Juan no tuvieran oportunidad alguna de influir sobre la congregación, así que obligó a los creyentes a mantenerse lejos de ellos. Llegó al extremo de obligar a salir de la iglesia a todo el que ayudara a esos maestros. Juan afirma que muy pronto visitaría la iglesia, y que personalmente enfrentaría a Diótrefes.

Tal vez usted ha visto esta clase de abuso de poder. Quizá ha visto algo similar en alguna iglesia. Esa no es la manera en que deben hacerse las cosas en la iglesia. Diótrefes agudizó el daño que habían producido las falsas doctrinas, al influir también en los creyentes contra quienes habían llegado a ellos para enseñar las verdades del Evangelio.

¡Es muy triste encontrar este tipo de abusos en el mismo nacimiento de la Iglesia! Y lamentablemente esas cosas también suceden hoy. La iglesia es una familia, y para protegerla debemos enfrentar a líderes abusivos como Diótrefes. De lo contrario, somos cómplices del daño que tales personas pueden provocar. Debemos fomentar entre los creyentes, la buena doctrina y el trato que se caracteriza por el amor de Cristo. Los buenos líderes fomentan las buenas enseñanzas en las iglesias y no abusan de su autoridad.

B. Imite los buenos ejemplos
3 Juan 11

? **¿Qué debemos hacer cuando reconocemos que un líder podría estar errado?**

Hay otros lugares de las Escrituras donde se nos instruye de manera más concreta respecto a esto. Pero a partir de este texto, podemos distinguir la responsabilidad de Gayo y la de Juan. Éste último prometió que recordaría las obras de Diótrefes cuando fuera a verlos (3 Juan 10). No esperaba que Gayo ni los demás creyentes tuvieran que contender con Diótrefes por asuntos de gobierno en la iglesia y autoridad.

Gayo debía ocuparse de su propia conducta. Debía guardarse de seguir el mal ejemplo. Nosotros también debemos cuidarnos de no seguir el ejemplo de los que se comportan de manera indebida.

Aunque un líder esté equivocado, nosotros somos responsables de que nuestra fe y nuestra conducta no se aparte de lo que enseña la Palabra (v. 11). No podremos enfrentar eficacia a los malos líderes si nosotros mismos no hacemos lo recto a los ojos de Dios.

¿Cómo podemos encontrar un buen ejemplo que podamos imitar? Anque nadie es perfecto, los buenos líderes se proponen vivir en santidad.

? **¿Qué aspecto tendría hoy un buen ejemplo o un mal ejemplo de liderazgo en la iglesia?**

Se sabe que tenemos la responsabilidad de escoger buenos líderes para la iglesia. Un buen líder no es simplemente la persona que hace lo que otros no quieren hacer, o asiste fielmente a todas las reuniones. El buen líder es una persona piadosa que con sinceridad vela por el bienestar y la salud del pueblo de Dios. Ésta es la clase de líder piadoso que se nos exhorta a seguir.

> **IDEA 5.** El versículo clave de hoy nos recuerda que debemos fijarnos en los buenos ejemplos que Dios nos da. Distribuya la hoja de información "3 Juan 11", en ella hay diversas manera de aprender de memoria el versículo clave. Invite a los alumnos a memorizar este versículo.

III. Demetrio, hermano respetado por todos
A. Una elogiable perseverancia
3 Juan 12

Tercera de Juan 12 presenta a Demetrio, otro buen ejemplo para los creyentes. Algunos eruditos piensan que Demetrio fue el portador de la epístola de Juan a esta iglesia. Este versículo es una recomendación del carácter y las obras de Demetrio como creyente, hecha por otras personas y por la verdad. Demetrio se caracterizaba por la constancia. Juan confirma que "la verdad misma" es un testimonio favorable de su carácter. El mismo Juan da testimonio del excelente trato que recibió de Demetrio. Los demás podían tener la certeza de que el informe sobre Demetrio era fidedigno.

Es posible que alguien como Demetrio influyó en usted; alguien que se caracterizaba por la constancia en su manera de vivir. El buen ejemplo de algunas personas nos anima en nuestro andar con el Señor.

? **¿Ha hallado usted a alguien que ha sido un buen ejemplo**

de lo que significa vivir para Dios? ¿De qué manera lo ha inspirado este ejemplo a crecer en Dios?

> **IDEA 6.** Tenga a la mano papel y lápiz para todos. Pida a los alumnos que piensen en personas que podrían reconocer por la buena influencia que han tenido en ellos. Pídales que escriban una breve nota a la persona que escojan. Anímelos a expresar agradecimiento como lo que se dice de Demetrio en el versículo 12.

Debemos buscar modelos como Demetrio. También debemos procurar ser responsables y constantes en lo que hacemos, y acordarnos también de agradecer a quienes han sido un buen ejemplo para nosotros. Además, debemos esforzarnos por vivir para Dios de manera que otros nos puedan ver como un buen ejemplo de lo que significa vivir para Dios.

B. Imite a los líderes piadosos
3 Juan 13,14

Al final de varias de las epístolas del Nuevo Testamento hay saludos y elogios dirigidos a determinadas personas. Los que allí se mencionan son conocidos, tanto del escritor de la epístola como de sus destinatarios. Estos breves reconocimientos de otros creyentes nos presentan la imagen de una comunidad de fe auténtica y llena de vida. Gayo, Demetrio, y Juan eran parte de una comunidad llena de vida y de amor. Se conocían y se estimaban mutuamente. Siempre había algo más que decir acerca de ellos.

¿Por qué Juan escribió esta epístola, en vez de esperar para decir las mismas palabras personalmente a Gayo?

Juan consideró que había algunas cosas que debían dejarse para una reunión personal (3 Juan 13,14). En cambio, era necesario que otras cosas se dijeran de inmediato. ¿Cuáles eran esas cosas que tanto se necesitaban? La mayor parte de la epístola es un esfuerzo de apoyar a los que estaban haciendo lo recto con el fin de que los conflictos no provocaran divisiones en la iglesia. Era importante elogiar a Gayo por haber apoyado a los verdaderos maestros. Juan necesitaba confirmar que tenía planes de enfrentar a Diótrefes en persona. También les quería enviar por escrito un buen informe acerca de Demetrio.

A partir de las cartas, podemos aprender mucho acerca de una persona. Podemos hallar grandes ejemplos en la Biblia y en la historia de la Iglesia, pero también necesitamos tener buenos modelos con los cuales interactuar. Para conocer realmente el carácter de una persona, es necesario que pasemos tiempo con esa persona. Ésta es una de las razones de que necesitamos estar activos en una iglesia. Los que son buenos modelos entre nosotros, ayudan a la iglesia a que se fortalezca en la verdad. Debemos seguir su ejemplo y apoyarlos.

Juan sabía que, para vivir en la verdad y en el amor, los creyentes necesitaban buena enseñanza y buenos líderes. Necesitamos apoyar a los buenos líderes y ayudar a los ministros piadosos. Los buenos líderes continuamente nos recuerdan la verdad. Son modelo de amor. Se dedican a establecer relaciones firmes entre los creyentes y llenas de amor. Ésos son los líderes realmente dignos de todo nuestro respeto.

Discipulado en acción

Un proverbio tradicional judío dice que Dios nos hizo, porque le gustan las historias. La Palabra que nos entregó es un libro lleno de historias. En todas las partes de la Biblia, desde los libros de la Ley hasta las epístolas más cortas, como la Tercera Carta de Juan, hay historias de héroes y villanos; buenos ejemplos que debemos seguir y malos ejemplos que debemos evitar.

Mientras piensa en la lección de esta semana, tenga en cuenta los ejemplos de Gayo y Demetrio. ¿Por qué la gente los elogió? ¿Qué hará usted esta semana para imitar los buenos ejemplos de las Escrituras?

Recuerde que los demás lo observan. Esta semana, usted tiene la oportunidad de ser un Demetrio o un Diótrefes. Procure ser la clase de persona de la cual, como con Gayo y Demetrio, "todos dan testimonio" (v. 12).

Ministerio en acción

En 1 Corintios 11:1, Pablo escribió: "Sed imitadores de mí, así como yo de Cristo". Si usted es un creyente, que como todos, esta en proceso de maduración, acérquese a un creyente más nuevo para establecer con él una amistad que los anime a ambos en su andar con el Señor. Si es un nuevo creyente, busque a un creyente maduro que lo pueda orientar en su andar con el Señor.

Si quiere usar el examen de la Unidad como parte del próximo estudio, asegúrese de dejar suficiente tiempo de la clase para que los alumnos lo contesten, y para revisar las respuestas. El examen de la Unidad puede ser una buena manera de reforzar las verdades de la palabra de Dios que se han enseñado en ella.

Lectura devocional

Lunes
Un ejemplo de obediencia a Dios.
Génesis 6:12–22
Martes
Un ejemplo de lealtad.
Rut 1:8–18
Miércoles
Un ejemplo de vida intachable.
1 Samuel 12:1–5

Jueves
Un ejemplo de valentía al testificar.
Hechos 4:19–31
Viernes
Un ejemplo de vida cristiana.
1 Timoteo 4:7–16
Sábado
Diversos ejemplos de fe en Dios.
Hebreos 11:32–40

Manténgase firme en la fe

Verdad central

Los cristianos nos mantenemos firmes en la fe, por medio de la gracia y la verdad de Dios.

Versículo clave: Judas 21

Conservaos en el amor de Dios, esperando la misericordia de nuestro Señor Jesucristo para vida eterna.

Introducción

¿Escogimos nosotros a Dios, o Él nos escogió a nosotros? ¿Somos salvos por nuestra decisión de seguir a Jesús, o porque Él nos llamó? ¿Es cierto que una vez salvos, siempre seremos salvos? ¿Y si una persona tiene buenas creencias acerca de Cristo, pero otras erradas desde el punto de vista bíblico? ¿Qué cosas son importantes? ¿Es importante la vida personal de un maestro de la Biblia?

Estas preguntas son muy antiguas, y sus respuestas son complicadas, pero la epístola de Judas arroja alguna luz sobre preguntas similares. En este estudio, veremos qué significa contender por la fe cristiana.

Objetivos del aprendizaje

Al terminar esta lección, sus alumnos podrán:

1. describir el único camino a Dios: la salvación por medio de la fe en Jesucristo.
2. tener en cuenta que Dios ha anunciado juicio, y saber cómo se puede evitar ese juicio.
3. profundizar el conocimiento de la palabra de Dios, y usarla para crecer espiritualmente, identificar las falsas enseñanzas, y ayudar a otros a conocer a Cristo.

Fundamento bíblico
Judas 1–25

Enfoque
Reconocer la orden bíblica de asirnos con firmeza a la fe en Cristo y obedecer.

Bosquejo
I. Contienda por la fe
   A. Sepa dónde está parado
   B. Viva alerta a las falsas doctrinas
II. Espere los juicios de Dios
   A. Ejemplos de juicios
   B. El juicio de los falsos maestros
III. Recuerde, edifique, guarde, y rescate
   A. Crezca en la fe
   B. No pierda de vista los puntos esenciales de la fe

Preparación
☐ Escoja las preguntas, la actividades de aprendizaje, y los artículos del *Folleto de ayudas y recursos* que lo ayuden a alcanzar sus objetivos en la lección.

☐ Llene la hoja "Planificación de la clase".

☐ Copie las hojas de información "Judas" y "Aprendamos del pasado", el estudio de caso "Propiciar un cambio" la hoja de trabajo "Para un estudio más amplio 22" y el examen de la Unidad.

1. Judas, siervo de Jesucristo, y hermano de Jacobo, a los llamados, santificados en Dios Padre, y guardados en Jesucristo:

3. Amados, por la gran solicitud que tenía de escribiros acerca de nuestra común salvación, me ha sido necesario escribiros exhortándoos que contendáis ardientemente por la fe que ha sido una vez dada a los santos.

4. Porque algunos hombres han entrado encubiertamente, los que desde antes habían sido destinados para esta condenación, hombres impíos, que convierten en libertinaje la gracia de nuestro Dios, y niegan a Dios el único soberano, y a nuestro Señor Jesucristo.

5. Mas quiero recordaros, ya que una vez lo habéis sabido, que el Señor, habiendo salvado al pueblo sacándolo de Egipto, después destruyó a los que no creyeron.

7. Como Sodoma y Gomorra y las ciudades vecinas, las cuales de la misma manera que aquéllos, habiendo fornicado e ido en pos de vicios contra naturaleza, fueron puestas por ejemplo, sufriendo el castigo del fuego eterno.

14. De éstos también profetizó Enoc, séptimo desde Adán, diciendo: He aquí, vino el Señor con sus santas decenas de millares,

15. para hacer juicio contra todos, y dejar convictos a todos los impíos de todas sus obras impías que han hecho impíamente, y de todas las cosas duras que los pecadores impíos han hablado contra él.

20. Pero vosotros, amados, edificándoos sobre vuestra santísima fe, orando en el Espíritu Santo,

21. conservaos en el amor de Dios, esperando la misericordia de nuestro Señor Jesucristo para vida eterna.

22. A algunos que dudan, convencedlos.

23. A otros salvad, arrebatándolos del fuego; y de otros tened misericordia con temor, aborreciendo aun la ropa contaminada por su carne.

24. Y a aquel que es poderoso para guardaros sin caída, y presentaros sin mancha delante de su gloria con gran alegría,

25. al único y sabio Dios, nuestro Salvador, sea gloria y majestad, imperio y potencia, ahora y por todos los siglos. Amén.

Comentario bíblico

I. Contienda por la fe

A. Sepa dónde está parado
Judas 1,2

> **IDEA 1.** Distribuya la hoja de información "Judas". Revise el contenido con los alumnos.

Es muy probable que el escritor de esta epístola fuera Judas, el medio hermano de Jesús y hermano de Santiago o Jacobo (Judas 1). Él se identifica humildemente como "Judas, siervo de Jesucristo".

El autor saluda a todos los que han sido "santificados", "guardados" y "llamados" (v. 1). "Santificados", porque gracias a la obra redentora de Cristo y por la fe en Él, Dios nos proclama santos. La santificación es también progresiva. Mientras tengamos vida en esta tierra, el Espíritu Santo obrará para que cada vez nos asemejemos más a Cristo.

"Guardados" significa conservados. Somos salvos, porque Dios envió a Jesús a salvarnos de la muerte eterna. Dios nos protege del maligno y nos da la gracia que necesitamos para que le sirvamos fielmente.

Es Dios quien santifica y preserva a quienes llama. Nosotros escogimos a Dios cuando respondimos al llamado que nos hizo a servirle. Su Espíritu Santo mora en quienes Él llama, y los ayuda a amarlo y servirle.

En el versículo 2, Judas saluda a sus lectores con las palabras misericordia, paz, y amor. Todas ellas son expresiones de la bendición de Dios sobre nosotros. La misericordia es el perdón de nuestros pecados que nos da Dios sin que la merezcamos. La paz es la seguridad de que Él cuida de nosotros. El amor es ese afecto inmerecido e incondicional de Dios para con sus hijos.

Sabiendo que Judas escribió esta epístola para animar a los creyentes a contender por la fe, ¿qué nos sugieren estos primeros versículos acerca de la naturaleza de la doctrina que él refuta?

Los falsos maestros que Judas describe en esta epístola, no proclamaban el poder de Cristo para guardar al creyente. Los conceptos de misericordia, paz, y amor en su verdadero sentido bíblico estaban ausentes de sus falsas enseñanzas. Judas quería recordar a los cristianos ciertas cosas que ellos debían tener presentes. Su salvación se producía por la misericordia de Dios, a través de la cual ellos experimentaban la paz con Dios. Todo esto sucedía como consecuencia del asombroso amor de Dios. Para los cristianos, aceptar lass falsas enseñanzas sería alejarse de Dios, en vez de acercarse a Él.

B. Viva alerta a las falsas enseñanzas
Judas 3,4

Puesto que las falsas enseñanzas alejan del verdadero Evangelio, Judas exhorta a sus lectores a "contender por la fe" (Judas 3). No siempre las falsas enseñanzas son tan evidentes como la mentira radical, así que los creyentes debemos esforzarnos para no perder de vista la verdad del Evangelio.

Judas señala varios rasgos presentes en los falsos maestros (v. 4). En primer lugar, se introducen solapadamente en la iglesia sutilmente,

y generalmente nadie lo nota. A veces, los creyentes paulatinamente comienzan a reconocer aquellas partes del mensaje de esos maestros que no tienen asidero en la verdad de la Palabra. Aunque alarmado por la presencia de estas personas en las iglesias, Judas no se sorprendió de encontrarlos allí. De hecho, reconoce que desde hace mucho tiempo se había anunciado la condenación de gente impía como ellos.

En segundo lugar, los falsos maestros generalmente viven como los impíos que no tienen temor de Dios. Aunque predican un mensaje aparentemente cristiano, usan la gracia de Dios como licencia para satisfacer sus deseos lujuriosos. Si vemos líderes que se permiten semejante libertinaje, no los debemos escuchar, ni mucho menos seguir.

En tercer lugar, la señal más clara es que los falsos maestros no creen ni enseñan la verdad del Evangelio. Sí enseñan falacias acerca de la naturaleza de Dios y de Cristo.

¿Se podría utilizar estos mismos rasgos para identificar a los falsos maestros de hoy? Explique su respuesta.

> **IDEA 2.** Si los alumnos desean hablar de las falsas enseñanzas que hay hoy en la Iglesia, limite la discusión a unos pocos minutos.

II. Espere los juicios de Dios
A. Ejemplos de juicios
Judas 5–7

Judas da ejemplos para mostrar que algunos que aparentemente son de Dios, en realidad no lo son. Dios sacó de Egipto a los israelitas. Aunque al principio lo siguieron, después dejaron de hacerlo. Los que obedecieron, como Josué y Caleb, entraron a la Tierra Prometida. Los demás murieron en el desierto, porque no creyeron lo que Dios les había prometido (Judas 5).

El segundo ejemplo son los ángeles que fueron creados para servir a Dios. Cuando algunos se rebelaron, Dios separó a los ángeles fieles de los ángeles rebeldes. Los rebeldes fueron encadenados en espera del día del juicio (v. 6).

Los habitantes de Sodoma y Gomorra fueron castigados por su inmoralidad (v. 7). Estos ejemplos nos hacen ver que quienes se niegan a responder en obediencia a lo que conocen acerca de Dios, son juzgados conforme a esa actitud.

¿Qué pertinencia tienen estos tres ejemplos que presenta Judas para el tiempo en que vivimos? Explique su respuesta.

> **IDEA 3.** Distribuya la hoja de trabajo "Aprendamos del pasado". Utilícela cuando presente el material que sigue.

A partir de estos ejemplos de juicios, podemos plantear una estrategia que nos ayude a vivir conforme a la fe. De los hijos de Israel podemos aprender a evitar el pecado de incredulidad y a confiar en las promesas de Dios. De los ángeles caídos, podemos aprender a evitar los pecados de orgullo y de rebelión, y a someternos a Dios en una amorosa humildad. De Sodoma y Gomorra podemos aprender a evitar el pecado de inmoralidad y a buscar pureza de corazón y de vida. Contender por la fe significa negarse con toda firmeza a dejarse arrastrar por el error y la maldad, y prponerse

a hacer todas las cosas para la gloria de Dios.

B. El juicio de los falsos maestros
Judas 10–16

¿Por qué es importante que distingamos entre los verdaderos maestros y los falsos maestros?

Para que nadie nos aparte de la verdad de Dios, debemos escoger con cuidado a nuestros maestros. Si seguimos enseñanzas falsas, ponemos en peligro nuestra propia fe y la fe de otros. Para seguir cre-yendo genuinamente en Dios, debemos conocer y seguir lo que dice la Biblia.

Judas previene de los maestros que parecen ser cristianos, pero que no obedecen a Dios. Especifica las señales de su pecado. Pecan desenfrenadamente con su cuerpo (v. 8). Se niegan a reconocer la autoridad a la que tienen derecho otros en la iglesia. Hasta ponen sus propios criterios por delante del criterio divino en los asuntos espirituales. Aun cuando el arcángel Miguel fue enviado por Dios a una misión, y se le delegó poder, él no reprendió a Satanás. Ni siquiera lo acusó. En vez de eso, Miguel se limitó a decir: "El Señor te reprenda" (v. 9). A fin de cuentas, sólo Dios tiene derecho y sabiduría suficiente para juzgar con rectitud.

La razón de que los falsos maestros de los cuales previene Judas hablan con maldad acerca de las cosas espirituales, es que no las comprenden, ni tienen conocimiento personal de ellas (Judas 10). Son como animales irracionales, que siguen todo aquello que conocen por instinto. Al seguir todo cuanto les parece natural, se corrompen ellos mismos, y se condenan a juicio.

Judas usa en este momento más ejemplos bíblicos para mostrar los errores de estos maestros (v. 11). Al igual que Caín, desarrollaron sus propias maneras de adorar (Génesis 4:3–7). Al igual que Balaam, llevan a los demás al error con el fin de obtener ganancias materiales para ellos mismos (Números 22:1–41). Como Coré, se rebelan contra Dios (Números 16:1–40). El juicio les espera por estas razones.

La descripción que hace Judas de los falsos maestros es muy reveladora. Veamos las características que se mencionan en Judas 12,13:

- Manchas (esta palabra puede referirse al arrecife oculto que puede provocar un naufragio) o personas conflictivas que arruinan la comunión de los creyentes.
- Se apacientan a sí mismos, comiendo impúdicamente entre los creyentes.
- Nubes sin agua, llevadas de acá para allá por los vientos.
- Árboles sin fruto, dos veces muertos.
- Árboles arrancados de raíz.
- Fieras ondas del mar, que espuman su propia vergüenza.
- Estrellas errantes (cometas o meteoritos), para las cuales está reservada eternamente la oscuridad de las tinieblas.

¿Qué nos dicen estas características acerca de los falsos maestros y su fin?

> **IDEA 4.** Pida a los alumnos que determinen de qué manera se aplican los puntos anteriores a los falsos maestros. Escriba sus sugerencias en la pizarra, o en una transparencia.

El libro de Enoc era un texto judío que aparentemente fue escrito a principios del primer siglo. Aunque no es parte del canon bíblico, Judas cita esta fuente para enfatizar la verdad de que Dios juzga a los impíos, las acciones impías, y las palabras impías contra Él (vv. 14,15).

En el versículo 16, Judas resume el comportamiento de los falsos maestros. Si se les despoja de la admiración que provocan sus palabras altisonantes, éstas sólo son personas descontentas con la autoridad, y que se dejan arrastrar por sus pasiones.

La lista del versículo 16 nos es de gran utilidad para evaluar nuestra vida y la de nuestros maestros. ¿Aceptamos la justa autoridad que Dios nos da, o murmuramos y nos quejamos? ¿Tenemos dominio de nuestras pasiones, o nos dejamos arrastrar por nuestro capricho? ¿Nos jactamos para que otros nos vean como más importante o espirituales de lo que realmente somos? ¿Nos aprovechamos de las personas con las cosas que decimos? Judas nos recordaría que no debemos engañarnos con el pensamiento de que podemos pecar y escapar de las consecuencias que otros han sufrido.

III. Recuerde, edifique, guarde, y rescate
A. Crezca en la fe
Judas 17–20

En el mensaje de Judas no había nada que fuera totalmente nuevo para sus lectores. Ellos conocían las historias que él mencionó. Sabían también que hay una fe verdadera, y que hay falsificaciones.

¿Qué puede hacer el cristiano para protegerse de los falsos maestros y de las falsas doctrinas?

Judas enseña a sus lectores que siempre deben recordar lo que aprendieron desde el principio de su experiencia cristiana (Judas 17). La fe verdadera no cambia. Cuando oímos ideas nuevas, debemos volver a lo que aprendimos en el principio, para evaluar su veracidad.

Siempre ha habido gente que va a la iglesia, o se relacionan con ella, pero rechazan la autoridad de líderes piadosos porque prefieren satisfacer sus inclinaciones impías. Al hacerlo, se separan de Dios (vv. 18,19).

Dios quiere que nuestra manera de vivir sea diferente al de estas personas (v. 20). Nuestra meta debe ser que nos fortalezcamos en la fe genuina. No debemos dejar que mensajes errados y confusos entren a nuestra vida. Más bien, debemos perseverar en nuestra oración diaria, e invitar al Espíritu Santo a hacer en nosotros lo que Él quiera, y nos ayude a ser cristianos más fuertes.

Recuerde la fe en que fue instruido desde el principio. Edifíquese en ella por medio de la oración diaria. Necesitamos conocer las características de los falsos maestros, pero no es eso lo más importante. La mejor manera de evitar las falsas enseñanzas consiste en mantenernos sumergidos en el amor y en la palabra de Dios.

B. No pierda de vista los puntos esenciales de la fe
Judas 21–25

Judas les ordena también a los creyentes que se mantengan en el amor de Dios (Judas 21). Para hacerlo, debemos poner los ojos en Cristo, a través del cual se nos ha dado a conocer ese amor. Debemos buscar continuamente "la misericordia de nuestro Señor Jesucristo para vida eterna" (v. 21).

No sólo debemos protegernos de las falsas enseñanzas, sino que también tenemos la responsabilidad de rescatar a los que han sido seducidos por ellas, o que han sido atrapados en ellas. Judas exhorta a los creyentes a ser compasivos con quienes han comenzando a dudar de la verdad (v. 22). En cuanto a quienes han sucumbido ante la falsedad, los creyentes deben hacer cuanto esfuerzo puedan para ayudarlos a volver a la verdad, arrebatándolos de las llamas del mismo infierno (v. 23). Sin embargo, esto se debe hacer con cautela, para guardarse de caer también en el engaño.

IDEA 5 Distribuya el estudio de caso "Propiciar un cambio". Comente las respuestas de los alumnos.

Judas termina su epístola con una doxología, una proclamación de fe (vv. 24,25). Dios nos puede guardar, a pesar las amenazas de los falsos maestros o de otras fuerzas malignas. Los versículos 24 y 25 describen la imagen de nuestro gozo definitivo en la presencia de Dios. Nos recuerdan que el único Dios verdadero es quien nos sostiene ahora y siempre. Él solamente es digno de recibir "gloria y majestad, imperio y potencia, ahora y por todos los siglos" (v. 25).

Discipulado en acción

¿Quién le orienta en su andar espiritual con Dios? ¿Cuáles son los maestros y los predicadores que lo guían? ¿Qué libros lee? ¿Aprueban sus guías el examen que Judas para determinar la autenticidad de un maestro de la fe cristiana?

Piense en la naturaleza de su fe. ¿Ha cambiado su sistema de creencias o el nivel de su confianza? ¿Qué sintonía hay entre lo que usted cree en la actualidad y la fe que enseñaron los apóstoles?

Esta semana, dedique un tiempo para evaluar sus convicciones y el fundamento de éstas. Determine como meta el crecimiento y la buena salud de su fe. Examine la lista de quienes influyen en usted y cerciórese de que fomenten en otros la fe en Dios.

Ministerio en acción

Judas nos recuerda que la salvación y la vida eterna sólo se encuentran en Jesucristo. Es muy importante que nos acerquemos a los demás. Piense en las personas sobre las cuales usted influye. ¿Con quién tiene contacto en su trabajo, su iglesia, y su comunidad? ¿Qué puede hacer usted para ayudarlos a responder positivamente al amor de Dios?

Puesto que la próxima clase comenzará una nueva Unidad, esta semana dedique tiempo a la lectura de la Introducción a la Unidad, y del contenido de sus lecciones. Pídale al Espíritu que lo dirija mientras prepara cada una de ellas.

En preparación para la Idea 2 para el maestro, pida a algún conocido que dé un testimonio acerca de cómo su servicio en la iglesia le ha ayudado a crecer espiritualmente.

Lectura devocional

Lunes
Esfuércese y sea valiente.
Josué 1:1–9

Martes
Haga depender de Dios su victoria.
2 Crónicas 20:14–25

Miércoles
Confíe en el Señor.
Salmo 37:1–11

Jueves
Reciba la Palabra.
Mateo 13:18–23

Viernes
Practique las disciplinas espirituales.
1 Tesalonicenses 5:14–25

Sábado
Mire a Jesús.
Hebreos 12:1–4

El crecimiento espiritual

¿Cómo medimos el crecimiento? Cuando pensamos en crecimiento físico, hablamos de altura, de peso, y de la capacidad para realizar determinadas funciones, como cuánto tardamos en correr una cierta distancia. El crecimiento mental se mide con pruebas de capacidad intelectual y de resolución de problemas. Es relativamente fácil observar si estamos madurando físicamente o intelectualmente. Sin embargo, ¿cómo determinamos el crecimiento espiritual?

En esta unidad estudiaremos qué significa crecer espiritualmente, y determinaremos qué nos ayuda a madurar en el Señor. Para que haya crecimiento espiritual, en primer lugar debe haber un nacimiento; es necesario que el Espíritu Santo nos dé vida espiritual a través de la fe en Jesucristo como Salvador. Cuando eso sucede, Dios comienza a obrar en la vida del nuevo creyente y lo ayuda a madurar. En el primer estudio, hablaremos de algunos retos que enfrentan quienes se han propuesto crecer espiritualmente y quieren alcanzar la madurez en Cristo.

La Biblia, la palabra de Dios, es vital para el crecimiento espiritual. Los creyentes saber qué dice la Biblia, y vivir su mensaje. Estos principios deben dar forma a nuestro pensamiento, deben influir en nuestras actitudes, y deben guiar nuestras decisiones. Éstos son los asuntos que se comentarán en el segundo estudio.

El tercer estudio explora la importancia de la oración para el crecimiento espiritual. La oración es la conexión directa entre el cristiano y Dios. Conforme maduramos espiritualmente, deberíamos estar cada vez más conscientes de la constante presencia de Dios en nuestra vida, y de la manera en que su voz nos guía.

El crecimiento espiritual es un peregrinaje de toda la vida. Y como sucede con cualquier otro aspecto de nuestro desarrollo, no se produce de manera espontánea. El cuarto y último estudio nos ayudará a reconocer que siempre debemos buscar a Dios y lo que tiene relación con su Reino.

Pida a Dios que esta unidad sea un desafío a nunca dejar de crecer espiritualmente. Dios está listo para responder a todo aquel que esté dispuesto a consagrarse cada vez más a Él, y ser cada vez más semejantes a Jesús.

Crezca como persona

Verdad central

La voluntad de Dios es que sus hijos maduren en su relación con Él.

Versículo clave: Colosenses 4:12

Siempre rogando encarecidamente por vosotros en sus oraciones, para que estéis firmes, perfectos y completos en todo lo que Dios quiere.

Enfoque

Analizar la necesidad de crecer espiritualmente y buscar la madurez en Cristo.

Introducción

Un niño debe crecer. El niño que no crece podría sufrir un desorden que debe tratar un profesional de la salud. Dios diseñó el cuerpo humano para que creciera y madurara.

Dios también quiere que crezcamos espiritualmente. Felizmente, Él nos muestra qué debemos hacer. Este estudio analiza los medios para el crecimiento espiritual y nos anima a cultivar una relación con el Señor.

Objetivos del aprendizaje

Al terminar esta lección, sus alumnos podrán:

1. analizar su crecimiento espiritual personal y hacer los cambios que sean necesarios.
2. identificar buenos ejemplos de crecimiento espiritual y comprometerse a seguirlos.
3. comprometerse a hacer del crecimiento espiritual una ocupación de toda la vida.

Fundamento bíblico

1 Samuel 2:11, 22–26; 3:19, 20; Lucas 2:49–52; 2 Corintios 13:5–11; Hebreos 5:12

Enfoque

Analizar la necesidad de crecer espiritualmente y buscar la madurez en Cristo.

Bosquejo

I. Pruébese a sí mismo
  A. Examine su crecimiento espiritual
  B. Tenga como meta la madurez
II. Siga los buenos ejemplos
  A. Madure espiritualmente y físicamente
  B. Crezca en sus relación con Dios y con las personas
III. Crezca continuamente
  A. Continúe su proceso de maduración
  B. Sea diligente en su crecimiento

Preparación

☐ Escoja las preguntas, las actividades de aprendizaje, y los artículos del *Folleto de ayudas y recursos* que lo ayuden a alcanzar sus objetivos en la lección.

☐ Llene la hoja "Planificación de la clase".

☐ Copie el estudio de caso "Cuestión de crecimiento" y la hoja de trabajo "Para un estudio más amplio 23".

☐ Prepare las transparencias "El crecimiento de Samuel" y "Por razón del uso".

2 Corintios 13:5. Examinaos a vosotros mismos si estáis en la fe; probaos a vosotros mismos. ¿O no os conocéis a vosotros mismos, que Jesucristo está en vosotros, a menos que estéis reprobados?

6. Mas espero que conoceréis que nosotros no estamos reprobados.

7. Y oramos a Dios que ninguna cosa mala hagáis; no para que nosotros aparezcamos aprobados, sino para que vosotros hagáis lo bueno, aunque nosotros seamos como reprobados.

1 Samuel 2:11. Y Elcana se volvió a su casa en Ramá; y el niño ministraba a Jehová delante del sacerdote Elí.

26. Y el joven Samuel iba creciendo, y era acepto delante de Dios y delante de los hombres.

3:19. Y Samuel creció, y Jehová estaba con él, y no dejó caer a tierra ninguna de sus palabras.

20. Y todo Israel, desde Dan hasta Beerseba, conoció que Samuel era fiel profeta de Jehová.

Lucas 2:49. Entonces él les dijo: ¿Por qué me buscabais? ¿No sabíais que en los negocios de mi Padre me es necesario estar?

50. Mas ellos no entendieron las palabras que les habló.

51. Y descendió con ellos, y volvió a Nazaret, y estaba sujeto a ellos. Y su madre guardaba todas estas cosas en su corazón.

52. Y Jesús crecía en sabiduría y en estatura, y en gracia para con Dios y los hombres.

Hebreos 5:12. Porque debiendo ser ya maestros, después de tanto tiempo, tenéis necesidad de que se os vuelva a enseñar cuáles son los primeros rudimentos de las palabras de Dios; y habéis llegado a ser tales que tenéis necesidad de leche, y no de alimento sólido.

13. Y todo aquel que participa de la leche es inexperto en la palabra de justicia, porque es niño;

14. pero el alimento sólido es para los que han alcanzado madurez, para los que por el uso tienen los sentidos ejercitados en el discernimiento del bien y del mal.

6:1. Por tanto, dejando ya los rudimentos de la doctrina de Cristo, vamos adelante a la perfección; no echando otra vez el fundamento del arrepentimiento

Comentario bíblico

I. Pruébese a sí mismo

A. Examine su crecimiento espiritual

2 Corintios 13:5–7

Seguramente recordará cuando observó la rapidez con que crecía su hijo. Tal vez hizo que se parara junto al marco de una puerta para medir su altura. Tal vez con discretas marcas mantuvo un registro gráfico de su crecimiento, y que después de años él mismo pudo ver con asombro.

También es bueno mantener un registro de nuestro crecimiento espiritual personal. Pablo exhorta a los creyentes de Corinto a que periódicamente hagan una evaluación de su crecimiento; era necesario en vista de los problemas por los que atravezaba la iglesia. Él relaciona los problemas con la inmadurez espiritual. En la primera epístola que les dirige, dice que son como "niños en Cristo" (1 Corintios 3:1).

En su segunda epístola a la iglesia de Corinto, Pablo trata de nuevo el tema de la inmadurez espiritual. Los exhorta a examinarse a sí mismos, para demostrarse que se mantienen firmes en Cristo (2 Corintios 13:5).

❓ ¿Por qué el crecimiento espiritual es importante para los creyentes?

IDEA 1. Distribuya el estudio de caso "Cuestión de crecimiento". Comente las respuestas de sus alumnos.

La falta de crecimiento físico en un niño es motivo de alarma para sus padres. El crecimiento físico es indicio de salud física. Así también, el crecimiento espiritual dice mucho de nuestra salud espiritual.

La vida eterna y la relación con Dios para la cual fuimos creados, depende no sólo del conocimiento de que Él es el Señor. Nuestra vida espiritual y eterna depende de una constante y cada vez más profunda relación con Él.

Pablo no sugiere a los creyentes de Corinto que hagan algo que él mismo no ha hecho. Él ha examinado su corazón y su vida, y tiene como meta cultivar una buena relación con Jesucristo (v. 6).

Todos debemos imitar a Pablo. Si este cuidadoso escrutinio de nuestros pensamientos y acciones revela que nuestra relación con Cristo es inferior a lo que debe ser, tenemos que dar los pasos necesarios para corregir lo que siente nuestro corazón y lo que hay en nuestra vida, de manera que corrijamos nuestra manera de vivir para que complazca a Dios.

Este autoexamen es de tal importancia, que Pablo dice que preferiría él mismo no pasar esta prueba, que ver el fracaso de los creyentes de Corinto (v. 7). Obviamente, Pablo no tenía intención alguna de fracasar en el examen de su propia fe; sólo quería que aquellos cristianos pesaran la importancia de examinarnos con regularidad en cuanto a nuestra relación con Dios. La meta de este examen personal es conocer la realidad de nuestra posición respecto a Él. Cuando conocemos la verdad de nuestra condición espiritual, debemos buscar el perdón y la dirección de Dios para continuar en una buena relación con Él.

B. Tenga como meta la madurez
2 Corintios 13:8–11

En los últimos versículos del capítulo 13, Pablo tiene en mente su próxima visita a Corinto. Si encuentra que los creyentes están viviendo de acuerdo a la verdad, no tendrá que ejercer la disciplina (v. 8). No le importa que se le considere débil, si los creyentes están fortalecidos (v. 9). Su meta para los creyentes de Corinto es la perfección de ellos.

¿Qué significa "perfección" en este pasaje?

En este contexto, al hablar de perfección, Pablo no se refiere a la ausencia total de pecado, sino a la madurez espiritual, al hecho de estar completos. Él quiere que los creyentes examinen su fe, de manera que maduren en su relación con el Señor. Por eso expresa su sincera esperanza de que los cristianos de la iglesia de Corinto examinen su corazón y crezcan espiritualmente. Si lo hacen, él no tendrá que disciplinar a la iglesia con palabras fuertes cuando la visite. Él quiere que los creyentes se desarrollen espiritualmente (v. 10).

Si tenemos objeciones ante la idea de examinar nuestro corazón, debemos recordar que este escrutinio es una evaluación de nuestro progreso a la madurez espiritual. Como creyentes debemos responder a nuestra necesidad de madurar espiritualmente de lo contrario tendremos que acatar la disciplina del Señor. Dios nos ama, y le importa nuestro crecimiento espiritual. Su disciplina no tiene como fin destruirnos, sino mostrarnos su amor, con el deseo de que crezcamos espiritualmente.

Pablo hace un llamado final a la iglesia de Corinto a que sea perfecta, o madura (v. 11). La madurez espiritual se revela en la unidad entre los creyentes; en que "son de un mismo sentir" y "viven en paz" (véase el v. 11). Los creyentes maduros tienen la seguridad de que el Dios del amor y de la paz estará siempre con ellos.

II. Siga los buenos ejemplos
A. Madure espiritualmente y físicamente
1 Samuel 2:11,22–26; 13:19,20

Medimos la salud de una planta al compararla con otra. ¿Tiene la planta brotes y hojas saludables como otras que hemos visto, o éstos se están secando y han perdido el color?

También podemos medir nuestro crecimiento espiritual, comparando nuestra vida con la de personas que aman a Dios de todo corazón. La Biblia nos da buenos ejemplos de crecimiento espiritual.

Samuel, juez y profeta del Antiguo Testamento, es un buen ejemplo de crecimiento físico y espiritual. En su niñez, trabajó para Elí, el sacerdote, sirviendo al Señor en el tabernáculo (1 Samuel 2:11).

Su crecimiento espiritual nos enseña que crecemos en el Señor cuando le servimos. Aceptar las oportunidades de servir en la iglesia es un buen paso al crecimiento espiritual.

IDEA 2. Antes de la clase, pida a alguien que testifique acerca de su servicio en la iglesia. Explique a esa persona que la meta del testimonio es hablar de la manera en que ese servicio le ha ayudado a crecer espiritualmente.

Con el paso del tiempo, Samuel comenzó a dar muestras de su madurez espiritual. Los hijos de Elí, que también servían en el tabernáculo, usaban su posición para su propio placer y beneficio (v. 22). Elí les suplicó que no hicieran tal cosa, pero ellos ignoraron sus advertencias, y eso les costó la vida (vv. 23–25). En contraste con los hijos de Elí, Samuel también sirvió, y tuvo la aprobación de Dios y de su pueblo (v. 26).

¿Qué nos enseña el ejemplo de Samuel respecto al crecimiento espiritual?

IDEA 3. Presente la transparencia "El crecimiento de Samuel". Consúltela mientras presenta el siguiente comentario.

La vida de Samuel nos enseña la importancia del crecimiento espiritual. En primer lugar, nos mueve a la acción. No crecemos espiritualmente en la inactividad. Cuando servimos fielmente al Señor, también crecemos en nuestra relación con Él. El servicio al Señor abarca nuestros pensamientos, nuestras palabras, y nuestras acciones.

En segundo lugar, el crecimiento espiritual se aprecia en una vida de santidad. Es probable que si una persona tiene dificultad para vivir en santidad, se trate de un creyente débil. Aquellas situación que constantemente nos hacen caer en pecado deberían servir como señal de que hay áreas de nuestra vida que debemos rendir a Dios si queremos tener una relación con Él.

En tercer lugar, el crecimiento espiritual es esencial, y no se debe tomar a la ligera. Es un asunto de vida eterna o de muerte eterna. Sin este crecimiento, morimos espiritualmente. Los hijos de Elí nos muestran el triste fin de la inmadurez espiritual. Dios hizo caer su juicio sobre ellos y los privó de la vida. Sin crecimiento espiritual, nos arriesgamos a que nos suceda lo mismo.

Samuel creció físicamente y espiritualmente. El Señor bendijo su vida y su ministerio profético (3:19). En Israel, todos fueron testigos de su crecimiento espiritual. Él fue reconocido como un hombre espiritual; un auténtico profeta de Dios (v. 20).

Somos bendecidos cuando crecemos espiritualmente y también bendecimos a quienes nos rodean, al madurar en nuestra relación con Dios. Cuando crecemos en el Señor, nuestra vida se conforma al plan que Dios tiene para cada uno.

B. Crezca en su relación con Dios y con las personas
Lucas 2:49–52

Jesús es el ejemplo de crecimiento espiritual por excelencia; no hay otro como Él. En su juventud, tuvo plena consciencia de que debía hacer la voluntad de su Padre celestial. A los doce años, fue con María y José, sus padres al templo de Jerusalén para celebrar la fiesta anual de la Pascua. Cuando ellos regresaban a su casa después de la fiesta, descubrieron aterrados que Jesús no estaba en el grupo con el que viajaban. Entonces volvieron a Jerusalén de inmediato, y encontraron a Jesús en el templo, escuchando a los maestros y preguntando (Lucas 2:41–47).

Cuando sus padres le preguntaron por qué les había provocado tal angustia, su respuesta reveló que estaba consciente de que debía obedecer a su Padre celestial (v. 49). El lenguaje de este versículo nos muestra que Jesús estaba plenamente convencido de que debía estar en el templo en aquellos momentos, porque su Padre así lo quería.

Posiblemente la pregunta de María fue una insinuación de que está acción de Jesús había sido sólo un capricho de niño. Sin embargo, la respuesta reveló que Jesús tenía plena conciencia de que era, antes que nada, Hijo de Dios, y que tenía el deber de hacer la voluntad de su Padre. Cuando sucedió aquel incidente, María y José no entendieron cabalmente lo que Jesús les quiso decir (v. 50).

Jesús regresó con ellos al hogar, y estuvo sujeto a la autoridad de ellos (v. 51). A diferencia de quienes usan su deber para con Dios como excusa para la desobediencia, Jesús mostró una humilde sumisión. Él es ejemplo de cómo quiere Dios que crezcamos. Siguió creciendo en inteligencia, en capacidad física, en lo espiritual, y en lo social (v. 52).

Él es nuestro ejemplo de cómo debemos madurar en la vida.

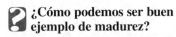 **¿Cómo podemos ser buen ejemplo de madurez?**

IDEA 4. Use los aspectos del crecimiento que aparecen en Lucas 2:52 para dirigir los comentarios relacionados con la pregunta anterior. Comente la manera en que el crecimiento en cada aspecto debe reflejar un estilo de vida piadoso, y cómo cada uno de ellos puede afectar nuestro testimonio ante los demás.

III. Crezca continuamente
A. Continúe su proceso de maduración
Hebreos 5:12—6:1

El crecimiento espiritual no es para la gente joven solamente. Aun quienes llevan ya la "corona de las canas" deben seguir buscando su propia madurez espiritual.

El escritor de Hebreos se dirige a personas que probablemente tenían muchos años de creyentes. Expresa su preocupación por el hecho de que todavía necesitan enseñanza en los rudimentos de la palabra de Dios, cuando ellos mismos ya debían ser maestros (Hebreos 5:12). Esto nos dice que la edad no es señal de madurez espiritual.

El escritor ve a sus destinatarios como niños espirituales que aún no se han familiarizado con las verdades más profundas de la palabra de Dios (v. 13). La madurez exige una comprensión cada vez mayor de las Escrituras, que se demuestra en nuestra capacidad de tomar decisiones sabias y piadosas (v. 14). Ellos ya debían haber aprendido y aplicado la palabra de Dios a su vida diaria. No lo han hecho, y esta es una gran señal de su inmadurez. El escritor exhorta a sus lectores a seguir adelante en el camino a la madurez (6:1).

IDEA 5. Presente la transparencia "Por razón del uso". Utilícela para guiar una conversación acerca de cómo los creyentes maduramos cuando aplicamos la palabra de Dios a nuestra vida diaria.

B. Sea diligente en su crecimiento
Hebreos 6:9–12

El escritor de Hebreos estaba muy consciente del peligro que había en permanecer en la inmadurez espiritual. Por eso, tenía puesta toda su esperanza en que sus lec-

tores atenderían seriamente a sus advertencias y buscarían su propio crecimiento espiritual (Hebreos 6:9). Puesto que fue Dios quien lo inspiró a decir esto, también nosotros podemos aplicar esta verdad a nuestra vida. Dios espera que crezcamos. Debemos esforzarnos para hacer lo que Él espera de nosotros.

Dios conoce nuestro esfuerzo por crecer espiritualmente (v. 10). El hecho de que esté observando el crecimiento de sus hijos, debería inspirarnos a madurar espiritualmente.

? ¿Cómo puede madurar espiritualmente un creyente que ya parece espiritualmente maduro?

El autor de Hebreos señala con claridad que el crecimiento espiritual no se produce de manera espontánea. Exige de nosotros que seamos diligentes toda la vida. Debemos proponernos cada día conocer y agradar a Dios (vv. 11,12). Decida hoy mismo que será como aquellos que nos preceden en la fe, y que no han dejado de crecer. Gracias a su fe en Dios, y a su paciente dedicación a crecer espiritualmente, ellos heredarán todo lo que Dios les ha prometido.

IDEA 6. Pida a sus alumnos que identifiquen a personas de la congregación, o a otros que han seguido creciendo espiritualmente, a pesar de su avanzada edad. Los alumnos que respondan, explicarán cuáles son las cualidades que observan en esas personas. Escriba esas cualidades en la pizarra.

Discipulado en acción

El crecimiento espiritual no es una opción, sino la voluntad de Dios para todo aquél que cree en Cristo. Debemos examinar con sinceridad nuestro crecimiento espiritual (o la falta de él). Podemos usar como patrón para nuestro propio desarrollo personal los extraordinarios ejemplos que nos ofrece la Biblia. Cada día necesitamos comprometernos a crecer en la gracia del Señor y nunca flaquear en nuestro propósito.

Todos y cada uno de nosotros nos podemos trazar un camino de crecimiento espiritual. Pidamos al Señor que nos muestre las áreas de nuestra vida que necesitan mayor atención para nuestro desarrollo espiritual, y que nos ayude a encontrar formas prácticas de crecer en ellas. Cual sea su edad, recuerde que siempre habrá más que aprender, y nuevas alturas que alcanzar en nuestra relación con Cristo.

Ministerio en acción

Todos necesitamos ayuda de vez en cuando. Es probable que en su comunidad haya ministerios de ayuda a las personas que tienen dificultad en su crecimiento, como un albergue para quienes no tienen casa, un almacén de alimentos, o un centro de colocación laboral. Piense en un proyecto de clase en que sus alumnos pudieran ayudar en uno o más de esos ministerios.

Planifique (o pida que un voluntario lo haga) una velada de confraternidad con los alumnos fuera del salón de la Escuela Dominical. Mantenga el costo, la duración y el tipo de actividad en sintonía con la situación de sus alumnos.

Lectura devocional

Lunes
Eche raíces profundas.
Salmo 1:1–6
Martes
Crezca en sabiduría.
Proverbios 9:10–12
Miércoles
Crezca en fruto.
Jeremías 17:7–10

Jueves
Crezca como la semilla en buen suelo.
Marcos 4:26–32
Viernes
Crezca hacia arriba.
Efesios 4:7–16
Sábado
Crezca en profundidad.
Colosenses 2:4–10

Fundamento bíblico

Salmo 119:145–152; Lucas 8:4–15; 1 Pedro 1:22—2:3

Enfoque

Enfatizar la importancia de las Escrituras en el crecimiento espiritual y comprometerse al estudio personal de la Biblia.

Bosquejo

I. Medite en la palabra de Dios

  A. Dedique tiempo a las Escrituras

  B. Los beneficios del estudio de la Biblia

II. Anhele el alimento espiritual

  A. La palabra de Dios nos da vida nueva

  B. La palabra de Dios nos ayuda a crecer

III. Reciba y obedezca la Palabra

  A. Reciba la Palabra

  B. Obedezca la Palabra

Preparación

❑ Escoja las preguntas, las actividades de aprendizaje, y los artículos del *Folleto de ayudas y recursos* que lo ayuden a alcanzar sus objetivos en la lección.

❑ Llene la hoja "Planificación de la clase".

❑ Prepare las transparencias "Los beneficios del estudio de la Biblia", "El carácter de la Biblia" y "La parábola del sembrador".

❑ Copie la hoja de trabajo "Para un estudio más amplio 24.

Crezca por la palabra de Dios

Verdad central

La lectura y la aplicación de las verdades de las Escrituras a la vida son necesarias para el crecimiento espiritual.

Versículo clave: 1 Pedro 2:2

Desead, como niños recién nacidos, la leche espiritual no adulterada, para que por ella crezcáis para salvación.

Introducción

Alguien dijo en una ocasión que "el camino al conocimiento comienza cuando se vuelve la página". A través de la historia hemos asociado el crecimiento intelectual con los libros. Joseph Addison, ensayista inglés, dijo: "La lectura es a la mente lo que el ejercicio es al cuerpo". Así como el ejercicio físico nos desarrolla físicamente, los buenos libros tienen la capacidad de desarrollarnos intelectualmente.

No obstante, hay sólo un libro que es la clave del crecimiento espiritual: la Biblia. Esta lección trata de la importancia de la Biblia en nuestra madurez espiritual.

Objetivos del aprendizaje

Al terminar esta lección, sus alumnos podrán:

1. explicar los beneficios de meditar en la palabra de Dios.

2. pedir al Señor que despierte en ellos el hambre y la sed de su Palabra.

3. decidir que estudiarán la Palabra y obedecerán.

Salmo 119:145. Clamé con todo mi corazón; respóndeme, Jehová, y guardaré tus estatutos.

146. A ti clamé; sálvame, y guardaré tus testimonios.

147. Me anticipé al alba, y clamé; esperé en tu palabra.

148. Se anticiparon mis ojos a las vigilias de la noche, para meditar en tus mandatos.

149. Oye mi voz conforme a tu misericordia; oh Jehová, vivifícame conforme a tu juicio.

1 Pedro 1:22. Habiendo purificado vuestras almas por la obediencia a la verdad, mediante el Espíritu, para el amor fraternal no fingido, amaos unos a otros entrañablemente, de corazón puro;

23. siendo renacidos, no de simiente corruptible, sino de incorruptible, por la palabra de Dios que vive y permanece para siempre.

24. Porque: Toda carne es como hierba, y toda la gloria del hombre como flor de la hierba. La hierba se seca, y la flor se cae;

25. Mas la palabra del Señor permanece para siempre. Y esta es la palabra que por el evangelio os ha sido anunciada.

2:1. Desechando, pues, toda malicia, todo engaño, hipocresía, envidias, y todas las detracciones,

2. desead, como niños recién nacidos, la leche espiritual no adulterada, para que por ella crezcáis para salvación,

3. si es que habéis gustado la benignidad del Señor.

Lucas 8:11. Esta es, pues, la parábola: La semilla es la palabra de Dios.

12. Y los de junto al camino son los que oyen, y luego viene el diablo y quita de su corazón la palabra, para que no crean y se salven.

13. Los de sobre la piedra son los que habiendo oído, reciben la palabra con gozo; pero éstos no tienen raíces; creen por algún tiempo, y en el tiempo de la prueba se apartan.

14. La que cayó entre espinos, éstos son los que oyen, pero yéndose, son ahogados por los afanes y las riquezas y los placeres de la vida, y no llevan fruto.

15. Mas la que cayó en buena tierra, éstos son los que con corazón bueno y recto retienen la palabra oída, y dan fruto con perseverancia.

Comentario bíblico

I. Medite en la palabra de Dios

A. Dedique tiempo a las Escrituras
Salmo 119:145–148

"¡No me queda tiempo para leer y estudiar la Biblia!" Tal vez ha oído palabras como éstas, o es posible que usted mismo las haya dicho. La lectura y el estudio de las Escrituras son disciplinas a las que debemos dedicar tiempo.

Medite en la descripción que el Salmo 119 presenta del tiempo que pasamos en la Palabra. Este Salmo nos muestra, versículo tras versículo, la admiración del salmista por la palabra de Dios.

En el versículo 145, el salmista pinta una imagen verbal de sí mismo como de alguien dispuesto a dedicar su tiempo a algo de suma importancia; "Clamé con todo mi corazón; respóndeme, Jehová." El salmista clama a Dios para que lo libre de sus enemigos (v. 146). Confía que Dios lo librará, porque él se ha comprometido a obedecer su Palabra.

El salmista está dispuesto a dedicar el tiempo que sea necesario en su búsqueda de Dios. Se levanta temprano por la mañana para pedir ayuda, y pone su esperanza en su Palabra (v. 147). Además, dedica tiempo en la noche a meditar en la palabra de Dios (v. 148).

¿Cómo meditamos en la palabra de Dios?

Meditamos en la Palabra cuando constantemente evocamos las verdades de Dios y las asociamos a lo que vivimos cada día. Muchas veces meditamos en asuntos que nos frustran o nos llenan de preocupación. Cuando una y otra vez pensamos en este tipo de situaciones, dejamos que cobren una importancia desproporcionada. Sin embargo, la meditación en la verdad de Dios nunca será desproporcionada ni nos hará daño; cuanto más meditemos en la verdad de Dios tanto mejor.

¿Ha descubierto algún método que le ha dado buen resultado cuando se trata de dedicar tiempo a la palabra de Dios?

La extensión del tiempo o el momento del día que dediquemos a la palabra de Dios no es tan importante como el hecho de que verdaderamente lo hagamos. Algunos creyentes consideran que levantarse de la cama más temprano de lo normal es la mejor manera de pasar tiempo con Dios y con su Palabra. Tal vez piensan que la mente está más despejada en la primera horas de la mañana, y que esa hora del día está libre de los ajetreos que los pueden distraer de la lectura de la Biblia y la meditación en ella.

Otros creyentes consideran que sus mañanas son muy agitadas, aunque se levanten temprano. Las horas de la noche, cuando han terminado los afanes del día, parecen más propicios para la lectura y el estudio de la Biblia.

Es bueno que para nuestro estudio busquemos un momento en que haya cesado el ajetreo de la rutina de cada día. Sea temprano en la mañana, o en la noche, debemos valorar el momento de nuestro encuentro con Dios a través de la lectura de su Palabra y la meditación en ella. Si valoramos la palabra de Dios, le daremos la prioridad sobre las otras maneras en que podríamos usar nuestro tiempo.

B. Los beneficios del estudio de la Biblia
Salmo 119:149–152

¿En qué sentido el estudio de la Biblia equivale a usar sabiamente nuestro tiempo?

Ponga en la balanza, por una parte, el tiempo que dedica al estudio de la Palabra, y por otra parte, el beneficio que obtiene del estudio de ella. El salmista nos ofrece su propia lista de beneficios.

> **IDEA 1.** Presente la transparencia "Los beneficios del estudio de la Biblia" mientras explica esos beneficios.

El salmista estaba dispuesto a dedicar tiempo a la palabra de Dios, porque tenía la esperanza de que también Él oiría con amor su oración (Salmo 119:149). Puesto que era un estudioso de la Palabra, tomaba muy en serio las promesas de Dios de amar y cuidar a quienes son parte de su pueblo.

Si nos preguntamos si vale la pena dedicar un tiempo a leer y estudiar la palabra de Dios, debemos considerar que la Biblia revela el perfecto amor de Dios para con nosotros. La Biblia menciona muchas veces el gran amor de Dios. Cuando invertimos nuestro tiempo en leerla y estudiarla, abrimos nuestro corazón para ver la grandeza del amor de Dios para con nosotros.

En medio de la oposición y la adversidad, el salmista encontró consuelo al pensar que Dios estaba cerca de Él, y que su Palabra es fiel y verdadera (vv. 150,151). Aunque sus enemigos estaban cerca, él estaba consciente de que estaban lejos de la Ley de Dios. Sus acciones mostraban que se habían apartado de Dios y de sus caminos. En cambio, el salmista confiaba en la protección de Dios, porque sabía y tenía la experiencia de que Dios cumple su Palabra.

Esto nos muestra otro beneficio de la lectura de las Escrituras: nos acerca a su Autor. La Biblia es la revelación que Dios hace de sí mismo. En ella lo escuchamos, nos encontramos con Él, y Él nos muestra quién es. Aprendemos a confiar en Él, porque vemos que es fiel y que cumple su palabra.

El salmista había aprendido mucho antes que la palabra de Dios es eterna (v. 152). Hasta las obras literarias clásicas más famosas y estimadas tienen su tiempo. En cambio, la Biblia nos presenta una verdad que está siempre vigente. Siempre será veraz, y nunca pasará (véase Mateo 24:35). La lectura de la Biblia es la mejor inversión de nuestro tiempo y nuestra devoción.

II. Anhele el alimento espiritual
A. La palabra de Dios nos da vida nueva
1 Pedro 1:22–25

Las ganas de comer helado de un cierto sabor nos lanza a la búsqueda de la heladería que lo ofrezca. El hambre de alimentarnos espiritualmente nos lleva a la palabra de Dios. Pedro revela tres características de las Escrituras; tres rasgos que deberían abrir nuestro apetito respecto a la palabra de Dios (1 Pedro 1:22–25).

IDEA 2. Presente la transparencia "El carácter de la Biblia" y consúltela conforme explica esta sección.

En primer lugar, las Escrituras purifican. Pedro dice que los creyentes se habían purificado por su obediencia a la palabra de Dios. Como consecuencia, su vida cristiana no era un simple esfuerzo, sino que vivían un auténtico cristianismo (v. 22).

¿De qué manera nos guía la palabra de Dios a la santidad personal?

La Biblia revela el pecado, y lo que complace a Dios. Al atesorar la la palabra de Dios en nuestro corazón y someternos al poder de su Espíritu, podemos fortalecernos y desarrollar el poder necesario para resistir las tentaciones (véase el Salmo 119:11; Romanos 8:4).

En segundo lugar, la Biblia transforma. Pedro lo dice claramente cuando describe a los creyentes como nacidos de nuevo (1 Pedro 1:23). Esta transformación total que nos lleva a una vida nueva, la acredita a la palabra de Dios.

De una u otra manera, la mayoría de los cristianos podemos encontrar la raíz de nuestra experiencia de salvación en la Biblia. Tal vez sucedió al escuchar un sermón, o al leer algún tipo de literatura cristiana, o por oír el testimonio de un amigo creyente. "La fe es por el oír, y el oír, por la palabra de Dios" (Romanos 10:17).

En tercer lugar, la Palabra permanece. Los libros más preciados o más informativos tienen un limitado tiempo de circulación. Otro nuevo libro ocupará el primer lugar de los éxitos de venta. La palabra de Dios, como su Autor, permanece para siempre (1 Pedro 1:25).

El estudio de las Escrituras demanda tiempo, pero los resultados son eternos. Comprometámonos a estudiar la Biblia. Ese compromiso producirá cambios hoy, y también en la eternidad.

B. La palabra de Dios nos ayuda a crecer
1 Pedro 2:1–3

Pedro describe los aspectos prácticos de la Palabra purificadora, transformadora, y eterna. Nos exhorta al arrepentimiento de aquellos pecados que tienen que ver con la actitud, y las palabras que nos decimos (1 Pedro 2:1). Los cristianos debemos dejar de lado aquellas acciones y actitudes que no armonicen con la nueva vida que recibimos al poner nuestra fe en Cristo. La palabra de Dios nos ayuda a enfrentar esas deficiencias tan frecuentes del carácter humano, y nos ayuda a vivir en santidad.

Así como la necesidad que tiene un bebé de la leche es importante para su crecimiento, también el anhelo que sentimos por la Biblia es señal de crecimiento y madurez espiritual (v. 2).

La palabra de Dios también nos ayuda a experimentar las maravillas de nuestra relación con Dios (v. 3). La vida de santidad deja de ser un sueño cuando tenemos la seguridad de la bondad de Dios para con nosotros.

Pidamos a Dios que despierte nuestro apetito por su Palabra. Que sintamos hambre insaciable de leerla y estudiarla, lo cual beneficiará con creces nuestra vida diaria.

III. Reciba y obedezca la Palabra
A. Reciba la Palabra
Lucas 8:4–8

En la parábola del sembrador, Jesús habló de nuestra actitud hacia la palabra de Dios. Este fue una de sus enseñanzas a la multitud que se habían reunido para escucharlo (Lucas 8:4).

> **IDEA 3.** Presente la transparencia "La parábola del sembrador". Llénela conforme presenta esta sección de la clase. Haga copias en papel para que los alumnos escriban sus observaciones.

En la parábola, un agricultor esparció la semilla en la tierra. En los tiempos de Jesús, los agricultores esparcían la semilla en la tierra acabada de arar. La semilla cayó en cuatro tipos de suelo. Una parte cayó "junto al camino" (v. 5). La tierra del camino se había endurecido por las muchas veces que alguien había transitado por él. Aquella semilla no brotó ni creció. Los pies de los que pasaron por el camino la hollaron, y las aves la comieron.

Parte de la semilla cayó sobre la piedra (v. 6). La piedra no es el mejor agente para el crecmiento de la semilla; no hay humedad ni el alimento necesario. La semilla brotó pero pronto se secó y murió.

Otra parte de la semilla cayó "entre espinos" (v. 7). Los espinos crecieron más, y "ahogaron" el crecimiento de las semillas, impidiendo que fructificara.

Por último, Jesús dijo que otra parte de las semillas que cayó "en buena tierra" (v. 8). Como no había impedimento, la semilla brotó, creció, y fructificó. Jesús termina, exhortando a sus oyentes a recibir la palabra de Dios de la mejor manera y dejar que produzca fruto en ellos.

¿Qué aspecto del crecimiento espiritual tuvo en mente Jesús cuando usó la iustración de la semilla?

Jesús explicó un principio clave en el crecimiento espiritual. La madurez espiritual se produce cuando recibimos con gozo la palabra de Dios y dejamos que crezca en nuestro corazón. Debemos aceptar de buena manera lo que ella nos dice y aplicarla a nuestra vida.

B. Obedezca la Palabra
Lucas 8:11–15

Jesús explicó esta parábola a sus discípulos. Dijo que la semilla es "la palabra de Dios" (Lucas 8:11). Los terrenos dónde cayó la semilla es la manera que que responden quienes oyen esa Palabra.

La semilla que cayó en el camino y que pronto se convirtió en comida de las aves, son las personas que oyen la Palabra pero, como el duro suelo del camino, no aceptan lo que han oído, la semilla no penetra en ellos. Por eso pronto Satanás les arrebata el poco conocimiento de Dios que han recibido (v. 12).

Estas palabras son una advertencia a quienes no creen que la Biblia es la palabra de Dios, o que se burlan de sus enseñanzas. Su incredulidad les puede costar la vida eterna.

La semilla que cayó sobre la piedra es la respuesta superficial y temporal a la Palabra. Tal vez esta persona se entusiasmó con las Escrituras y sus enseñanzas, pero la superficialidad de su compromiso con Cristo la deja indefenza ante la maldad. Cuando llega la prueba, pronto se desalienta y se aparta (v. 13).

La semilla que cayó entre espinos es la persona que deja que "los afanes y las riquezas y los placeres de la vida" (v. 14) ahoguen su interés por la palabra de Dios. Todos, con mucha facilidad, podemos dejar que "las cosas" ahoguen nuestro interés por lo más importante: la relación con Dios.

Jesús define la buena tierra como los que tienen "corazón bueno y recto" (v. 15). Éstos están abiertos a la obra del Espíritu Santo en su vida, y tienen un anhelo continuo de conocer y servir a Dios. Al aprender y poner en práctica su Palabra, producen fruto.

¿Qué podemos hacer para recibir y guardar la palabra de Dios en nuestro corazón?

Jesús nos exhorta a ser como la buena tierra, y recibir la palabra de Dios en nuestra vida. Esto lo hacemos siguiendo la indicación que encontramos en Lucas 8:15. Debemos "oír" la Palabra: estar atentos cuando la leemos y la estudiamos, reconocer lo que Dios nos dice en su Palabra. También debemos "retener" la Palabra: obedecerla con nuestro pensamiento, nuestras palabras, y nuestras obras (v. 15). Por último, debemos vivir cimentados en las Escrituras. Entonces nuestra vida dará abundante fruto, como la buena tierra de la parábola de Jesús.

¿Cómo podemos evaluar la calidad de nuestra terreno, la receptividad de nuestro corazón a la palabra de Dios?

El crecimiento espiritual no sucede de la noche a la mañana. Debemos evaluar, no sólo nuestros anhelos e intenciones, sino también nuestras prácticas (véase Tito 1:16). Busquemos la ayuda del Espíritu, porque sólo Él sabe realmente lo que hay en nuestro corazón. Y si descubrimos que nuestro corazón no es buena tierra y nos arrepentimos, Dios nos perdonará y nos transformará. Nuestra respuesta de obediencia a la palabra de Dios fomenta nuestro crecimiento espiritual.

Discipulado en acción

Tal vez su agitado ritmo de vida le dificulta dedicar unos momentos al estudio de las Escrituras. Medite en lo que ha aprendido acerca del valor que tiene el estudio de la Biblia. Al leer la Palabra, debemos ir más allá de los datos superficiales y las historias de la Biblia. Debemos aprender qué nos enseña acerca de Dios y debemos dejar que nos ayude a madurar en la fe.

Comprométase hoy a estudiar la Biblia. Su esfuerzo será ricamente compensado. El tiempo que dedique al estudio de la Biblia, le reportará grandes beneficios espirituales.

Si tiene familia, establezca un momento diario de devoción familiar. Lea las Escrituras con su cónyuge y sus hijos, y anímelos a aplicar a su vida lo que aprendan. La lectura de las verdades de las Escrituras y su aplicación a la vida son necesarias para el desarrollo espiritual.

Ministerio en acción

Piense en diversas maneras en que sus alumnos pueden presentar la palabra de Dios a otras personas, especialmente a quienes no son salvos. Ore que Dios abra puertas y corazones, y ayude a los creyentes a anunciar la Palabra, y que la semilla caiga en corazones bien dispuestos y que produzca mucho fruto.

Para la sección Ministerio en acción de la semana próxima, prepare información acerca de las maneras en que los alumnos pueden participar en la oración de intercesión dentro de la iglesia.

Lectura devocional

Lunes
La Palabra purifica.
Salmo 119:9–16
Martes
La Palabra da nueva vida.
Salmo 119:25–32
Miércoles
La Palabra consuela.
Salmo 119:49–56

Jueves
La Palabra es eficaz.
1 Tesalonicenses 2:1–13
Viernes
La Palabra es poderosa.
Hebreos 4:1–13
Sábado
La Palabra permanece.
1 Juan 2:3–14.

Crezca por la oración

Fundamento bíblico

Mateo 6:6; Lucas 5:15,16; Juan 15:5–8; 17:20–26; Romanos 8:26,27; Filipenses 1:9–11; Colosenses 1:9–12; 4:2; Hebreos 7:23–25

Enfoque

Comprender cuán esencial es la oración para el crecimiento espiritual, y orar conforme a esa verdad.

Bosquejo

I. La necesidad de orar

  A. Ore a pesar de las presiones

  B. Ore a solas con el Padre

  C. Ore sin cesar

II. Ore por crecimiento espiritual

  A. Pida crecimiento

  B. Pida fruto en su vida

III. Usted nunca ora solo

  A. Cristo ora con usted

  B. El Espíritu Santo nos ayuda a orar

Verdad central

La oración es una conexión directa entre el cristiano y Dios.

Versículo clave: Lucas 18:1

También les refirió Jesús una parábola sobre la necesidad de orar siempre, y no desmayar.

Introducción

Cuando pensamos en el desarrollo de un niño, consideramos una diversidad de factores: nutrición, ejercicio, educación, entre otros. Sería difícil identificar uno de esos factores como el único esencial para el desarrollo del niño.

Cuando pensamos en nuestro desarrollo espiritual, hay muchos elementos que contribuyen a él. El estudio de la Biblia y la oración se encuentran en primer lugar en la lista de lo esencial. El estudio anterior analizaba de cómo podemos crecer espiritualmente por medio de la palabra de Dios. El estudio de hoy enfoca la importancia de la oración para la madurez espiritual.

Objetivos del aprendizaje

Al terminar esta lección, sus alumnos podrán:

1. reconocer la relación que hay entre la oración y el crecimiento espiritual.

2. comprometerse a orar todos los días a fin de crecer espiritualmente.

3. animarse al saber que el Señor Jesucristo y el Espíritu Santo interceden en su favor.

Preparación

☐ Escoja las preguntas, las actividades de aprendizaje, y los artículos del *Folleto de ayudas y recursos* que lo ayuden a alcanzar sus objetivos en la lección.

☐ Llene la hoja "Planificación de la clase".

☐ Prepare la transparencia "Jesús, nuestro gran sumo sacerdote".

☐ Copie las hojas de trabajo "Orar con Jesús", "Mi vida de oración" y "Para un estudio más amplio 25".

Lucas 5:15. Pero su fama se extendía más y más; y se reunía mucha gente para oírle, y para que les sanase de sus enfermedades.

16. Mas él se apartaba a lugares desiertos, y oraba.

Mateo 6:6. Mas tú, cuando ores, entra en tu aposento, y cerrada la puerta, ora a tu Padre que está en secreto; y tu Padre que ve en lo secreto te recompensará en público.

Colosenses 4:2. Perseverad en la oración, velando en ella con acción de gracias.

Filipenses 1:9. Y esto pido en oración, que vuestro amor abunde aun más y más en ciencia y en todo conocimiento,

10. para que aprobéis lo mejor, a fin de que seáis sinceros e irreprensibles para el día de Cristo,

11. llenos de frutos de justicia que son por medio de Jesucristo, para gloria y alabanza de Dios.

Colosenses 1:9. Por lo cual también nosotros, desde el día que lo oímos, no cesamos de orar por vosotros, y de pedir que seáis llenos del conocimiento de su voluntad en toda sabiduría e inteligencia espiritual.

Juan 15:7. Si permanecéis en mí, y mis palabras permanecen en vosotros, pedid todo lo que queréis, y os será hecho.

Hebreos 7:25. Por lo cual puede también salvar perpetuamente a los que por él se acercan a Dios, viviendo siempre para interceder por ellos.

Juan 17:20. Mas no ruego solamente por éstos, sino también por los que han de creer en mí por la palabra de ellos,

21. para que todos sean uno; como tú, oh Padre, en mí, y yo en ti, que también ellos sean uno en nosotros; para que el mundo crea que tú me enviaste.

Romanos 8:26. Y de igual manera el Espíritu nos ayuda en nuestra debilidad; pues qué hemos de pedir como conviene, no lo sabemos, pero el Espíritu mismo intercede por nosotros con gemidos indecibles.

27. Mas el que escudriña los corazones sabe cuál es la intención del Espíritu, porque conforme a la voluntad de Dios intercede por los santos.

Comentario bíblico

I. La necesidad de orar

A. Ore a pesar de las presiones
Lucas 5:15,16

Con las agendas tan cargadas y el agitado paso de la vida moderna, tal vez nos preguntemos cómo podremos encontrar tiempo para orar. Sin embargo, si de verdad nos detenemos a pensar en la importancia de la oración, deberíamos preguntarnos cómo es posible que vivamos sin orar. La oración es uno de los principales medios para nuestro crecimiento espiritual. Sin oración, nos secamos espiritualmente, cómo se seca una planta sin agua y sin el calor del sol.

Jesús con su ejemplo nos mostró cómo podemos dedicar tiempo a la oración. Así como la mayoría de nosotros, Él tenía muchos asuntos que atender y que ocupaban su tiempo. Su popularidad atrajo a multitudes con ansias de escucharlo, y recibir sanidad (Lucas 5:15). Sin embargo, Jesús no dejó que esas demandas interfirieran con sus momentos de oración. Se apartaba de la multitud y se iba a un lugar aislado para tener un tiempo de conversación con su Padre celestial (v. 16).

? **¿Qué nos dice lo anterior acerca de dedicar tiempo a la oración en nuestro día tan ocupado?**

Siga el ejemplo de Jesús cuando dedique tiempo a la oración. Procure que las presiones que enfrenta a diario le recuerden que necesita la fortaleza y la sabiduría que vienen de Dios. Él es quien las pone a nuestro alcance a través de la oración. Como Jesús, busque un lugar y un momento para orar, que le den privacidad y también libertad para expresarse ante Dios. Cuando nuestros momentos de oración siguen el ejemplo de Jesús, no dejamos que las exigencias de cada día nos impidan que pasemos un tiempo de oración con Dios cada día.

Para usted, ¿cuál es el mejor momento del día para la oración? ¿Por qué?

El tiempo más adecuado para la oración varía de persona a persona. Debemos escoger el momento y el lugar que nos faciliten más nuestra conversación con Dios. Entre los factores que pueden afectar nuestra decisión debemos considerar si somos personas mañaneras o nocturnas, nuestras responsabilidades familiares, y nuestro horario de trabajo. En última instancia, el momento del día en que oremos no tiene tanta importancia como el hecho de que realmente lo hagamos. Si Jesús tuvo el buen hábito de orar, ¿cuánto más grande es nuestra necesidad de perseverar en la oración?

> **IDEA 1.** Distribuya la hoja de trabajo "Orar con Jesús". Comente las respuestas de los alumnos.

B. Ore a solas con el Padre
Mateo 6:6

Jesús enseñó que la oración no tiene como fin impresionar a quienes nos rodean con nuestra espiritualidad, sino que es la manera en que nos relacionamos con Dios. Él enseñó que debemos orar en privado, y que Dios nos recompensará abiertamente (Mateo 6:6).

Sobre todo, la oración tiene como fin ser una conexión directa entre el cristiano y Dios. Para algunos la oración pudiera ser una carga poco atractiva. Esto puede suceder cuando el trato con Dios consiste sólo en presentar una lista de las cosas que la persona espera que Él haga. Felizmente, muchos cristianos han descubierto que la oración es un tiempo a solas con el Padre, en que con toda libertad pueden expresar lo que hay en lo más profundo. La oración debe ser un tiempo de adoración personal, de confesión de pecados, de temores, y de tribulaciones, de agradecer a Dios por sus obras, y de presentar nuestras necesidades a Él.

C. Ore sin cesar
Colosenses 4:2

Cuando enfrentamos momentos difíciles en la vida generalmente recurrimos a la oración como fuente de aliento y apoyo, sin embargo la descuidamos en medio de la rutina del diario vivir.

¿Qué cosas interfieren en nuestra búsqueda diaria de Dios en oración?

A veces cejamos en nuestra búsqueda de Dios porque nos distraen los afanes de cada día, y también dejamos que la oración se convierta en un tedioso deber. Los creyentes no deberíamos considerar la oración como algo optativo, ni dejar que se convierta en la línea de emergencia al trono de Dios. La oración debe ser nuestra experiencia diaria con el Señor.

En Colosenses 4:2 Pablo nos enseña a los creyentes a que "perseveremos en la oración, velando en ella con acción de gracias". Este versículo expresa la ferviente constancia con que todo creyente debe orar. Ésta nos mantiene centrados en Dios y agradecidos por su obra en nosotros y por medio de nosotros. Dios siempre está presto a manifestarse en nuestro favor. Pero es necesario que, por nuestra parte, nos comprometamos a crecer en una relación con Él por medio de la oración.

II. Ore por crecimiento espiritual

A. Pida crecimiento
Filipenses 1:9–11; Colosenses 1:9–12

En su epístola a la iglesia de Filipos, Pablo dice a estos creyentes que está orando por ellos (Filipenses 1:9). Ora que la congregación crezca en tres aspectos: el amor a Dios y entre ellos, el discernimiento de la mejor manera de vivir para Dios, y el fruto: un estilo de vida que se caracterice por la pureza y la justicia (vv. 10,11). Ora que se vean esas virtudes en la vida de ellos, y que por lo tanto puedan glorificar a Dios.

Por la oración, podemos buscar y experimentar personalmente el crecimiento espiritual. La constancia en la oración nos fortalece espiritualmente.

Pablo escribió también una epístola a los creyentes de Colosas. En ella les dice que desde que oyó hablar de que habían sido salvos, ha estado orando continuamente por ellos (Colosenses 1:9). También ora que los creyentes sean cada vez más "llenos del conocimiento de su voluntad en toda sabiduría e inteligencia espiritual" (v. 9).

La oración constante nos puede ayudar a crecer en nuestra comprensión de Dios y en el conocimiento de su voluntad para nuestra vida. Esto nos debería ayudar a madurar espiritualmente como creyentes.

Está claro que el conocimiento de Dios nos debe llevar a la madurez, y Pablo señala que su meta al orar es que los creyentes vivan de una manera que honre a su Señor (v. 10). Los creyentes glorificamos al Señor cuando el fruto espiritual se hace evidente en nuestras buenas obras, y el crecimiento en el conocimiento de Él. La paciencia y la longanimidad son producto de la obra del Señor en la vida del creyente (v. 11). Pablo ora incluso para que aumente en ellos la gratitud a Dios por su herencia espiritual (v. 12).

El hecho de que Pablo orara así por estas iglesias nos recuerda el crecimiento que podemos experimentar gracias a la oración. El cristiano que ora es un cristiano que crece. Los que descuidan la oración, arriesgan su madurez en el Señor.

> **IDEA 2.** Distribuya la hoja de trabajo "Mi vida de oración". Dé tiempo a los alumnos para que llenen la hoja. Pida que algunos voluntarios lean sus respuestas a la clase.

B. Pida fruto en su vida
Juan 15:5–8

¿Cómo influye en nuestra vida espiritual la oración, o falta de ella?

Gracias a la oración grandes cosas pueden suceder en nuestra vida, porque ésta nos conecta con el Señor. Jesús usa la vid y los pámpanos para ilustrar nuestra relación con Él (Juan 15:5). Así como los pámpanos deben estar conectados a la vid para dar fruto, nosotros tenemos que conectarnos a Cristo para que nuestra vida fructifique. Así como los pámpanos mueren cuando se los corta de la vid, nosotros también morimos espiritualmente cuando nos separamos de Cristo.

El creyente que descuida su vida de oración debe reflexionar detenidamente en esto. Jesús dijo que aquél que no permanece en una buena relación con Él "será echado fuera como pámpano, y se secará" (v. 6). Lo echan fuera, porque no sirve; su vida no tiene propósito. Estas palabras nos deben alertar acerca de la importancia de nuestra conexión con Jesús y de nuestra vida de oración. La oración es nuestra conexión con Él. Es la manera en que mantenemos nuestra relación con Él; esa relación es la que nos da valor y propósito. Nuestra vida da fruto para Dios.

Cuando nos mantenemos conectados a Él por medio de la oración, su presencia es constante en nuestra vida, disfrutamos de los beneficios que Dios nos ofrece, y Él nos responde a nuestro clamor (v. 7). Todo el que ha leído las promesas de la Biblia respecto a la oración debe estar consciente de las abundantes bendiciones que están al alcance de los que oran.

La oración también nos prepara para que nuestra vida produzca el fruto espiritual que Dios quiere ver en aquellos que le aman y le obedecen (v. 8). La vida fructífera procede de una relación diaria con Cristo por medio de la oración.

Piense en las diversas personas con quién usted se relaciona, y la importancia de la comunicación para mantener un trato armonioso. Sin comunicación, la relación es una apariencia. Lo mismo sucede en nuestra relación con Cristo. Si no hay oración, tampoco hay una verdadera relación con Él.

III. Usted nunca ora solo
A. Cristo ora con usted
Hebreos 7:23–25; Juan 17:20–26

El tiempo de oración a solas con el Señor es muy eficaz, pero esto no significa que orar sea una disciplina espiritual solitaria. Cada vez que oramos, participamos en el ministerio de Jesucristo en nuestros días.

Los sacerdotes judíos eran representantes del pueblo ante Dios. En su reflexión acerca de estos sacerdotes, el autor de Hebreos recuerda a sus lectores que todos los sacerdotes ocupaban su oficio por un tiempo, porque todos un día morirán (Hebreos 7:23). En cambio, Jesús, quien es el sumo sacerdote de los hijos de Dios, vive eternamente. Por esa razón, su sacerdocio es permanente (v. 24). En su calidad de Sumo Sacerdote, Jesús intercede por su pueblo (v. 25).

La oración no es una disciplina solitaria. Cuando oramos, seguimos el ejemplo de Cristo. Esto nos debe inspirar y animar a seguir orando sin cesar toda la vida.

Juan 17 es la oración de Jesús más extensa que registra la Biblia. Nos muestra la manera en que Él oró por sus seguidores. Ésta es la que se conoce como su "oración sacerdotal". Comienza orando por sí mismo (vv. 1–5). Después de esto, ora por sus discípulos (vv. 6–19).

En el versículo 20, Jesús ora por los futuros creyentes. Ora por los que vendrían a la fe gracias al mensaje de los apóstoles. Todos los que hoy creemos en Cristo estamos en esa categoría. El Evangelio que los discípulos proclamaron en sus días es las buenas nuevas que nosotros aceptamos cuando nos entregamos a Cristo. Es reconfortante saber que Jesús, nuestro gran sumo sacerdote, oró por nosotros.

Jesús ora por la unidad de los creyentes (v. 21). Pide que la unidad entre ellos sea como la que el tiene con el Padre. La capacidad de vivir en armonía con nuestros hermanos en la fe es testimonio de nuestra madurez espiritual.

La unidad entre los creyentes da más credibilidad a nuestro testimonio ante el mundo. Jesús había dicho: "En esto conocerán todos que sois mis discípulos, si tuviereis amor los unos con los otros" (13:35). Nuestro amor por los creyentes es una característica de madurez espiritual.

Jesús ora por los creyentes y les da esa gloria suya que produce la unidad (17:22). En esa unidad, Él ve la madurez de sus futuros seguidores; una madurez que mejoraría la calidad de su testimonio ante un mundo perdido (v. 23).

Él ora también para que sus discípulos un día estén con Él en el cielo, y que puedan contemplar su gloria eterna (v. 24). Éste es el futuro que espera a los creyentes que maduran y crecen en Cristo. En la eternidad, los creyentes alcanzaremos la plenitud de nuestro crecimiento en Cristo: allí estaremos completos en Él, tal como después escribiera Juan:

"Seremos semejantes a él, porque le veremos tal como él es" (1 Juan 3:2).

Jesús concluye la oración sacerdotal con la declaración de que los discípulos saben que Dios fue quien lo envió (v. 25). El ministerio de Jesús llevó el amor de Dios al corazón de sus seguidores. Finalmente, declara que Él mismo estaría en ellos (v. 26).

Estas mismas características —el conocimiento de Dios Hijo y las evidencias de que el amor de Dios está en el corazón del hombre— son las metas de la madurez espiritual. Jesús oró para que se produjera esta madurez. Cuando buscamos a Cristo, se cumple su oración por nosotros.

B. El Espíritu Santo nos ayuda a orar
Romanos 8:26,27

El Espíritu Santo también cumple un importante papel en nuestras oraciones. Cuando oremos, posiblemente habrá momentos en que sencillamente, no sabremos cómo orar. En esos momentos, el Espíritu Santo intercede por nosotros "con gemidos indecibles" (Romanos 8:26). El Padre, ante quien intercede por nosotros el Espíritu Santo, entiende esos gemidos. El Espíritu ora siempre por los creyentes conforme a la voluntad divina (v. 27).

¿Cómo influye en su oración el saber que Jesús y el Espíritu Santo oran por usted?

El conocimiento de que no oramos solos nos debe inspirar a orar sin cesar. La oración es vital para nuestra madurez como discípulos de Jesucristo. El Hijo y el Espíritu Santo no descuidan su oración por nosotros; tampoco nosotros debemos descuidar nuestra comunicación con Dios.

Discipulado en acción

Hay tantas cosas que ocupan nuestro tiempo cada día, que no siempre encontramos el momento para orar. El estudio de hoy afirma que la oración es necesaria en nuestra vida. También muestra el trascendental papel que desempeña en nuestro crecimiento espiritual. Por último, nos ha mostrado que nunca estamos solos cuando oramos; Jesús y el Espíritu Santo oran por nosotros.

Debemos encontrar la manera de que los afanes del día no interfieran con la oración. Hay cristianos que consideran útil mantener un diario de oración. Otros, se esfuerzan por desarrollar un patrón constante, y apartan un momento y un lugar específicos para orar todos los días. La situación de cada creyente es única, y debemos probar qué se acomoda mejor a nuestro estilo de vida. Lo importante es que oremos sin cesar, porque la oración es nuestra vital conexión con Dios.

Ministerio en acción

La oración de intercesión es un importante ministerio de la iglesia. Dé información a sus alumnos de las maneras en que pueden participar en la oración de intercesión dentro de la iglesia. Le sugerimos que pida voluntarios para organizar una cadena de oración entre los miembros de la clase.

Si tiene pensado usar el examen de la Unidad como parte del próximo estudio, asegúrese de destinar un momento de la clase para que los alumnos lo contesten, y para revisar las respuestas. El examen de la Unidad puede ser una buena manera de reforzar las verdades de la palabra de Dios que han aprendido.

Lectura devocional

Lunes
Ore para pedir dirección.
Salmo 5:1–8

Martes
Ore para pedir ayuda.
Salmo 32:1–7

Miércoles
Ore para pedir entendimiento.
Salmo 119:33–40

Jueves
Ore en privado.
Mateo 6:5–8

Viernes
Dirija su oración al Padre.
Mateo 6:9–15

Sábado
Ore y vigile.
Marcos 14:32–40

Fundamento bíblico

Romanos 6:1–13;
Filipenses 3:12–16;
Hebreos 12:1–3; Santiago
4:6–10; 1 Pedro 5:5–10

Enfoque

Reconocer que el crecimiento espiritual es un peregrinaje de toda la vida, y mantenerse firme en el camino verdadero.

Bosquejo

I. Ande en novedad de vida
  A. Liberado del pecado
  B. Consagrado a Dios

II. Ande según un propósito
  A. Persiga la meta de la madurez espiritual
  B. Considere a quienes han perseguido esa meta

III. Ande en humildad
  A. Sométase a Dios
  B. Ande en humildad ante Dios y ante los demás

Preparación

☐ Escoja las preguntas, las actividades de aprendizaje, y los artículos del *Folleto de ayudas y recursos* que lo ayuden a alcanzar sus objetivos en la lección.

☐ Llene la hoja "Planificación de la clase".

☐ Copie las hojas de trabajo "Firmes en la libertad" y "Para un estudio más amplio 26", así como el examen de la Unidad.

☐ Prepare las transparencias "Correr la carrera" y "La gran nube de testigos".

Ocúpese en su crecimiento

Verdad central

Al igual que Jesús, los cristianos debemos buscar continuamente el Reino de Dios.

Versículo clave: Hebreos 12:3

Considerad a aquel que sufrió tal contradicción de pecadores contra sí mismo, para que vuestro ánimo no se canse hasta desmayar.

Introducción

Aún cuando niño, Jesús expresó claramente su intención de dedicarse a "los negocios de su Padre" (Lucas 2:49). Años más tarde, cuando se acercaba el momento de la cruz, nuevamente mostró su clara intención de cumplir la voluntad del Padre (Lucas 22:42). Jesús vino para cumplir el plan de su Padre.

Como Jesús, todos debemos comprometernos a vivir conforme al plan que el Padre tiene para cada uno. Como ya hemos estudiado, el plan de Dios para los creyentes es que crezcan espiritualmente.

Objetivos del aprendizaje

Al terminar esta lección, sus alumnos podrán:

1. proclamar que el crecimiento espiritual comienza con la nueva vida en Cristo.
2. comprometerse a una vida de constante madurez espiritual.
3. reconocer que deben buscar el rostro de Dios para crecer espiritualmente.

Romanos 6:4. Porque somos sepultados juntamente con él para muerte por el bautismo, a fin de que como Cristo resucitó de los muertos por la gloria del Padre, así también nosotros andemos en vida nueva.

12. No reine, pues, el pecado en vuestro cuerpo mortal, de modo que lo obedezcáis en sus concupiscencias;

13. ni tampoco presentéis vuestros miembros al pecado como instrumentos de iniquidad, sino presentaos vosotros mismos a Dios como vivos de entre los muertos, y vuestros miembros a Dios como instrumentos de justicia.

Filipenses 3:13. Hermanos, yo mismo no pretendo haberlo ya alcanzado; pero una cosa hago: olvidando ciertamente lo que queda atrás, y extendiéndome a lo que está delante,

14. prosigo a la meta, al premio del supremo llamamiento de Dios en Cristo Jesús.

Hebreos 12:2. Puestos los ojos en Jesús, el autor y consumador de la fe, el cual por el gozo puesto delante de él sufrió la cruz, menospreciando el oprobio, y se sentó a la diestra del trono de Dios.

3. Considerad a aquel que sufrió tal contradicción de pecadores contra sí mismo, para que vuestro ánimo no se canse hasta desmayar.

Santiago 4:6. Pero él da mayor gracia. Por esto dice: Dios resiste a los soberbios, y da gracia a los humildes.

7. Someteos, pues, a Dios; resistid al diablo, y huirá de vosotros.

8. Acercaos a Dios, y él se acercará a vosotros. Pecadores, limpiad las manos; y vosotros los de doble ánimo, purificad vuestros corazones.

9. Afligíos, y lamentad, y llorad. Vuestra risa se convierta en lloro, y vuestro gozo en tristeza.

10. Humillaos delante del Señor, y él os exaltará.

1 Pedro 5:5. Igualmente, jóvenes, estad sujetos a los ancianos; y todos, sumisos unos a otros, revestíos de humildad; porque: Dios resiste a los soberbios, y da gracia a los humildes.

6. Humillaos, pues, bajo la poderosa mano de Dios, para que él os exalte cuando fuere tiempo.

Comentario bíblico

I. Ande en novedad de vida
A. Liberado del pecado
Romanos 6:1–7

¿Cuándo comienza nuestro crecimiento espiritual?

El crecimiento espiritual comienza cuando recibimos la salvación; cuando Cristo nos libera de las cadenas del pecado. Y sigue su curso mientras andamos en novedad de vida y nos mantenemos libres de las cadenas del pecado.

En Romanos 6:1, Pablo trata el tema de la libertad del dominio del pecado, y amplía lo que ya había dicho respecto a la gracia de Dios y a la justificación por la fe. Tal vez esto lleva a algunos creyentes a la conclusión de que si pecaban, el resultado sería una mayor abundancia de la gracia. Entonces, ¿por qué no pecar más aún, para que así la gracia sea mayor?

Pablo mismo responde a su pregunta con una enfática negación (v. 2). Explica su respuesta ilustrando la manera en que los cristianos se identifican con el Señor resucitado por medio del bautismo en agua (vv. 3,4). Esta ordenanza comprende la inmersión del creyente en agua, para ilustrar su muerte a la antigua vida de pecado. La salida del creyente del agua bautismal ilustra su resurrección a una nueva vida en Cristo.

Hay una relación entre el significado del bautismo en agua y el crecimiento espiritual. Los creyentes son bautizados en agua para testificar que han recibido una vida nueva por medio de la salvación, y que viven ahora en una unión espiritual con Cristo a través de su muerte y resurrección (v. 5). Por esta razón, deben vivir en la libertad que Cristo les proporciona. El pecado no debe tener poder alguno sobre la vida de un cristiano, porque éste ha muerto al pecado y resucitado a una nueva vida (vv. 6,7).

Si Cristo nos ha liberado del pecado, ¿por qué debemos empeñarnos en vivir piadosamente?

> **IDEA 1.** Distribuya la hoja de trabajo "Firmes en la libertad". Comente las respuestas.

Todo creyente que tenazmente se ocupa en su crecimiento espiritual, también debe procurar de la misma manera vivir en santidad. La vida y el crecimiento en Cristo comienzan cuando gracias a la salvación somos libres de la esclavitud del pecado. Y continúa mientras los cristianos decidan vivir desvinculados del pecado. Como las enfermedades que afligen al cuerpo físico, el pecado atenta contra la salud y el crecimiento espiritual. El hecho de vivir libres del pecado convierte nuestra vida en un suelo fértil para el crecimiento espiritual.

B. Consagrado a Dios
Romanos 6:8–13

Los creyentes que quieren crecer espiritualmente deben meditar en el paralelo que hay con Cristo. Así como Cristo murió, también el creyente debe morir a su viejo estilo de vida pecaminoso. Así como Cristo resucitó de entre los muertos y vive, también el creyente se levanta de la muerte del pecado para vivir una nueva vida en Cristo (Romanos 6:8). Cristo resucitó para nunca más

morir; la muerte no tiene dominio alguno sobre Él (v. 9). La muerte de Cristo venció definitivamente al pecado y su vida es para Dios (v. 10). Pablo explica que esa nueva vida a través de Cristo también debe presentarse en los creyentes (v. 11). Con ese conocimiento, los cristianos debemos gozar la libertad que tenemos en Cristo, no debemos dejar que el pecado domine nuestra vida. Nuestra sumisión debe ser a Dios y a una vida recta (vv. 12,13).

II. Ande según un propósito
A. Persiga la meta de la madurez espiritual
Filipenses 3:12–16

La meta del creyente debe ser su crecimiento espiritual. Aunque hayamos vivido para Cristo durante años, debemos persistir en nuestro camino hacia nuestra meta: la madurez espiritual.

Ésta fue la actitud de Pablo. Aunque había vivido para Cristo durante muchos años cuando escribió su epístola a la iglesia de Filipos, nunca expresó algún sentimiento de haber llegado a una condición de pleno desarrollo espiritual (Filipenses 3:12,13). Cada día siguió adelante, procurando crecer espiritualmente. Ésa era su meta.

Los creyentes deben tener esa misma actitud. Nadie alcanzará la perfección espiritual en esta vida. Debemos vivir conscientes de que, mientras estemos en este mundo, siempre tendremos oportunidad de crecer espiritualmente. El anhelo de alcanzar nuestra gran meta —ser como Cristo— debe ser lo que nos mueva a madurar espiritualmente.

¿Por qué la presunción de haber alcanzado la meta es obstáculo para la madurez espiritual?

Quien cree que ha alcanzado un elevado nivel de madurez, probablemente no verá gran necesidad de continuar creciendo. Podría menospreciar las áreas que Dios quiere que los creyentes desarrollen. El creyente que cede ante esta manera de pensar, pierde el beneficio del crecimiento espiritual y retrocede a la inmadurez y los peligros que ésta representa.

> **IDEA 2.** Presente la transparencia "Correr la carrera" conforme explique el material que viene a continuación.

En las enseñanzas de Pablo en estos versículos, podemos encontrar varios principios que nos guían en nuestra búsqueda de la madurez espiritual. Primero, debemos reconocer que no hemos llegado aún a una plena madurez espiritual (v. 13). Aun aquellos que podríamos considerar creyentes maduros deben seguir creciendo en la gracia y el conocimiento del Señor.

En segundo lugar, debemos ver el crecimiento espiritual como la fuerza impulsora de nuestra vida. "Una cosa hago… Prosigo a la meta, al premio del supremo llamamiento de Dios en Cristo Jesús" (vv. 13,14). Como el atleta que busca el triunfo, Pablo describe su búsqueda de la madurez espiritual como lo único en que centra sus esfuerzos.

Tercero, no debemos dejar que los errores del pasado sean obstáculo en nuestro crecimiento espiritual (v. 13). Pablo decide que no enfocará su atención en las cosas que hizo en el pasado. Él se concentra en lo que tiene por delante.

En cuarto lugar, debemos estar conscientes de a dónde nos llevará la búsqueda del crecimiento espiritual. Pablo reconoce a dónde lo lleva su propia búsqueda. Él ha sido llamado a alcanzar una meta cuya consumación será en el cielo (v. 14). Debemos ver la meta de la madurez espiritual como una búsqueda terrenal cuya consumación eterna será en el cielo.

Si creemos que lo que Pablo describe es sólo para un grupo espiritualmente "selecto", medite en el versículo 15. El apóstol explica que todo creyente maduro debe tener esa misma actitud en cuanto a la tenaz búsqueda de la madurez espiritual. Después añade que esta actitud debe ser siempre el principio que guíe a cada creyente maduro en su manera de vivir (v. 16). Haga de la búsqueda de la madurez espiritual la gran aventura de toda su vida.

> **IDEA 3.** Deje que sus alumnos hablen sobre la manera en que ellos perseveran en su búsqueda del crecimiento espiritual. Dedique un tiempo para que hagan preguntas.

B. Considere a quienes han perseguido esa meta
Hebreos 12:1–3

El autor de Hebreos presenta otra manera de inspirar la búsqueda de toda una vida de la madurez espiritual: el ejemplo de otros que ya se esforzaron por alcanzar esa excelsa meta. Ellos son buen ejemplo de la manera en que se madura espiritualmente y se persiste en ella.

El autor describe una gran nube de testigos que rodea a los creyentes (Hebreos 12:1). Se refiere a los creyentes del Antiguo Testamento con los que estaban familiarizados los cristianos hebreos. La loable y digna vida de estos personajes los debía inpirar a no abandonar la carrera.

En primer lugar, estos ejemplos nos deben llevar a los creyentes a despojar nuestra vida de todo lo que nos impida correr la carrera (v. 1). Sería bueno que analizaramos si hay conductas, actividades, y pensamientos que, aunque tal vez no son pecaminosos, podrían ser obstáculo para nuestra búsqueda de la madurez espiritual. Y si estamos dedicados a prácticas pecaminosas, debemos arrepentirnos de ellas. El pecado es un obstáculo en nuestro crecimiento espiritual.

En segundo lugar, estos ejemplos nos deben animar a perseverar en nuestras metas espirituales (v. 1). La firmeza de nuestras decisiones es la que gana las carreras. Sólo mientras continuemos buscando la madurez espiritual, también continuaremos creciendo y madurando

En tercer lugar, debemos seguir el ejemplo de perseverancia que nos dio Jesús (vv. 2,3). El escritor de Hebreos se refiere a Jesús como el mejor ejemplo de lo que significa "correr con paciencia" (v. 1). Así como Jesús nos anima a crecer espiritualmente, también nos capacita para alcanzar esa meta, y consumará ese crecimiento en la eternidad. Jesús padeció para cumplir la voluntad de Dios, al punto de morir en la cruz. Su búsqueda fue recompensada, porque hoy Él está "a la diestra del trono de Dios" (v. 2). Ningún creyente podrá crecer si pasa por alto la importancia de tener como meta en la vida el cumplimiento de la voluntad de Dios.

¿Qué vemos cuando nos centramos en Cristo y que nos ayuda de una manera práctica en nuestro crecimiento espiritual?

Jesús sufrió oposición en su vida terrenal (v. 3). Su ejemplo nos hace recordar el valor que tiene la tenacidad. Él es quien nos debe inspirar a mantenernos firmes toda la vida en la búsqueda del crecimiento espiritual.

La madurez espiritual no sucede como algo fácil y rápido. Toda nuestra vida de cristianos será un constante crecimiento en Cristo.

III. Ande en humildad
A. Sométase a Dios
Santiago 4:6–10

Santiago explica cuán importante es vivir en una relación de sometimiento a Dios. Recuerda a sus lectores que el Señor resiste al orgulloso; a los que sienten que pueden vivir sin reconocer la autoridad de Dios sobre su vida (Santiago 4:6). Puesto que Dios es quien hace posible que nos desarrollemos como creyentes, rechazar su autoridad equivale a privarnos de la posibilidad de crecer espiritualmente. Así como la vegetación necesita sol para crecer, también nosotros necesitamos de Dios para crecer espiritualmente.

Además del sometimiento, los creyentes también deben resistir las tentaciones de Satanás que los inducen a hacer lo malo ante los ojos de Dios (v. 7). El diablo quiere destruir todo lo que es espiritualmente beneficioso para nuestra vida. Sin embargo, si resistimos al diablo, él "huirá de nosotros" (v. 7). Esta resistencia es lo que nos corresponde hacer si queremos perseverar en nuestro crecimiento espiritual.

Otro principio para la continuidad del crecimiento espiritual es acercarnos a Dios y buscar su presencia para nuestra vida (v. 8). La promesa de que Dios se acercará a nosotros si anhelamos su presencia, debería animar a los creyentes que quieren tener una relación más cercana con el Señor. Nuestro Padre celestial nos ama. Si nosotros nos acercamos a Él, Él se acercará a nosotros. En esta intimidad y relación de amor Dios se produce el crecimiento espiritual.

¿Cómo podemos depender humildemente de Dios y también buscar la madurez espiritual?

En términos prácticos, los creyentes nos acercamos a Dios al despojarnos del pecado que personalmente nos esclaviza. Santiago lo ilustra cuando dice: "Pecadores, limpiad las manos" (v. 8). También exige que tengamos un propósito fijo. A continuación, escribe: "Vosotros los de doble ánimo, purificad vuestros corazones" (v. 8). La persona que quiere acercarse más a Dios debe arrepentirse de sus pecados de pensamiento, palabra, y acción. La cercanía a Dios debe ser la sincera meta de todo creyente. La madurez espiritual se produce en esta atmósfera de dependencia de Dios y de cercanía a Él.

El sincero arrepentimiento es necesario para que se produzca crecimiento espiritual (v. 9). No debemos menospreciar los esfuerzos que hacemos de acercarnos a Dios.

La humildad es el ingrediente clave para vivir cerca de Dios (v. 10). Cuando nos humillamos ante Él, nos arrepentimos, y buscamos su perdón, Él nos responde y nos lleva a niveles superiores en nuestra relación con Él.

B. Ande en humildad ante Dios y ante los hombres
1 Pedro 5:5–10

La verdadera humildad es un valioso aspecto del crecimiento espiritual. El sometimiento también debe estar presente en nuestra rela-ción con las personas (1 Pedro 5:5). La falta de humildad en estas importantes relaciones puede levantar una barrera entre nosotros y Dios, quien produce en nosotros el crecimiento espiritual.

Pedro también pide paciencia para el crecimiento. Al exhortar a los cristianos a humillarse ante Dios, les recuerda que Dios los exaltará "cuando fuere tiempo" (v. 6). El crecimiento requiere de tiempo. Tenga paciencia; no se rinda en cuanto a la meta de madurar en la fe.

Aunque el crecimiento sea desafiante, no deje que esos desafíos lo desanimen de seguir fiel en la búsqueda. Despójese de las cosas que no lo dejan avanzar. Déjelas en las manos de Dios, quien lo llamó a crecer espiritualmente (v. 7).

Cuando su vida esté sometida a Dios, resista al diablo (v. 8). Satanás quisiera destruirnos eternamente; impedir que crezcamos espiritualmente. Busque con diligencia y decisión ese crecimiento espiritual y resista los ataques del enemigo (v. 9). Son muchos los que se han propuesto crecer espiritualmente. Ellos enfrentaron los mismos desafíos que enfrentamos nosotros. Así es como tenemos la seguridad de que nuestra búsqueda será recompensada por el Señor que nos afirma, nos fortalece, y nos establece" (véase el v. 10).

Discipulado en acción

El crecimiento espiritual debe ser constante y perenne, en vez de ser un interés momentáneo. Hasta los creyentes más maduros necesitan seguir creciendo.

Podemos usar los puntos principales del estudio de hoy para examinarnos y ver cómo progresamos en nuestro propio crecimiento espiritual. En primer lugar, ¿estamos andando en novedad de vida? ¿Estamos preocupados de hacer lo bueno a los ojos de Dios? ¿Usamos la gracia y el perdón de Dios como una excusa para vivir de manera disoluta, en vez de disfrutar la libertad del pecado que Cristo hizo posible con su muerte?

En segundo lugar, ¿hemos decidido vivir para Dios? En vez de buscar activamente una relación con el Señor, ¿estamos dedicados a repetir rutinas religiosas? ¿Estamos conscientes de que nos conformamos con una porción ínfima de todo lo que Dios tiene para nosotros?

En tercer lugar, ¿estamos andando en humildad? ¿Hemos permitido que se infiltre el orgullo en nuestra vida, y en realidad pensamos que no nos hace falta la ayuda de Dios? ¿Estamos ignorando siempre la realidad de que nos enfrentamos a un enemigo espiritual?

Ministerio en acción

Es posible que los alumnos sepan de otros creyentes que tienen luchas en su andar con el Señor. Ore por ellos. Según el Señor lo dirija, dígales que está consciente de sus luchas. Vea si hay algo que los alumnos puedieran hacer para ayudarlos a afirmarse en su vida espiritual. Acérquese a ellos con mansedumbre y afecto, deseche las críticas (vea Gálatas 6:1).

La próxima clase comienza una nueva Unidad. dedique tiempo durante la semana para leer la introducción a la Unidad y revisar las lecciones. Pida al Espíritu que lo dirija mientras prepara cada lección.

Lectura devocional

Lunes
Busque la ayuda de Dios.
2 Crónicas 20:1–13
Martes
Busque la justicia.
Salmo 94:12–15
Miércoles
Busque el conocimiento de Dios.
Oseas 6:1–3

Jueves
Busque el bien.
Gálatas 6:6–10
Viernes
Busque la santidad.
Hebreos 12:12–17
Sábado
Busque la paz.
1 Pedro 3:8–17

CORRECTO/INCORRECTO: encierre en un círculo la letra que identifique su respuesta.

1.   C   I   El mensaje de los profetas menores mayormente tuvo que ver con la idolatría. Muy pocas veces hablaron contra las injusticias.

2.   C   I   No es necesario que los líderes piadosos sean íntegros.

3.   C   I   Zacarías profetizó que el reino de Dios sólo es un reino espiritual, y no un reino terrenal.

4.   C   I   Oseas señaló una y otra vez que el principal pecado de Israel consistía en pasar por alto y rechazar la ley de Dios.

5.   C   I   Dios restaurará a quienes vuelvan a Él arrepentidos.

6.   C   I   Puesto que Dios es soberano, su justicia prevalecerá sobre la maldad.

7.   C   I   Dios espera que sus hijos sean misericordiosos, así como Él es misericordioso.

8.   C   I   Los cristianos debemos responder con misericordia ante las injusticias con que se oprime a la gente.

9.   C   I   Dios es compasivo sólo con los creyentes.

10.   C   I   Joel profetizó que sólo el arrepentimiento traería bendiciones espirituales al pueblo de Dios.

Respuesta: 1. I   2. I   3. I   4. C   5. C   6. C

                    7. C   8. C   9. I   10. C

CORRECTO/INCORRECTO: encierre en un círculo la letra que identifique su respuesta.

1.   C   I   Jesús enseñó en las Bienaventuranzas cuáles son las cualidades personales que poseemos cuando dejamos que Dios transforme nuestro corazón.

2.   C   I   Todo lo que tiene un cristiano es don o regalo de Dios, y debe usarlo para glorificarlo a Él.

3.   C   I   Dios expresó claramente que estaba más interesado en los sacrificios de los israelitas que en la obediencia amorosa por parte de ellos.

4.   C   I   La Biblia enseña que los cristianos debemos usar nuestro tiempo y nuestros recursos con sabiduría.

5.   C   I   La colaboración con la gracia de Dios desarrolla un carácter semejante al de Cristo.

6.   C   I   Jesús afirmó que el segundo de los grandes mandamientos consiste en amar a Dios por sobre todas las cosas.

7.   C   I   Vemos la naturaleza del cuerpo de Cristo en la relación de amor que hay entre los creyentes.

8.   C   I   Si decimos que amamos a Dios, a quien no podemos ver, también debemos amar a las personas que nos rodean, a quienes sí podemos ver.

9.   C   I   Amar a Dios es la principal razón de ser del creyente.

10.   C   I   Dios quería que los cristianos fuéramos independientes, y que no nos apoyáramos en nadie ni en nada.

Respuesta: 1. C   2. C   3. I   4. C   5. C   6. I

              7. C   8. C   9. C   10. I

CORRECTO/INCORRECTO: encierre en un círculo la letra que identifique su respuesta.

1.   C   I   Los cristianos se mantienen firmes en la verdad por la gracia y la fidelidad de Dios.

2.   C   I   Los ejemplos piadosos nos enseñan a vivir de una manera que complazca a Dios.

3.   C   I   Juan escribió que nadie puede asegurar que tiene vida eterna, pero quienes tienen la esperanza de ella se purifican a sí mismos.

4.   C   I   Lo más grande que podemos hacer en la vida es ser fieles a Cristo.

5.   C   I   Lo más importante para la vida en Cristo es nuestro amor a Dios; la relación con los creyentes es secundaria.

6.   C   I   La seguridad que nos ofrece la vida en Cristo es suficiente para la vida, la muerte, y la eternidad.

7.   C   I   Una evidencia de que alguien ama a Dios, es que también ama a los demás que han creído en Cristo.

8.   C   I   Una de las consecuencias prácticas de que somos hijos de Dios es que tenemos libertad para vivir como queremos.

9.   C   I   El discipulado cristiano consiste en vivir en obediencia a Cristo.

10.   C   I   El cristiano debe tener comunión con Dios, con Cristo, y con los demás creyentes.

Respuesta: 1. C   2. C   3. I   4. C   5. I   6. C

  7. C   8. I   9. C   10. C

CORRECTO/INCORRECTO: encierre en un círculo la letra que identifique su respuesta.

1. C I Jesús es el único ejemplo de crecimiento espiritual que encontramos en la Biblia.

2. C I Los cristianos debemos buscar continuamente el reino de Dios.

3. C I La oración es una conexión directa entre el cristiano y Dios.

4. C I En el Salmo 119, el salmista enfatiza nuestro deber de obedecer la Palabra de Dios, pero no menciona los beneficios que derivan de esa obediencia.

5. C I La lectura y la aplicación de las verdades de las Escrituras son necesarias para el crecimiento espiritual.

6. C I El ejemplo de la vida de otros que han sido fieles a Dios no tiene utilidad alguna para el creyente que quiere perseverar en su andar con Dios.

7. C I La voluntad de Dios es que sus hijos maduren en su relación con Él.

8. C I Jesús no recomendaba que se orara en privado, puesto que tal práctica ofrece pocas oportunidades de dar testimonio público del poder de Dios.

Respuesta: 1. I 2. C 3. C 4. I 5. C 6. I
7. C 8. I

Las metas del discipulado deben guiar todo lo que sucede en la escuela dominical. Ese es el énfasis de Aprendiendo a vivir la vida. Esta serie de cuatro artículos sugiere maneras en que usted puede valerse de esta visión en el momento en que se prepare para su clase y con el fin de conducir el estudio bíblico en la escuela dominical y en otro grupo de estudio.

– –

APRENDIENDO JUNTOS
Por Sharon Ellard

Jesús dijo: "por tanto, el que me oye y hace lo que yo digo, es como un hombre prudente que construyó su casa sobre la roca" (Mateo 7:24, VP).

La Escuela Dominical es la principal estrategia de enseñanza de la iglesia de hoy. Provee la atmósfera en que millones de alumnos aprenden los principios bíblicos que transforman su vida.

La manera en que la gente aprende generalmente afecta la forma en que aplicarán las lecciones a la vida diaria. Comentaremos cuatro principios de aprendizaje que tienen como fin producir cambios en la vida de los alumnos.

su confianza, y no se olviden de las obras de Dios; que guarden sus mandamientos" (RV-1960).

Cuando la clase de escuela dominical incluye discusión interactiva y exploración de la Palabra, los alumnos no solo aprenderán lo que dice la Biblia, también sabrán cómo indagar en ella. Si el alumno adulto tiene oportunidad de usar la Biblia durante la clase, sentirá más confianza de estudiarla en su hogar y comentar con otros lo que aprenda.

1
Fundamente la enseñanza en acontecimientos y principios bíblicos.

La Biblia es el texto de estudio de la escuela dominical. Salmo 78:7 define claramente la meta de la enseñanza: "A fin de que pongan en Dios

2
Adapte los estudios para el alumno de la clase de adultos.

En teoría, la escuela dominical ofrece estudios preparados para la comprensión de las diversas edades. En la práctica, la efectividad de estos estudios dependerá de la comprensión del maestro acerca de la manera en que aprenden sus alumnos. La manera en que aprende un adulto difiere de la manera en que aprende un niño.

Los adultos quieren participar activamente en su propio aprendizaje. Quieren ayudar a definir lo que aprendan y la manera en que lo hagan. Periódicamente, el maestro debe verificar lo que sus alumnos quieren estudiar y cómo lo hacen con más efectividad. Después debe orar y modificar la lección para que satisfaga las necesidades de sus alumnos.

Los adultos quieren que su maestro los trate como a un igual. La comprensión de la naturaleza cooperativa del aprendizaje del adulto da libertad al maestro para que se desempeñe como un facilitador: quien presenta un tema y dirige el aprendizaje para que concuerde con lo que Dios expresa en su Palabra.

El paso más importante en la modificación de las lecciones para los adultos es comprometerse a aprender cómo planear una clase que satisfaga al alumno mayor.

3
Enseñe de manera que el conocimiento se aplique al diario vivir.

Alguien dijo que aunque es esencial conocer la palabra de Dios, no es lo único que debemos conocer. En Mateo 7:24, Jesús habló de este principio: "Cualquiera, pues, que me oye estas palabras, y las hace, le compararé a un hombre prudente, que edificó su casa sobre la roca" (RV-1960). El hecho de aprender juntos debe incluir la práctica que facilita a los alumnos la aplicación de los principios a la vida diaria. No importa la duración de la clase de escuela dominical, durante ese tiempo se debe responder a la pregunta, "¿Cómo estas verdades afectan mi vida?" En una lección acerca del Sermón del Monte, por ejemplo, los alumnos deben aprender algunas estrategias para cumplir como pacificadores tanto en el hogar como en el trabajo.

4
Aprenda de la historia de fe de los demás.

Cuando entra al salón de clase, un adulto trae consigo conocimiento y experiencia. Al escuchar a otros, no solo se beneficia del conocimiento de los demás, también puede comprenderlos mejor.

El tipo de reunión de pequeño grupo ofrece más oportunidades de que maestros y alumnos comenten cómo Dios usa su Palabra para cambiar nuestra vida. Las peticiones pronto se convertirán en testimonios de la fidelidad de Dios al responder a las oraciones. Las historias de fe de los alumnos son una confirmación de las verdades que ellos aprenden en las lecciones.

El aprender juntos en la escuela dominical es un importante aspecto de aprender a vivir la vida.

notas

INCLUYENDO A TODOS LOS QUE VENGAN

Por Sharon Ellard

Jesús dijo: "Si se aman los unos a los otros,
todo el mundo se dará cuenta de que son discípulos míos"
(Juan 13:35, VP).

El formato de escuela dominical de pequeño grupo facilita la conexión de los intereses y las experiencias de los alumnos antiguos con aquellas de los más nuevos. Si bien es cierto que todos estudian juntos la Palabra de Dios, los nuevos miembros oyen las preguntas, las impresiones, y las experiencias de los más antiguos en la clase. Esta información elevará la comprensión espiritual de los nuevos alumnos y los ayudará a avanzar de la relación superficial al establecimiento de amistades.

Si el maestro se propone incluir a todos sus alumnos en la clase, deberá orar, planear, y esforzarse por hacerlo. Usted, como maestro de escuela dominical, puede desempeñar una importante función.

1
Seleccione y entrene ujieres.

Un buen comienzo es seleccionar un ujier para que dé la bienvenida a los que llegan a la escuela dominical. Parte del entrenamiento del ujier es enseñarle que debe buscar la manera de conectar el recién llagado con lo que está sucediendo en el salón de clase. Al hablar con el visitante, el ujier debe poner atención a una o dos áreas de interés que aquél tenga en común con algún miembro de la clase. El ujier podría decir: "Te presento a Julia. Ella también tiene una hija que acaba de contraer matrimonio." O, "Carlos también es aficionado al fútbol. Preguntémosle si sabe de algún partido de los varones para la próxima semana."

2
Prepare a los miembros de la clase para que incluyan a otros.

Prepare a sus alumnos para que respondan con agrado ante los nuevos miembros de la clase. Una manera de hacerlo es periódicamente repasar los "unos a otros" de la Biblia: que os améis unos a otros; saludaos unos a otros; perdonándoos unos a otros; someteos unos a otros.

La clase también puede practicar el dar la bienvenida a las visitas. Anime a los alumnos para que representen situaciones en que incluyen en la conversación a los recién llegados. Pida a los alumnos que sugieran asuntos de los que pueden conversar cuando se sienten cerca de alguien que por primera vez está en la clase. Organice las sillas de modo que haga amena la conversación. Si tiene una mesa en el salón, ponga una cantidad impar de sillas para que las personas que están solas se sientan parte del grupo.

3
Comience la clase con una actividad que haga viable la participación de todos.

Un pastor dividió su clase de escuela dominical en "grupos de mesa". La clase se celebraba en el comedor de la iglesia. Cada semana, el pastor entregaba al líder de cada grupo una hoja con un tema de conversación relacionado con la lección. Cuando llegaban los integrantes de su mesa, el líder iniciaba los comentarios acerca del tema que se le había asignado. Cuando comenzaba la clase, los alumnos y las visitas ya estaban comentando y meditando en el contenido de la lección bíblica.

4
Promueva la interacción durante la semana.

El maestro también puede aprovechar el tiempo fuera del salón de clase para dar la bienvenida a quienes visiten la iglesia. En su libro, Josh Hunt[1] describe cómo los viernes en la tarde su esposa y él comenzaron a invitar a su hogar a los nuevos miembros de la clase de escuela dominical. Durante los seis primeros meses, invitaron diez matrimonios solo para un momento de esparcimiento y compañerismo. Hunt notó que 90 por ciento de las personas que visitaron su hogar se quedaron en la iglesia y se unieron a la clase. Él está convencido de que hacer amistad con los nuevos en la iglesia es una importante manera de cumplir la Gran Comisión. Él ha denominado la estrategia "El viernes es de Cristo".

También se puede incluir a las visitas en una cadena de "oración y alabanza". Las visitas tal vez se sientan más cómodas con solo recibir notas de petición y de testimonio que en comunicar las propias por teléfono o correo electrónico. Cuando tenga visitantes en la clase, pregunte si pueden escribir en una tarjeta su dirección electrónica o número de teléfono, e inclúyalos en la cadena.

Cuando se esfuerce en tomar en cuenta a todos los que asisten a la clase, comunicará cuán importante son para usted las personas y el ministerio que desempeña. Conforme el nivel de familiaridad aumente, los miembros invitarán a otros a asistir y a disfrutar el compañerismo de la clase.

---

[1]Josh Hunt: *You Can Double Your Class Size in Two Years or Less* [Duplique el tamaño de su clase en dos años o menos]

notas

BUSCANDO A OTROS QUE NECESITAN CONOCER

Por Sharon Ellard

Jesús dijo: "Vayan por todo el mundo
y anuncien a todos este mensaje de salvación"
(Marcos 16:15, VP).

Cuando se prepare y dirija la clase de adultos de la escuela dominical, enfatice periódicamente cuatro principios de evangelismo.

1
Colabore con el Espíritu Santo.

El cumplimiento de la Gran Comisión se realiza con la ayuda del Espíritu Santo. La participación de los creyentes es mostrar y decir a otros cómo Jesús ha cambiado la vida de ellos.

Ayude a sus alumnos a recordar que el Espíritu Santo está activo en la vida de los creyentes y en la vida de los que necesitan conocer a Cristo. En Hechos 8, el Espíritu envió a Felipe a conversar con el funcionario etíope a quien estaba atrayendo a Cristo. El Espíritu Santo nos puede unir a otros que necesitan conocer a Jesús.

Una o dos veces al mes, pida a sus alumnos que hablen de su experiencia de colaborar con el Espíritu Santo para testificar a otros acerca de Cristo. Además, comente maneras en que podemos tener mayor conciencia de la presencia del Espíritu y de su dirección en los afanes de cada día. Por ejemplo, sugiera el hábito de que la primera actividad del día sea un momento en la presencia del Señor. Puede ser una sencilla oración, como: "Buenos días, Padre celestial. Gracias por este día. Mi vida está en tus manos. Ayúdame a tener conciencia de la presencia del Espíritu Santo en todo lo que haga. Quiero que otros conozcan a Cristo. Amén."

2
Procure entender la atmósfera espiritual.

Después de escuchar las noticias en la radio o en la televisión fácilmente podríamos llegar a la conclusión de que son pocos los que se ocupan de las cosas espirituales. Nada puede estar más alejado de la verdad. Las encuestas que se han realizado durante los últimos cincuenta años muestra que noventa por ciento de la población de los Estados Unidos cree en un poder superior. Aunque esto no quiere decir que noventa por ciento cree que Jesús es el Hijo de Dios que vino a redimirnos de nuestros pecados, sí quiere decir que 9 personas de 10 se interesan en la dimensión espiritual de su vida y que los creyentes deben estar en condición de sostener una conversación de carácter espiritual con ellos.

3
Acepte
el evangelismo
como un proceso.

En su testimonio personal, muchas personas describen su experiencia de salvación personal como un proceso de por lo menos un año de meditación en las palabras de Cristo.

Casi cuarenta y cinco por ciento de los que se convierten en seguidores de Cristo han respondido a la invitación personal de algún amigo, familiar, o persona conocida. Ayude a sus alumnos a descansar con el conocimiento de que, más que ellos, Dios mismo quiere que aquellos familiares y amigos por quienes han orado con tanta devoción pertenezcan a su gran familia.

4
Participe
en conversaciones
espirituales.

La iniciación de "conversaciones espirituales" es una manera en que los creyentes pueden participar en el proceso de traer a otros a Cristo. Una de las claves de la conversión espiritual es permitir que otros noten que somos personas espirituales. Emplee diversas estrategias para dirigir la atención de sus alumnos a la dimensión espiritual de la vida. Puede usar un prendedor o un colgante con un mensaje acerca de Cristo. Otro tal vez podría poner un mensaje autoadhesivo en la ventana del automóvil. Alguno podría hacer que la persona a quien testifica escuche buena música cristiana o alguna canción que ha dejado una impresión en su vida. También puede referir historias que ha oído en la iglesia y que hacen reír o que inspiran. Cuando las personas ven nuestra sinceridad acerca de la dimensión espiritual de nuestra vida, decidirán si quieren o no participar en una conversación espiritual. Aun aquellos que no manifiesten interés de inmediato en conversar de asuntos espirituales, sabrán que cuando sí quieran tocar el tema nosotros tendremos interés en escucharlos.

Desde el momento en que Jesús dijo a sus seguidores que hicieran discípulos, el número de creyentes en el mundo entero ha crecido en más de cientos de millones. Como maestro de escuela dominical, usted puede preparar a los adultos para que guíen a otros al encuentro con Cristo.

notas

MANIFESTANDO POSIBILIDADES PARA EL MINISTERIO

Por Sharon Ellard

Jesús dijo: "Procuren ustedes que su luz brille delante de la gente, para que, viendo el bien que ustedes hacen, todos alaben a su Padre que está en el cielo" (Mateo 5:16, VP).

Después de que somos salvos, seguimos a Jesús y aprendemos a obedecer sus mandamientos. Jesús nos cambia y comenzamos a vivir una vida distinta. Antes que para nuestra propia satisfacción, vivimos para satisfacerlo a Él y a otros en su nombre.

En su Evangelio, Mateo registra oportunidades específicas de ministerio de las que Jesús afirma: "Tuve hambre, y me disteis de comer; tuve sed, y me disteis de beber; fui forastero, y me recogisteis; estuve desnudo, y me cubristeis; enfermo, y me visitasteis; en la cárcel, y vinisteis a mí" (Mateo 25:35,36, RV-1960).

Cuando ayudamos a otros, obedecemos y honramos a Dios. El Señor quiere que todos participemos en el ministerio. Esta es una de las razones de que Jesús estableciera maestros en la iglesia: "A fin de perfeccionar a los santos para la obra del ministerio, para la edificación del cuerpo de Cristo" (Efesios 4:12, RV-1960). Como maestro de escuela

dominical, usted puede ayudar a sus alumnos a manifestar sus posibilidades para el ministerio.

I
Organice proyectos de ministerio de la clase.

Una buena medida es que las iglesias aprovechen el grupo pequeño de una clase de escuela dominical para que los alumnos participen en proyectos de ministerio. Algunos proyectos pueden considerar la participación de todas las clases de la escuela dominical, y otros tal vez solo la suya. También se recomienda que, por lo menos una vez al año, la iglesia participe en un proyecto nacional. Los proyectos en que participan todas las iglesias del país, ayudarán a sus alumnos adultos a entender que hay muchos creyentes que como ellos están aprendiendo a vivir la vida en Cristo y que juntos podemos realizar más ministerios en el nombre del Señor.

2
Ofrezca oportunidad
para el ministerio
individual.

Anime a sus alumnos para que su servicio cristiano se convierta en un estilo de vida. Como maestro, usted puede ayudarlos a descubrir y usar sus habilidades para beneficiar a otros. A quien le guste la jardinería podría llevar una planta cuando visite a un enfermo en el hospital. A quien le guste hornear, podría bendecir a sus vecinos con una docenas de galletas casera. Casi cada habilidad puede emplearse en el ministerio—el mantenimiento del vehículo de una madre soltera o podar el césped de un vecino anciano. La buena mayordomía de nuestra vida como creyentes la define la manera en que invertimos nuestro tiempo.

3
Anime
a otros al servicio.

Una de las metas de la escuela dominical es ayudar a las personas a descubrir y a desarrollar sus dones de ministerio. Los maestros de escuela dominical pueden ayudar a los miembros de su clase a informar de las diversas maneras en que han podido ministrar. Cuando los demás alumnos escuchen los testimonios, se sentirán motivados a orar que el Espíritu Santo los ayude a descubrir maneras en que podrían desarrollar sus propios dones de ministerio. Estas oportunidades son valiosas para despertar la conciencia de las posibles maneras en que hoy podemos vivir para Cristo.

Ayude a sus alumnos a manifestar sus posibilidades para el ministerio. Es una meta que complacerá a Dios. Un vigilante de guardia de conferencia dijo: "Han pasado cinco años desde que entregué mi vida a Cristo. Ahora quiero que mi vida sea como la de Él. Aun cuando tengo que mantener a la gente alejada de una exposición hasta que se abran las puertas, puedo ofrecer un asiento o sugerir maneras de amenizar la espera del público. Jesús es bondadoso conmigo. Yo quiero ser como Él; quiero también ser bondadoso con la gente."

notas